REINHOLD STEPHANES

Reforma da Previdência

Sem segredos

Obras do autor:

PREVIDÊNCIA SOCIAL: UM PROBLEMA GERENCIAL
Editora Lidador, 1982

PREVIDÊNCIA SOCIAL: UMA SOLUÇÃO GERENCIAL E ESTRUTURAL
Editora Síntese, 1983

REINHOLD STEPHANES

Reforma da Previdência

Sem segredos

EDITORA RECORD
RIO DE JANEIRO • SÃO PAULO

CIP-Brasil. Catalogação-na-fonte
Sindicato Nacional dos Editores de Livros, RJ.

S853r
Stephanes, Reinhold
    Reforma da Previdência / Reinhold Stephanes.
    – Rio de Janeiro: Record, 1998.

    ISBN 85-01-05373-2

    1. Previdência social – Brasil. 2. Reforma
previdenciária – Brasil. 3. Brasil – Política social. I.
Título.

98-1085
CDD – 368.400981
CDU – 368.4(81)

Copyright © 1998 by Reinhold Stephanes

Direitos exclusivos desta edição reservados pela
DISTRIBUIDORA RECORD DE SERVIÇOS DE IMPRENSA S.A.
Rua Argentina 171 – Rio de Janeiro, RJ – 20921-380 – Tel.: 585-2000

Impresso no Brasil

ISBN 85-01-05373-2

PEDIDOS PELO REEMBOLSO POSTAL
Caixa Postal 23.052
Rio de Janeiro, RJ – 20922-970

EDITORA AFILIADA

Este livro é dedicado aos servidores que têm contribuído para o crescimento da Previdência Social. Em nenhuma outra organização encontrei tamanha dedicação e vontade de acertar. Servidores que, sem perspectivas funcionais, pois não há carreiras estruturadas, e dentro de um quadro de limitações impostas pela burocracia pública, superam dificuldades para honrar o compromisso assumido com milhões de segurados, como os que se aventuram em um barco pela Amazônia para conceder benefícios e aqueles que nos ajudam a vencer a corrupção e a fraude. Uma legião anônima cujo trabalho contribui para elevar sobremaneira a qualidade de vida de nosso povo. Todos eles merecem os cumprimentos da sociedade brasileira.

APRESENTAÇÃO

DE UMA REFORMA SEM SEGREDOS

Esta é uma obra de leitura indispensável para quem quer que deseje entender não apenas os complexos problemas da Previdência Social no Brasil como também, e principalmente, por que é imperioso – e urgente – dar início, e assegurar continuidade, a um processo de reforma estrutural do atual sistema.

Qualquer cidadão brasileiro com um mínimo de espírito público e de interesse pelo país em que viverão seus filhos e netos não poderá deixar de ficar tocado pelos argumentos expostos de forma acessível aos não-iniciados neste livro, que em muito boa hora é apresentado ao debate público – sem o qual não se avança de forma consistente em sociedades democráticas como a nossa.

Na verdade, este debate vem tendo lugar há alguns anos no Brasil (ver capítulo 4) e vem deixando progressivamente mais claras duas características fundamentais – e indesejadas – do sistema atual, com seus conjuntos de regimes e múltiplos critérios.

Em primeiro lugar, o sistema vigente não resiste a um cuidadoso cálculo atuarial. Em outras palavras, há déficits estruturais, crescentes ao longo do tempo, que representam um pesado ônus, já conhecido, que estamos transferindo para as próximas gerações. Apenas por esta singela e fundamental razão, a reforma do atual sistema é imperativa e urgente. O sistema atual não tem equilíbrio financeiro e atuarial e, portanto, não permite dar segurança àqueles que estão aposentados e àqueles que hoje contribuem e que esperam usufruir de seus benefícios no futuro. O chamado "contrato entre gerações" é um contrato que – na ausência de reformas – não poderá ser cumprido se mantidas as expectativas de direitos hoje existentes.

Em segundo lugar – e não menos importante –, o sistema atual é profundamente injusto do ponto de vista da eqüidade e da justiça social. Os mais pobres financiam aposentadorias dos relativamente mais ricos. Há uma miríade de abusos e privilégios adquiridos que são inaceitáveis em um país de desigualdades e carências sociais gritantes como as que temos no Brasil. Se o leitor desta apresentação achar que esta é uma afirmação exagerada e não substanciada, por favor, leia o livro, em particular o capítulo 3.

Por que um ministro da Fazenda, velho servidor público que não é conhecido, corretamente, por haver se dedicado profundamente ao tema da Previdência Social no Brasil e no mundo, foi convidado e teve a temeridade de aceitar escrever esta apresentação? Talvez porque, como o autor deste excelente livro, estejamos ambos convencidos de que o problema macroeconômico crucial do Brasil é a crise fiscal do Estado. E de que a crise da Previdência Social é o problema crucial da crise fiscal do Estado. Os dados são conhecidos. No regime do INSS, em 1997, os 17,4 milhões de aposentados e pensionistas custaram mais de R$ 46 bilhões – quase 3 bilhões a mais que a arrecadação de contribuições. Para 1998, na ausência de reforma constitucional, o déficit deverá superar a marca dos 6 bilhões de reais. E assim por diante, se não houver mudança – e mudança estrutural.

No regime dos benefícios previdenciários do setor público (União, estado e municípios), onde estão as maiores distorções, os inativos e pensionistas, que representam menos de 15% do total da "população previdenciária" do país, custam mais do que os 85% restantes da população previdenciária do INSS.

Os dados e cálculos atuariais do INSS são conhecidos com relativa exatidão. Os dados e cálculos atuariais dos demais regimes do setor público são relativamente mais precários. Mas a crise deste regime pode ser vista indiretamente, através das enormes deficiências da ação do Estado, nos três níveis do governo, no que diz respeito a obras e serviços essenciais nas áreas de saúde, educação, transporte e segurança pública.

Enquanto a sociedade brasileira continuar aceitando como natural que pessoas se aposentem com menos de 49 anos (média dos regimes especiais); enquanto continuarmos aceitando como razoável que estados e municípios destinem em média quase 80% de sua receita para pagamentos das folhas de ativos e inativos; enquanto continuarmos a aceitar como normal que não haja relação entre o valor presente das contribuições e o valor presente dos benefícios auferidos, será difícil ou impossível pagar salários e aposentadorias dignas, será difícil ou impossível eliminar as reconhecidas deficiências nas ações do Estado na área social e por último, mas não menos importante, será difícil ou impossível consolidar um processo sustentado de desenvolvimento econômico e social com estabilidade de preços e maior justiça social.

A conciliação destes três objetivos fundamentais do Governo – e da sociedade brasileira – exige a continuidade do processo de reestruturação do setor produtivo e, principalmente, de reorganização estrutural do Estado brasileiro e do aumento da eficiência operacional do setor público (nos três níveis do governo), em particular na área social, dado que tão importante quanto o volume de recursos a ela dirigidos são a eficiência do gasto público e os mecanismos de controle, de fiscalização e de transparência para a sociedade. Este livro representa uma inestimável contribuição para este processo.

Pedro S. Malan
Brasília, abril de 1998

SUMÁRIO

Apresentação, vii

Introdução: NOSSA REFORMA E O MUNDO, 1

CAPÍTULO 1 UM SISTEMA, MUITOS REGIMES, INÚMEROS CRITÉRIOS, 31

CAPÍTULO 2 REGIME INSS: O INÍCIO DA REFORMA, 45

CAPÍTULO 3 AS RAZÕES DA REFORMA, 73
  3.1 Fundamentos, doutrina e princípios
  3.2 Caracterização do quadro brasileiro
  3.3 Uma população que envelhece
  3.4 O déficit atuarial e as projeções futuras

CAPÍTULO 4 AS PROPOSTAS, 135
  4.1 Três modelos
  4.2 Outras Sugestões
  4.3 A proposta em votação
  4.4 Pontos específicos
  -   Direitos adquiridos
  -   Seguridade Social
  -   Contribuição de inativos do serviço público
  -   Previdência Complementar para o servidor público
  -   Servidores em cargo em comissão
  -   Condenações judiciais de pequeno valor

- Paridade entre servidores ativos e inativos
- Período para cálculo de benefício
- Alíquotas ou base de cálculo diferenciada
   Contagem recíproca e compensação financeira

CAPÍTULO 5   AGENDA FUTURA, 205

Contribuição de instituições filantrópicas
Contribuição de cooperativas de prestação de serviço
Contribuição rural
Cobrança de grandes débitos
Redefinição do Simples
Trabalho informal
Implantação definitiva do CNIS
INSS – Reestruturação ou Agência Executiva
Acidente do Trabalho
Doenças ocupacionais do trabalho
Correção de defasagens entre 1989 e 1994
Pensão por morte – Seletividade na concessão
Fundos de pensão

CAPÍTULO 6   AS DIFICULDADES, 223

CAPÍTULO 7   APLICAÇÃO DA REFORMA (PRINCIPAIS ITENS), 231

Agradecimentos, 237
Adendo final, 241

INTRODUÇÃO

Nossa Reforma e o Mundo

- *Atenção permanente*
- *Crise mundial*
- *Princípios básicos*
- *Reformas diferentes*
- *Modelo de financiamento*
- *Custos de transição*
- *Mudanças necessárias*
- *América do Sul: modelos e tendências*

INTRODUÇÃO

Nossa Reforma
e o Mundo

Afinal, por que fazer reformas? Que tipo de benefício elas podem trazer para um país? Estas, sem dúvida, têm sido as perguntas mais comuns formuladas nos últimos anos, principalmente, desde a apresentação da proposta para alterar a legislação previdenciária brasileira. Na realidade, fazer reformas e ajustes são fatos normais e ao mesmo tempo importantes para a maioria dos países, e há inúmeros exemplos disso.

De maneira geral, no conjunto de alterações realizadas há décadas em sistemas previdenciários, os ajustes vêm predominando. E são mais constantes porque a maioria dos países construiu seus sistemas dentro de um nível de racionalidade adequado e os gerenciou de forma correta. Nos demais, houve a necessidade de se realizarem reformas mais profundas. Além disso, à medida que são analisados os exemplos e os cenários nos quais foram feitas essas alterações, verificamos que alguns países, além de reforma, estão fazendo repetidos ajustes.

Ao contrário do que ocorreu no Brasil, acompanhar a dinâmica dos sistemas previdenciários constituiu-se em procedimento normal em quase todos os países. E essa preocupação não é recente, da mesma forma que os registros de constantes ajustes e notícias sobre crises ou previsões de crises financeiras. Sua necessidade decorre da dinâmica demográfica, das alterações do mercado de trabalho e de renda, além da correção de distorções próprias na construção dos sistemas. O principal objetivo é verificar se as perspectivas dos sistemas são satisfatórias, principalmente em relação ao equilíbrio entre os compromissos futuros e as possibilidades dos trabalhadores e do setor de produção pagarem essa conta.

Em regra, previdência está relacionada a seguro, formado este por um programa de pagamentos prestados ao indivíduo ou a seus dependentes, como compensação parcial ou total da perda de capacidade laborativa por doença, invalidez, morte (deixando a pensão protegendo a família) ou por idade avançada. Aos segurados, garantem-se os benefícios que, geralmente, guardam proporção com as contribuições. Assim, executa-se o princípio da eqüidade, mas existem outros que precisam ser cumpridos: o da universalidade, da solidariedade e da redistribuição.

Ao longo de mais de um século de Previdência Social no mundo – desde o pioneiro modelo alemão, proposto pelo chanceler Otto von Bismarck, em 1883 – têm sido definidos doutrinas, princípios e fundamentos que permitiram construir bons sistemas previdenciários. Mas nem todos os países, inclusive o Brasil, observaram esses conceitos. Para especialistas, a abordagem técnica não prevaleceu porque houve sucessivas interferências políticas no processo a fim de conciliar objetivos conflitantes. Ou seja, os legisladores não se preocuparam muito com quem iria arcar com a conta e quanto ela custa hoje e custará no futuro. São exemplos dessa interferência o paternalismo, a generosidade e mesmo a proteção e os privilégios a determinados segmentos com maior capacidade de influência política que encontramos em nosso sistema.

Na América do Sul, apesar de a implantação dos sistemas de previdência social ter ocorrido em momentos distintos, seus erros e vícios são muito semelhantes. De forma geral, os sistemas surgiram a partir de demandas corporativas, com cobertura limitada, embora com a contribuição da sociedade, direta ou indiretamente. E, como resultado, tornaram-se ineficazes quanto aos princípios de justiça social e, sobretudo, de eqüidade. Tanto que, ao buscarem a universalidade da cobertura e do atendimento, se encontravam atados às restrições estruturais e, principalmente, às dificuldades financeiras.

Além da multiplicidade de regimes, que acumulam distorções históricas de toda a ordem, eram comuns nos sistemas latino-americanos:

INTRODUÇÃO

- práticas patrimonialistas, clientelistas e assistencialistas;
- a tradicional adoção da cultura do imediatismo;
- ingerência política, com administração não-profissional;
- permanente confusão conceitual entre previdência e assistência social;
- introdução de novos benefícios sem a indispensável fonte de custeio a longo prazo e adiamento dos ajustes necessários;
- inexistência de cadastros de trabalhadores ativos e inativos;
- ausência de corpo técnico qualificado, de investimento permanente em tecnologia, de informações e de estudos sistemáticos que dimensionem e possibilitem o controle das receitas e das despesas, reduzindo as fraudes e os desperdícios, e que acompanhem o desempenho e projetem as tendências.

As distorções apresentadas, aliadas à também histórica instabilidade política, à informalidade estrutural da economia e às elevadas taxas de inflação nos países da América do Sul, foram fatores determinantes na construção de sistemas de previdência alheios à doutrina de seguro social. No entanto, conforme observam Alejando Bonilla García e Alfredo H. Conte-Grand[1], por muito tempo os diferentes governos buscaram soluções apenas para os seus modelos econômicos, deixando de questionar se os princípios, as estruturas legais, administrativas, financeiras e atuariais dos sistemas previdenciários também estavam corretos. O questionamento somente começou na década de 1980 e, desde então, a América Latina já registrou oito reformas.

Uma coisa é certa: tecnicamente construídos ou não, os sistemas previdenciários são sensíveis às decisões e aos cenários em que vão se formando. Afinal, qualquer medida adotada afeta a atual e as próximas gerações. Daí a necessidade de terem acompanhamento permanente. E esse cuidado não é apenas das nações. Organismos internacionais como a Organização Internacional do Trabalho (OIT) e o Banco Mundial, além de incluírem as reformas previdenciárias em seus estudos e missões, destinam recursos à área técnica para facilitar o planejamento das alterações.

---

[1] *Las Reformas de los Sistemas de Pensiones en América Latina: Crónica y Reflexiones* – Oficina Regional para América Latina y el Caribe. Equipo Técnico Multidisciplinado de Santiago, outubro de 1997.

Atenção permanente

Sob avaliações periódicas, é possível obter projeções demográficas, de emprego e de renda por um longo período. Os especialistas nessas questões, os atuários e os demógrafos, trabalham para identificar tendências e analisam o impacto financeiro de cada uma das regras do sistema, procurando estabelecer um esquema de financiamento adequado. Qualquer ampliação de benefícios, sem a correta contrapartida de recursos, poderá desestabilizá-los. Dessas avaliações, surgem as propostas de mudanças para manter o equilíbrio do sistema. Assim, muitos países detectam se houve ou vai haver uma mudança das taxas de dependência na velhice e adotam as medidas necessárias para manter o equilíbrio futuro.

A adaptação a novos cenários demonstra-se necessária em função de variáveis demográficas, de renda e de emprego, ou até mesmo da crescente participação feminina no mercado de trabalho. Este último fator, por exemplo, provocou a alteração na legislação previdenciária de grande parte dos países nas últimas três décadas. Ademais, trouxe como resultado a extensão aos homens dos mesmos direitos à proteção em caso de morte da esposa ou companheira e o estabelecimento de critérios de qualificação das novas relações de dependência criadas com o atual contexto social. À medida que as conjunturas se modificam, surge a necessidade de interferir no sistema com pequenos ajustes, mudanças maiores ou eventualmente uma reforma em vários graus. As mudanças mais comuns, contudo, ocorreram em função das alterações demográficas: as pessoas passaram a viver mais tempo. Em conseqüência, em termos populacionais, aumentou o número de idosos e a base da pirâmide não tem crescido, devido à diminuição da natalidade.

O horizonte mais comum de análise de um cenário dá-se em uma perspectiva de cinco ou dez anos, ou mesmo nos próximos quinze anos, nos quais os resultados são mais precisos. As previsões baseiam-se sempre em perspectivas futuras, englobando as tendências sociais e econômicas que podem ocorrer até dentro de 35 anos. Considera-se fundamental descobrir em que cenário e em quais condições a geração que hoje está começando a trabalhar vai receber sua reposição de renda no futuro. E mais: se as contribuições serão suficientes, quem pagará por elas e se estão em condições de suportar o ônus, dentro da estrutura em que as economias se moldam.

INTRODUÇÃO

Os regimes contributivos também são agravados pela velocidade com que ocorrem as mudanças na pirâmide populacional. E nesse aspecto vale ressaltar que, enquanto nos países europeus as alterações aconteceram ao longo de um século, no Brasil e em outros países da América do Sul, elas vêm ocorrendo rapidamente nos últimos trinta anos. No entanto, o mesmo não sucedeu em relação à organização do trabalho. Com a expansão da industrialização nas décadas de 1950 e 1960, principalmente no Brasil, é natural que os trabalhadores que começaram naquela época estejam agora se aposentando. Assim, como o regime de repartição estabelece um contrato entre gerações, vai ficar muito caro para quem permanecer trabalhando garantir o benefício de quem está na inatividade. Além disso, o país perdeu na década de 1990 cerca de dois milhões de empregos formais, o que representa uma significativa perda da receita de contribuição.

Nos últimos anos, o processo de internacionalização da economia também pode ser apontado como um dos fatores que vêm obrigando os países a redefinirem suas legislações trabalhistas e previdenciárias. Afinal, para que as empresas continuem competitivas, é necessário rigor absoluto em relação aos custos de produção. E, nesse aspecto, deve-se considerar os encargos sociais, os salários e a produtividade. Assim, é possível que economias com encargos sociais altos e salários médios baixos possam ter custos de produção competitivos. São regras estabelecidas quando criado blocos comerciais, como a União Européia e o Mercado Comum do Sul (Mercosul), que prevêem o livre comércio entre os países-membros, com barreiras alfandegárias comuns. É inquestionável que o mundo caminha para a formação de três ou quatro grandes blocos comerciais e essa nova realidade refletir-se-á em todos os setores.

Com relação ao Mercosul, do qual o Brasil é membro, o processo de revisão das regras previdenciárias já foi realizado pela Argentina e pelo Uruguai. Para estes países, a revisão significa a busca do reordenamento das finanças, com a recuperação da capacidade de financiamento, a redução de privilégios e o fortalecimento do caráter contributivo do sistema. Na Argentina, por exemplo, o Sistema Integrado de Aposentadorias e Pensões, criado em 1995, condiciona os reajustes dos benefícios previdenciários, que podem ser diferenciados, às disponibilidades fiscais.

Do Chile, recém-integrado ao Mercosul, veio o exemplo de reforma previdenciária mais radical ocorrido nos últimos anos e o que tem gerado todo tipo de interpretação.

Na Itália, o sistema previdenciário está em debate desde o final da década de 1970. As sucessivas mudanças nos sistemas, sendo a mais recente a conhecida como a Reforma Dini, em 1995, tentam reverter uma tendência de desequilíbrio atuarial que passa de US$ 10 bilhões por ano. Isto porque os custos dos benefícios assumiram elevada proporção nos gastos públicos, tendo atingido 15% do PIB. Já em 1992, o Parlamento havia aprovado a progressiva elevação do limite de idade para a aposentadoria, que chegaria a 65 anos para homens e mulheres (na época, esse limite era, respectivamente, de 60 e 55 anos), ampliação do tempo mínimo de contribuição de 15 para 20 anos, ampliação da base de cálculo do valor das aposentadorias para os dez últimos anos de salários e regulamentação de aposentadorias privadas e complementares. Com a Reforma Dini, válida para novos entrantes no mercado de trabalho, criou-se uma *conta virtual,* na qual são creditadas as contribuições mensais dos segurados: o valor da aposentadoria é determinado pelo montante acumulado na conta individual do segurado, capitalizado anualmente pela taxa média qüinqüenal nominal de crescimento do PIB e pela expectativa média da sobrevida na data da aposentadoria.

CRISE MUNDIAL

A crise que afetou o mundo inteiro na década de 1980 evidenciou o esgotamento das fontes tradicionais de financiamento. Houve uma generalizada elevação do déficit público da maioria das nações e, em conseqüência, uma busca por saídas que não fossem o aumento dos impostos ou o endividamento. São desta época as primeiras iniciativas de privatização de empresas estatais e de reformulação dos sistemas previdenciários e de saúde, que são interligados em muitos países. Antes mesmo, em 1977, o Governo Jimmy Carter promoveu algumas alterações na legislação previdenciária dos Estados Unidos, para diminuir os efeitos da ampliação da cobertura dos programas previdenciários e do aumento dos benefícios. As medidas de Carter consistiram em aumento das taxas de contribuição e redução dos benefícios. O Governo seguinte, de Ronald Regan, em 1981, deu continuidade ao programa de reforma. As propostas aprovadas pelo Congresso previam o aumento gradativo das contribuições de empregados e empregadores (até 1990) e a elevação gradual da idade mínima para a obtenção de aposentadoria a partir de 2003. O patamar definitivo será o de 67 anos para os nascidos desde 1960.

Também na década de 1980, o Governo da primeira-ministra Margaret Thatcher introduziu uma reforma no sistema previdenciário inglês, que começou efetivamente em 1988. Os acordos políticos permitiram apenas uma reforma gradual do sistema público e a criação de incentivos aos contribuintes para optar por seguros privados. O objetivo era reduzir os encargos e obrigações de longo prazo do sistema de seguridade social. O valor das aposentadorias passou a ser calculado pela média dos salários ganhos durante a vida ativa do trabalhador e não mais pelos vinte melhores anos.

PRINCÍPIOS BÁSICOS

O mais interessante é que os ajustes registrados nas últimas décadas, na maioria dos sistemas de países europeus e mesmo nos Estados Unidos, ocorreram sem alteração dos fundamentos e dos princípios básicos que os moldaram. Como se observa, as mudanças mais comuns foram a elevação da idade para aposentadoria; o alongamento no número de anos para o cálculo do benefício; pequenos aumentos no número de anos de contribuição; diminuição da taxa de retorno, ou seja, o percentual de ganho do inativo sobre o que recebia na atividade; ou mesmo pequenos aumentos nas contribuições.

No aspecto da idade, vale destacar o fato de que as alterações ocorridas em inúmeros países foram no sentido de aumentar os limites, ao contrário do Brasil, que ainda tenta estabelecer esse critério. Mas nem sempre foi assim: o sistema previdenciário brasileiro previa em sua criação, em 1923, o limite de idade de 50 anos, alterado em 1960 para 55 anos, porque a expectativa de vida dos brasileiros havia aumentado. Atualmente, além do Brasil, apenas seis países não adotam este critério: Benin, Egito, Equador, Irã, Iraque e Kwait.

A ausência de limite de idade no sistema brasileiro beneficia uma minoria que se aposenta precocemente por tempo de serviço com, em média, 49,4 anos de idade. Em 1996, foram concedidos 2,2 milhões de novos benefícios, sendo que 302 mil, cerca de 15% do total, aposentadorias por tempo de serviço. Deste montante, aproximadamente 90% aposentaram-se antes de 60 anos de idade, no caso do homem, e de 55 anos, no caso da mulher. Isto significa que a maior parte desses trabalhadores estão em idade ativa, com plena capacidade laboral. E o pior, aposentam-se e voltam ao mercado de trabalho, fazendo com que a aposentadoria seja um mero complemento de renda.

Quando enviou sua proposta de reforma da Previdência ao Congresso Nacional, no primeiro semestre de 1995, o Governo brasileiro buscou basicamente atacar essa distorção. A intenção inicial era adotar uma idade mínima de 65 anos para o homem e de 60 anos para a mulher, que passasse a vigorar a partir de 2010. Até lá, os trabalhadores cumpririam uma regra de transição, a ser implantada gradativamente, e ainda teríamos nesse período pessoas se aposentando com menos de 60 anos. Também se colocava em discussão, naquele momento, a igualdade de tratamento entre os sexos, já que muitos países, como Suécia, Portugal, França, Estados Unidos, México e Japão, não diferenciam homens e mulheres na questão previdenciária. No entanto, diante da resistência encontrada na Câmara dos Deputados, houve um recuo de cinco anos para cada um deles, e a igualdade foi rejeitada. Mesmo assim, o limite de idade acabou sendo derrubado em uma votação histórica, onde o projeto do Governo perdeu por apenas um voto.

Na Europa, a idade para a obtenção de aposentadoria varia de 60 a 65 anos. Na América Latina, o Chile adotou a idade mínima de 60 anos para mulheres e 65 anos para homens; o Uruguai, 60 anos de idade para ambos os sexos; e, recentemente, a Argentina decidiu ampliar gradativamente o mínimo de 60 e 65 anos (mulheres e homens) até o ano 2001. Na Alemanha, Suécia, Inglaterra e Estados Unidos, a idade de aposentadoria também foi elevada, de forma gradual, ao longo de trinta ou quarenta anos, afetando pouco ou quase nada os direitos de concessão. Nos Estados Unidos, a aposentadoria ocorre aos 65 anos de idade, para homens e mulheres, mas esse limite sofrerá um aumento gradativo até atingir 67 anos no período de 2000 a 2027. Hoje, o americano pode optar pela antecipação da aposentadoria – entre 62 e 64 anos – mas terá o valor do benefício reduzido.

As mudanças no desenho dos sistemas, tal como a elevação da idade da aposentadoria, são necessárias à medida que a longevidade aumenta. O Japão, por exemplo, começa a rever algumas regras de um sistema montado em 1961, alertado pelo rápido envelhecimento da população, um

IDADE PARA APOSENTADORIA EM DIVERSOS PAÍSES

PAÍS	IDADE	
	Homem	Mulher
EUROPA		
Alemanha	63	63
França	65	65
Reino Unido	65	60
Itália	62	57
Espanha	65	65
Portugal	65	65
Suécia	65	65
AMÉRICA		
Estados Unidos	65	65
Canadá	65	65
Argentina	63	58
Chile	65	60
Uruguai*	60	60
Paraguai	60	60
México	65	65
ÁSIA		
Japão	65	65

Fonte: Social Security Programs Thoughout the World – 1995.
* Lei 16.713, de 3 de setembro de 1995.

fenômeno que não foi detectado naquela época. Hoje, estudos mostram que até o ano 2015 um quarto da população japonesa terá mais de 65 anos e começará a diminuir a partir de 2007. Para o Instituto de Seguridade Social e Problemas da População, do Ministério da Saúde e do Bem-Estar do Japão, esses dados revelam muito mais: a perspectiva de que a seguridade social será responsável pelo consumo de grande parte da renda nacional, o que é bastante preocupante!

REFORMAS DIFERENTES

Os fatores responsáveis pelos ajustes nos sistemas de previdência de alguns países desenvolvidos são muito diferentes dos que levaram à reforma do sistema de previdência do Chile, da Argentina e da Itália mais recentemente, e do Uruguai no passado, assim como os que geraram a discussão em torno do sistema brasileiro. Nestes últimos, as reformas não aconteceram por simples alteração de projeções de cenário, mas, principalmente, por desequilíbrios oriundos da construção imprópria desses sistemas e em conseqüência de administrações inadequadas.

Ao analisar os sistemas da Alemanha, da Dinamarca e dos Estados Unidos, para citar alguns países, constata-se que, de modo geral, seus regimes foram construídos corretamente. Isso porque adotaram, desde o início, os princípios e os fundamentos básicos que alicerçaram sistemas racionais ao longo de mais de cem anos de história da previdência. Nesse período, as doutrinas construíram-se e os sistemas consolidaram-se, aperfeiçoando-se ao longo do tempo.

Fundamentos como idade mínima, citado anteriormente, fazem parte de todos os regimes, desde sua origem, da mesma forma que os princípios da universalidade, da eqüidade contributiva, da solidariedade, da transparência, da eficiência etc. foram incorporados aos sistemas dessas nações. Assim, os fatos mais comuns que levaram às alterações dos sistemas foram o aumento da expectativa de vida, a diminuição da taxa de natalidade e o aumento do índice de desemprego.

Outra conclusão é a de que os países desenvolvidos, cujos sistemas foram construídos normalmente e são administrados corretamente, têm promovido apenas ajustes até hoje. Portanto, trabalham em cenários muito diferentes daqueles em que trabalham ou estão trabalhando o Chile, a Argentina, o Uruguai e o Brasil. Isso não significa que os países desenvolvidos não venham a promover reformas no futuro, mas pressionados por outros fatores. Um deles é a alteração profunda na sua composição demográfica, que, embora venha acontecendo há muito tempo, atingirá ou está começando a atingir o seu ponto crítico, com conseqüências que não serão evitadas por simples alterações. Na realidade, vai ocorrer, basicamente, um acentuado desequilíbrio entre o número de trabalhadores, que devem pagar a conta, e o de inativos a quem eles têm que financiar.

Algumas diferenças entre os sistemas previdenciários e os fatores que geram ou geraram a necessidade de alterações ainda devem ser analisadas. Em boa parte dos países, principalmente na Europa, também cabe ao sistema o pagamento de benefícios que não possuem caráter essencialmente previdenciário. É o caso do seguro-desemprego e da assistência médica. Por exemplo, na Alemanha, no Chile e até mesmo na China, a assistência médica é prestada mediante contribuições e faz parte da Previdência Social. Na maior parte dos casos, as modificações nos sistemas desses países não ocorrem exatamente em função do crescimento de pensões e aposentadorias. No caso específico da Alemanha, é o desequilíbrio entre a entrada e a saída de recursos no sistema, causado principalmente pelo alto índice de desemprego, que ameaça levar o sistema previdenciário ao déficit.

Modelo de financiamento

O modelo ideal de financiamento dos sistemas tem gerado muita discussão. Repartição ou capitalização? Qual é o mais eficiente? A maioria dos países adota um modelo de repartição público básico e universal, ao lado de um complementar, que pode ser público ou privado. A contribuição individual é a base do benefício, e o limite de idade, um dos principais critérios. Além disso, a maior parte dos países mantém regimes especiais para servidores públicos civis e militares, com regras diferenciadas dos demais trabalhadores.

No modelo de repartição simples, as contribuições dos atuais trabalhadores financiam as aposentadorias dos inativos, enquanto as próximas gerações vão financiar os benefícios dos que estão contribuindo. Os regimes de previdência, tanto os de repartição quanto os complementares, mantêm períodos de contribuição de 35 a 40 anos que compensam um tempo médio de benefício em torno de 18 anos. No Brasil, este conceito técnico está tão esquecido que, em certos fundos de pensão de empresas estatais, o tempo médio de contribuição não chega a 30 anos e o tempo de gozo do benefício ainda é maior do que a média. Por exemplo: em uma empresa estatal brasileira, a idade média na concessão de aposentadorias foi de 48 anos; isso numa classe de pessoas que têm uma expectativa de vida em torno de 80 anos, o que equivale dizer que embora tenham contribuído menos de 30 anos, em média, essas pessoas vão gozar uma aposentadoria durante 32 anos. Como as estatísticas demonstram que esse benefício gera uma pensão por mais oito anos, a média final pula para 40 anos. Não há cálculo atuarial que feche esta conta. É uma questão de simples aritmética!

A repartição ainda é um modelo relativamente novo. Ela generalizou-se após a Segunda Guerra Mundial e estabeleceu o chamado pacto entre gerações, condicionando os recursos arrecadados num determinado exercício ao pagamento dos benefícios durante este mesmo exercício. Quer dizer, o equilíbrio fica na dependência direta da razão entre o número de contribuintes (trabalhadores na ativa) e o número de beneficiários (os inativos).

Enquanto há correntes que garantem que o modelo de repartição contribui para a criação de sistemas fáceis e baratos de administrar, outros apontam para sua fragilidade diante das mudanças demográficas. A conclusão é a de que se a situação econômica do país estiver mal, a dos trabalhadores e dos aposentados também será atingida. Além disso, o envelhecimento populacional e o desemprego são dois dos entraves dos modelos de repartição, já que quando um país está demograficamente maduro, o número de beneficiários ou inativos tende a crescer relativamente mais do que o de ativos.

Outra restrição ao modelo de repartição, adotado no Brasil, é a que propicia a chamada redistribuição invertida de renda. Assim, aqueles que ganham menos estão financiando os que se aposentam mais cedo e que ganham mais. Além disso, os mais ricos têm o poder de influenciar decisões favoráveis a este segmento, por meio de regimes especiais. Daí porque as categorias de renda mais alta aposentam-se em média antes dos cinqüenta anos, enquanto os trabalhadores com menor renda dificilmente se aposentam com menos de sessenta anos. Este também é um dos motivos de restrições do Banco Mundial aos regimes públicos de benefícios, manifestado no documento *Envelhecimento sem crise: Políticas para a proteção dos idosos e promoção do crescimento*.

Vale ressaltar que redistribuição invertida e cálculo do valor de benefício não são características próprias do modelo de repartição. Ou seja, pode-se ter modelo de repartição sem benefícios especiais, como aposentadoria por tempo de serviço e cálculo de toda a vida contributiva. No entanto, tem sido usada a base para o cálculo do valor dos benefícios como uma das críticas ao modelo de repartição porque utiliza as remunerações dos últimos anos da vida profissional. Neste caso, os que ganham melhores salários são mais favorecidos porque, em regra, atingiram essa posição ao final de suas carreiras ou estão prestes a se aposentar, enquanto aqueles que ganham menos, e em geral realizam funções onde empregam mais força física, têm o declínio de renda nos últimos anos da carreira.

INTRODUÇÃO

Já o financiamento da Previdência Social através do modelo da capitalização foi o primeiro a ser empregado, ainda no final do século passado. Ele surgiu com o próprio sistema previdenciário em um período marcado não só pelas posições antiestatizantes, mas também pela recessão e pelo conflito social. Na capitalização, os custos aparecem claramente, e a cobertura dos benefícios é feita através de uma poupança formada por contribuições do trabalhador. Ou seja, cada um é responsável por sua própria aposentadoria. No entanto, embora não haja compromisso intergeracional neste modelo, o conjunto de investimentos pode ser utilizado para incentivar a poupança nacional de longo prazo e promover o desenvolvimento.

Há várias correntes de opinião sobre o melhor modelo de financiamento a ser adotado. Para Roger Beattie e Warren McGillivray[2], da Organização Internacional do Trabalho (OIT) e da Associação Internacional de Seguridade Social (AISS), para que um regime de benefícios não perca sua credibilidade e deixe de ser aceitável é necessário que haja um equilíbrio entre contribuições e benefícios. Mas, na prática, nem tudo é tão simples. Alguns especialistas defendem a manutenção do sistema de repartição sob a administração estatal, sofrendo todos os ajustes necessários, e a adoção subsidiariamente do modelo de capitalização, gerido por empresas, como complementação. Outras correntes pregam apenas um regime de capitalização sob a administração privada. Evidentemente, todos têm pontos a favor de suas idéias.

No ataque à capitalização, um dos argumentos mais comuns trata da questão da confiança: como é possível confiar à gestão privada a construção de uma rede de seguridade, cujos efeitos da redistribuição sejam justos socialmente? Outra dúvida é sobre o número de pessoas que podem ficar de fora do sistema porque não pouparam sobre uma base voluntária o suficiente para a idade avançada, tornando-se uma carga pesada para a sociedade. Parte dessas críticas baseia-se na experiência de países em desenvolvimento, que ainda têm uma dívida muito grande com os atuais e futuros idosos e a quem não se credita a capacidade de criar um mecanismo forte de regulamentação e fiscalização do novo modelo.

É possível que no futuro os países que realizaram pequenas alterações venham a promover mudanças profundas em seus sistemas, mas é uma

---

[2] *Uma Estratégia Arriscada: Reflexões Acerca do Informe do Banco Mundial Intitulado Envelhecimento sem Crise.*

questão que levará mais alguns anos de discussão e amadurecimento. E não só necessariamente por causa dos custos de transição que são elevados (não obstante estarmos diminuindo custos futuros), mas pelas controvérsias que ainda existem sobre o assunto, assim como os eventuais custos políticos que advêm dessas alterações.

Criar poupança interna tem sido definido como um dos objetivos a serem perseguidos na mudança do sistema. Porém, segundo alguns especialistas, isto deve ser tratado com reserva. Do meu ponto de vista, duas questões são importantes: a capitalização é mais justa, se a observarmos do lado de quem paga e recebe os benefícios, e desenvolve o hábito de poupança. Ou seja, estabelece-se a consciência de que ao deixarmos de consumir hoje vamos poder consumir melhor no futuro. Já o professor Helmut Schwarzer[3] chama a atenção para outro aspecto: a "tentação" em mudar sistemas maduros de repartição por sistemas de capitalização, deixando um grande passivo para a sociedade:

> *"Quando vem a 'maturidade' – a hora de pagar um significativo volume de aposentadorias –, passa a ser grande a tentação de fundar um sistema novo, no qual a 'taxa de retorno por contribuição paga' para contribuintes jovens será maior. A dívida para com os contribuintes e aposentados do sistema antigo é repassada ao Tesouro – uma enorme privatização de lucros e socialização de prejuízos. Essas são as 'inovações' de Chile, Argentina, Peru e outros."*

Schwarzer põe em dúvida ainda a capacidade de geração de poupança de um novo sistema, referindo-se particularmente ao Chile. Sua análise merece reflexão:

> *"Poupança 'excedente' só surgirá se a troca de ativos fundos de pensão-Estado para o financiamento da transição for moderada. Isso depende da eventual desvalorização da dívida anterior e de como se desenha o seu fluxo de resgate.*
>
> *O investimento produtivo da poupança financeira excedente gerada necessita, antes de mais nada, que existam perspectivas de lucro na produção e mercados financeiros eficientes que a aloquem. Se*

---

[3] "O 'modelo chileno' vale o que custa?" – *Folha de S. Paulo* – 28/09/97.

INTRODUÇÃO

> *para cobrir a transição formos convocados a pagar mais impostos ou a comprar serviços antes gratuitos (saúde ou educação, por exemplo), a renda disponível e a poupança voluntária diminuem.*
>
> *No Chile, ninguém consegue provar que a reforma tenha aumentado a taxa de poupança agregada. Além de análises carnavalescas, também há avaliações comedidas, elaboradas pelas próprias superintendências de fundos de pensão da Argentina, Chile e Peru ou no Fundo Monetário Internacional, que expressamente recomendam frear o otimismo."*

No Brasil, dois dos defensores do modelo chileno são o deputado federal Roberto Campos e o economista Francisco Oliveira, ambos respeitados especialistas na área. Mesmo assim, suas idéias encontram a resistência do professor Celso Barroso Leite, decano dos doutrinadores brasileiros, que vê com reservas os resultados alcançados pelo Chile, conforme admitiu em artigo publicado recentemente[4]:

> *"Acontece que esse esquema, bem recente, pois ainda não completou duas décadas, não é bem previdência social e sim poupança individual. Voltando à origem das minhas dúvidas, receio que ele tenha sentido antes econômico do que social, e sabemos que aquele aspecto é mais atraente que este e dá mais prestígio."*

Vários defensores do regime de capitalização (inclusive brasileiros que fizeram a análise dos custos) sugerem a adoção paralela do uso de ativos financeiros do Governo, dentre eles os recursos da desestatização. No entanto, a adoção de um sistema exclusivamente de capitalização traz a incerteza quanto ao seu futuro porque é mais suscetível aos conflitos de ordem social. Situação bem conhecida pela maioria dos países da América Latina, onde estão os maiores índices de pobreza, com poucas alternativas rentáveis para investimento e onde o setor informal mais cresce.

Custos da Transição

No processo de transição, deve ser considerado o que vai acontecer entre a abertura de uma conta de capitalização de um jovem trabalhador e o seu

---

[4] "Francisco Oliveira não tem razão." *Jornal do Comércio*. RJ. 07/03/98.

encerramento. Além disso, os trabalhadores que começam a contribuir para um sistema de capitalização deixam de contribuir para o anterior e, portanto, produz-se um déficit, arcado de maneira geral pelo Estado, a exemplo do que ocorreu no Chile, ou por toda a sociedade, como na Colômbia, que instituiu uma contribuição de solidariedade de 1% para poder ampliar a cobertura do sistema. Além disso, durante décadas, os ativos passam a financiar seus próprios benefícios e a sustentar aqueles que têm direito adquiridos no antigo regime de repartição.

Importantes instituições calcularam e apresentaram estimativas sobre os custos de transição no Brasil, entre elas a Fundação Instituto de Pesquisa (Fipe), a Fundação Getúlio Vargas, o Banco Mundial e o IBGE/IPEA. Foram sempre considerados os estoques de benefícios em manutenção e o reconhecimento das contribuições daqueles que ainda não saíram do sistema. Somente para o Regime INSS, os cálculos mostram que os custos variam de 130% a mais de 200% do Produto Interno Bruto (PIB). A Fipe calculou também o custo de transição para todos os regimes do setor público: ele fica em torno de 120% do PIB.

A experiência dos demais países deve servir de base para a formação da previdência brasileira. Sob análise técnica, se a substituição de um modelo implicaria um grau de risco inaceitável para toda uma geração de trabalhadores e aposentados, a solução seria a adoção de um sistema misto, no qual possam conviver os dois modelos. O sistema teria, então, o modelo de repartição, público e obrigatório, formado pela contribuição de trabalhadores e empresários sobre a folha de salário, além de outros tipos de contribuições sociais, e o de capitalização, privado e facultativo, para aqueles que querem um benefício maior, que permita um complemento de aposentadoria. Assim, haveria ao mesmo tempo um sistema que cumpre o papel de repor a renda, no caso da perda da capacidade de trabalho, e incentivando a poupança interna: duas condições fundamentais no processo de crescimento econômico de um país.

Mudanças necessárias

Em abril de 1997, o Senado Federal organizou um seminário internacional sobre Previdência Social[5], com apoio do IPEA. Ao final, três conclusões se destacaram:

---

[5]Seminário Internacional sobre a Previdência – A Experiência Internacional.

INTRODUÇÃO

- enfrentar ajustes e reformas de sistemas previdenciários tornou-se necessário em vários países;
- a experiência internacional mostra que vem sendo dada maior importância ao regime de capitalização;
- à luz do que acontece no mundo, é urgente que o Brasil proceda à sua reforma.

Consta do relatório final do seminário a seguinte ilação:

"Em suma, a experiência internacional demonstra que os objetivos comuns às reformas previdenciárias são:

- *uma relação mais estreita entre benefícios e contribuições a fim de minimizar distorções;*
- *inclusão de um instrumento financiado, isto é, com esquema de financiamento assegurado, que irá gerar mais poupança e ajudar o crescimento;*
- *ênfase na sustentabilidade fiscal de longo prazo e minimização de conflitos intergeracionais através da eliminação do espaço para manipulação do sistema com vistas a ganhos redistributivos de curto prazo."*

E prossegue:

"A principal lição a ser extraída da experiência internacional parece ser que, ao enfrentar problemas de insolvência, distorções econômicas e considerações sobre eqüidade social, muitos países estão recorrendo a sistemas de 'múltiplos pilares'. Os novos sistemas tendem a conter mecanismos que não distorcem os incentivos individuais e não podem ser alterados para a obtenção de vantagens de curto prazo para grupos seletos. Isso implica, principalmente, em se instalar um pilar capitalizado com uma relação mais estreita entre contribuições e benefícios, com vistas a encorajar a poupança e reduzir distorções do mercado de trabalho, mantendo, ao mesmo tempo, o pilar redistributivo que a maioria dos países já possui, a fim de assegurar uma pensão universal mínima. Os países que enfrentam altos custos de transição para um sistema totalmente

capitalizado estão tentando encontrar maneiras de contorná-los: o sistema de contas virtuais da Suécia é um exemplo desse tipo de inovação.

Com base nessa experiência, fica claro que os problemas do Brasil não são diferentes dos demais, nem tampouco irreparáveis. Em comparação com países como Estados Unidos, Suécia e Uruguai, o Brasil tem uma população jovem. Isto aumenta suas perspectivas de passar para um sistema de múltiplos pilares, uma vez que teria menores custos de transição para um sistema capitalizado. Mas a oportunidade para fazê-lo não deve durar muito tempo. A população, embora jovem, está envelhecendo rapidamente; a taxa de aumento da dívida previdenciária é alta devido aos altos benefícios; o número absoluto de aposentados e a relação inativos/ativos estão aumentando rapidamente; e o Brasil está enfrentando fortes pressões para aumentar a competitividade do mercado de trabalho.

- *Outros países latino-americanos que enfrentam pressões semelhantes, Chile, Argentina, Uruguai, Peru e Bolívia, já lançaram amplas reformas.*
- *Ex-países comunistas como Polônia, Hungria e China já começaram a reformar seus sistemas previdenciários.*
- *Mesmo países ricos, como Suécia, Estados Unidos e Japão, que enfrentam altos custos de transição devido à idade avançada de suas populações, estão considerando a possibilidade de fazer ou já começaram a fazer reformas profundas em seus sistemas.*

A reforma previdenciária é crucial para o desenvolvimento e financiamento da mão-de-obra e do capital, para a eficiência dos gastos públicos e, conseqüentemente, para o bem-estar econômico e social."

Na Europa, a busca de novas formas de financiamento não implicou o abandono do modelo clássico de repartição, conforme observa Danny Pieters[6], secretário geral do Instituto Europeu de Seguridade Social. Faz

---

[6] Últimas tendencias en los sistemas de seguridad social europeos, com especial atención a las reformas de las pensiones.

parte de seu estudo sobre as últimas tendências dos sistemas europeus as seguintes constatações:

- de modo geral, os governos vêm estimulando a adesão a regimes complementares, formada por empresas sem fins lucrativos (mútuas) e fundos de pensão, mas mantêm um regime básico até determinado limite;
- todas as fórmulas de cálculo têm sido feitas de maneira a estabelecer uma relação mais próxima entre as contribuições e os respectivos benefícios;
- muitos países tendem a incrementar o financiamento de seus sistemas com impostos gerais, com a finalidade de desonerar a taxação sobre a folha.

Em função de uma política proativa de estímulo ao mercado de trabalho, vários países têm indicado expressamente que a seguridade social deveria tratar, em primeiro lugar, de prevenir a incapacidade laboral e o próprio desemprego. Isto tem acontecido na Dinamarca, Finlândia, Holanda e Reino Unido, onde aumentaram as exigências para a concessão de benefícios e reduziram as possibilidades de aposentadorias antecipadas.

Ainda com relação à política proativa dos países europeus, é importante destacar a tendência de reduzir a incidência fiscal sobre as empresas para estimular a criação de novos postos de trabalho. A redução da cota do empregador, em certos casos, é compensada com o aumento da contribuição do trabalhador e ampliação do número de contribuintes. Essas medidas, contudo, não são suficientes, na opinião de Pieters, para evitar que a maioria dos países eleve a idade mínima para a aposentadoria e amplie o período de contribuição.

Recentemente, o primeiro-ministro inglês, Tony Blair, ao defender a modernização do sistema previdenciário, no artigo "Trabalho é a melhor forma de assistência"[7], fez críticas ao Estado do bem-estar social pela abrangência de seus benefícios. A situação chegou a tal ponto, segundo Blair, que atualmente os gastos com a Previdência Social são maiores do que os com a educação, o emprego, a saúde e a segurança. Na opinião dele, o sistema inglês tornou-se demasiadamente assistencialista e não cumpre mais a missão para a

---

[7] *O Estado de S. Paulo*, 18/01/98.

qual foi criado. Atualmente, o objetivo do Governo trabalhista do primeiro-ministro Blair é construir um consenso quanto à necessidade de reformas:

> *"Mas começo a notar que a maioria dos políticos evita o tema de previdência. A maior parte das mudanças é de longo prazo. No caso das pensões, quaisquer reformas precisarão passar por duas votações no Parlamento para entrar em vigor. Outras reformas, mesmo se iniciadas já, só trarão economia daqui a vários anos. A maioria dos políticos prefere medidas que resultem em sucesso imediato, de preferência as que rendam votos.*
>
> *Estou ciente de que essa é uma questão muito delicada. Para muita gente, os benefícios representam uma tábua de salvação e o trabalho não é uma opção."*

AMÉRICA DO SUL: MODELOS E TENDÊNCIAS

Dentro da análise sobre os rumos da previdência no mundo, a América do Sul merece atenção especial, já que os sistemas foram construídos de forma muito idêntica e por isso apresentaram as mesmas falhas. O interessante é que eles surgiram em três épocas diferentes[8]: no início do século, na Argentina, Brasil, Chile e Uruguai; no período da Segunda Guerra Mundial, no Equador, Peru, Venezuela, Paraguai e Colômbia; e no início da década de 1950, na Bolívia. Quer dizer, embora não tenham um ponto de partida em comum, os sistemas sofreram a influência de um mesmo contexto político, econômico e social que dominou a região por décadas.

Percebe-se também que os países da América Latina demoraram bastante para iniciar seu ciclo de reformas. Somente no início da década de 1980, o Chile daria a largada adotando um modelo que continua a servir de inspiração para os demais, com raras exceções. Atualmente, dos dez países de maior expressão socioeconômica da região, à exceção do Brasil, sete estão com seus sistemas de previdência estruturados ou em fase de reestruturação, e em apenas dois deles não há registro de reforma. A maioria das alterações apresenta algumas das características de um regime

---

[8] *Las Reformas de los Sistemas de Pensiones en América Latina: Crónica e Reflexiones.* Alejandro Bonilla Garcia e Alfredo H. Conte-Grand, outubro de 1997.

de capitalização como o chileno, mas além dele somente a Bolívia aboliu completamente o regime de repartição. Os demais países optaram por sistemas mistos.

Outra tendência observada é que os países sul-americanos adotaram sistemas com regras comuns para os trabalhadores, com exceção dos militares, que continuam a dispor de um regime próprio. Somente a Bolívia fugiu à regra, incluindo-os no Regime Geral, ainda que sob condições especiais. Além disso, os novos modelos dão mais ênfase à contribuição do trabalhador e tendem a desonerar as empresas. A contribuição dos empregadores simplesmente foi eliminada na Bolívia, Chile e Peru e reduzida sensivelmente no Uruguai.

Todos os países que alteraram o sistema previdenciário ou o estão alterando, adicionaram de cinco a dez anos no limite mínimo de idade para a aposentadoria. Essa mudança, conforme o professor Carmelo Mesa-Lago[9], deve-se ao aumento da expectativa de vida das populações ou à necessidade de adequar atuarialmente o plano de benefícios às contribuições. Em cinco países (Argentina, Bolívia, Chile, Colômbia e Peru), o tempo de contribuição dos trabalhadores aos sistemas antigos foi reconhecido em forma de bônus, mas com regras diferenciadas.

A seguir, serão vistas algumas das características dos novos sistemas previdenciários da América do Sul:

a) Chile

Em 1981, os chilenos trocaram o regime de benefícios do seguro social por um sistema de poupança obrigatória, administrado por organismos privados. As contribuições de cada segurado são destinadas a uma conta individual, cuja capitalização será a base para a definição dos benefícios. Por outro lado, o Estado mantém o pagamento de um benefício mínimo a todos contribuintes que alcançaram a idade de 65 anos, com um período mínimo de contribuições ao sistema de pelo menos vinte anos, mas capitalização insuficiente. Para os que não satisfizerem essas condições, o Estado paga um benefício assistencial, de valor inferior.

---

[9] *Comparative analysis of structural pension reform in eight latin American countries: description, evaluation and lessons.* Universidade de Miami, maio de 1997.

Os trabalhadores filiados ao antigo sistema e os que iniciaram suas atividades até dezembro de 1982 puderam optar por permanecer em seus respectivos regimes. Assim que acabar o estoque de aposentados de 1981, o sistema público extinguir-se-á. Para quem optou pelo novo regime, o Governo emitiu um Bônus de Reconhecimento, calculado com base nas contribuições passadas.

Quanto à questão da cobertura, é verdade que, inicialmente, houve acréscimo considerável de pessoas incorporadas ao novo sistema, atraídas pela possibilidade de acúmulo de poupança quando da idade de aposentar-se. Entretanto, passados os anos e observada a pequena poupança realizada, decorrente das baixas remunerações, aliada à garantia de benefício mínimo pago pelo Estado, assiste-se a um volume crescente de evasão de contribuições, especialmente em relação aos contribuintes individuais.

b) Argentina

Entre 1993 e 1994, os argentinos adotaram um sistema misto composto por dois regimes – um de repartição (estatal) e outro de capitalização individual (privado). Ao contrário do sistema chileno, os dois regimes coexistem, permitindo que os contribuintes escolham em qual querem participar, evidentemente com incentivos para os que decidirem pelo novo modelo e desestímulos para os que ficaram no antigo.

Quem permaneceu no sistema de repartição, ao final de sua vida laboral, terá direito a três tipos de benefícios: o Benefício Único Universal (desde que tenha atingido 65 e 60 anos de idade, homens e mulheres, respectivamente, e 30 anos de contribuição); o Benefício Adicional por Permanência, equivalente a 0,85% para cada ano; e um Benefício Compensatório, que representa 1,5% da média dos últimos dez anos de serviço multiplicado pelo total de anos de serviço (até um limite máximo de 35 anos).

Aqueles que optaram pela capitalização, em vez de receber um bônus como o chileno, terão um benefício compensatório – calculado conforme as contribuições pretéritas – a ser concedido quando se aposentarem. Para alguns analistas, o custo final da reforma argentina é menor do que a chilena justamente porque o benefício compensatório somente será pago quando o segurado cumprir as condições de elegibilidade.

INTRODUÇÃO

No sistema anterior, a idade mínima de aposentadoria era de 60 e 55 anos para homens e mulheres, e de 65 e 60 anos para os autônomos. O benefício variava entre 70% e 82% da média dos 36 meses mais favoráveis dentro dos últimos dez anos de contribuições.

Após a reforma, tanto no regime de capitalização como de repartição, somente terão direito ao Benefício Básico Universal (BBU) aqueles que completarem 65 e 60 anos de idade (homens e mulheres, respectivamente) e trinta anos de contribuição.

Enquanto a reforma chilena eliminou a contribuição dos empregadores, o novo modelo de capitalização argentino não alterou as alíquotas de contribuição em relação ao antigo sistema. A carga contributiva permaneceu sendo de 16% para os empregadores, 11% para os empregados e 27% para os autônomos. A diferença ocorreu no que se refere às instituições que passaram a gerir esses recursos. No lugar das três grandes caixas de previdência e dos inúmeros regimes especiais privilegiados (para juízes, congressistas, diplomatas, professores, membros dos Tribunais de Contas etc.), criou-se o Sistema Integrado de Jubilaciones y Pensiones, ao qual são ligadas as administradoras de fundos privados de aposentadoria e pensão.

c) Uruguai

O novo sistema uruguaio também é misto, mas não deu opção de escolha a todos os contribuintes como fez a Argentina. Aqueles que tinham até quarenta anos de idade, em 1º de abril de 1996, e os que ingressaram no mercado de trabalho desde então, tornaram-se obrigatoriamente incorporados ao novo sistema. Foi instituído um regime básico, um complementar (ambos obrigatórios) e outro suplementar (opcional). Observe que esse modelo assemelha-se bastante ao idealizado pelo economista Roberto Macedo e pelo professor Wladimir Novaes Martinez, no início da década de 1990, quando começamos a discutir a reforma do sistema brasileiro[10].

Os três regimes uruguaios estão divididos em três níveis:

— Primeiro nível: Regime de Aposentadoria de Solidariedade Intergeracional – financiado com as contribuições dos trabalhado-

---

[10] Ver Capítulo 4 – As propostas.

res ativos (15% até R$ 550,00), dos empregadores (12% até R$ 1.650,00), com tributos e assistência financeira do Estado, se necessário;
– Segundo nível: Regime de Aposentadoria de Poupança Individual, obrigatória, cujos benefícios resultarão da contribuição pessoal de cada filiado;
– Terceiro nível: Regime de Poupança voluntária, para os que têm remunerações acima de R$ 1.650,00.

No Regime Básico, estão previstas três modalidades de aposentadoria: a comum, para aqueles que têm 60 anos de idade e 35 anos de contribuição; a por idade avançada, para quem completou 70 anos de idade e pelo menos 15 anos de serviço; e a por incapacidade total, desde que haja pelo menos dois anos de serviços reconhecidos, sendo seis meses imediatamente anteriores à incapacitação.

O benefício assistencial não-contributivo por velhice e invalidez destina-se àqueles comprovadamente carentes que tenham 70 anos de idade ou estejam incapacitados de forma absoluta para o trabalho.

d) Peru

Posto em prática em junho de 1993, o sistema previdenciário peruano aproxima-se do modelo argentino, apresentando dois regimes: o de repartição (público) e o de capitalização (privado). Os que eram filiados ao modelo antigo (de repartição) puderam fazer a opção até dois anos após a reforma, caso tivessem no máximo 55 anos de idade (homens) ou 50 anos (mulheres). O trabalhador que ingressa no mercado de trabalho tem o direito de escolher entre um e outro, mas a filiação é obrigatória.

O regime privado funciona sob a modalidade de contas individuais de capitalização: os trabalhadores assalariados contribuem sobre as remunerações, mais um percentual destinado a financiar os benefícios de invalidez e pensão por morte, além de montante destinado a cobrir gastos funerários e uma taxa de administração das Administradoras de Fundo de Pensão. Os autônomos também contribuem com 8% sobre rendimentos não inferiores ao mínimo estabelecido. As contribuições obrigatórias ao regime público são de 13% exclusivamente sobre as remunerações.

INTRODUÇÃO

Têm direito à aposentadoria por velhice aqueles que completarem 65 anos de idade, homem ou mulher. No regime público, o montante da aposentadoria é igual a 50% da remuneração de referência se o filiado conta com vinte anos de contribuição, mais 4% para cada ano adicional, até 100%.

d) Colômbia

Os colombianos adotaram um modelo mais complexo, em 1994, o qual denominaram de Sistema de Seguridade Social Integral. Nele, estão previstos regimes gerais de aposentadorias e pensões, de saúde, de riscos profissionais e de serviços sociais. Por sua vez, o Regime Geral de Aposentadorias e Pensões também é subdividido em dois outros regimes solidários – sendo um de capitalização – que concedem benefícios por velhice, invalidez e morte. São eles:

- **Regime Solidário de Taxa Média com Benefício Definido**: as contribuições dos filiados (12%) e seus rendimentos constituem um fundo comum de natureza pública, que garante o pagamento dos benefícios, os gastos de administração e a constituição de reservas; e
- **Regime de Poupança Individual com Solidariedade**: de capitalização individual, sendo que a solidariedade está contemplada por meio da garantia de pensão mínima e contribuições adicionais (de 1%) a um fundo específico por parte de filiados com renda mensal igual ou superior a quatro salários mínimos. Trata-se de uma conta especial da nação, que dá cobertura a setores que não têm acesso ao Sistema de Seguridade Social.

A escolha de um dos regimes é livre. Além disso, os filiados podem passar de um regime a outro a cada três anos. Os que optam pelo Regime de Poupança Individual com Solidariedade podem efetuar de forma periódica ou ocasional contribuições voluntárias com o objetivo de aumentar os saldos de suas contas individuais de poupança.

No Regime Solidário de Taxa Média com Benefício Definido, a aposentadoria por velhice é concedida aos 60 anos de idade, se homem, e aos 55 anos, se mulher, desde que com um mínimo de mil semanas de contribuições. A partir de janeiro de 2014, a idade mínima será elevada para 62 anos (homens) e 57 anos (mulheres). O valor mínimo da aposentadoria por velhice não pode ser inferior ao salário mínimo.

No momento em que entrou em vigor a reforma, os filiados com 40 anos de idade ou mais, se homem, com 35 anos ou mais, se mulher, ou com quinze anos ou mais de contribuição, passaram por determinado tempo a ter direito à aposentadoria por idade pelas regras anteriores. Para aqueles comprovadamente carentes, ao completarem 65 anos de idade, é assegurado benefício no valor de até 50% do salário mínimo, financiado com recursos fiscais.

e) Bolívia

A reforma boliviana é recente (1997) e a mais próxima do exemplo chileno, mesmo apresentando distinções importantes. É o único país que implantou regras gerais para todos os trabalhadores, sem criar um regime específico para os militares. Além disso, não houve oportunidade de opção entre o modelo antigo e o atual: todos os segurados do antigo sistema de repartição passaram para o de capitalização.

Assim como no Chile, as contribuições são exclusivas dos trabalhadores, totalizando um índice de 12,5%. No entanto, o teto de contribuição corresponde a US$ 3 mil e não há benefício mínimo. A aposentadoria será concedida quando o segurado acumular pelo menos 70% da média salarial dos últimos cinco anos. Se ele atingir 65 anos de idade, sem alcançar essa média, é assegurada uma pensão reduzida.

f) Brasil

Mesmo com os exemplos de vários países, o Brasil demorou mais de uma década para se conscientizar da necessidade de alterar seu sistema previdenciário. Como se observa, o que foi recebido com dúvida e resistência aqui, é um processo natural na maior parte das nações, onde ocorre por razões diferentes porque a maioria dos sistemas se desenvolveu dentro da boa técnica e da boa doutrina, ou seja, fizeram bem o seu dever de casa, à exceção dos países sul-americanos, que foram construídos com os mesmos vícios. No entanto, o objetivo, seja das reformas ou dos ajustes, é o mesmo: garantir a justiça social, a viabilidade dos sistemas e o desenvolvimento econômico.

Assim, a reforma que está sendo realizada ainda é insuficiente para corrigir todas as distorções acumuladas ao longo dos anos, e seus efeitos somente serão significativos a médio e longo prazos. O mais importante nesse processo foi vencer resistências e quebrar certos tabus. A partir de agora, espera-se poder ajustar o atual modelo, adequando-o gradual e continuamente, e também resgatar princípios universais que regem os sistemas previdenciários dos países mais avançados. O Brasil não pode prescindir desse resgate.

CAPÍTULO 1

Um Sistema, Muitos Regimes, Inúmeros Critérios

- *Permissão para legislar*
- *Os regimes complementares*

CAPÍTULO 1

Um Sistema, Muitos Regimes, Inúmeros Critérios

Ao falar em sistema previdenciário brasileiro, é bom esclarecer que se trata de um sistema composto de três conjuntos de regimes, onde existem centenas de critérios e inúmeras situações especiais. São eles:

no setor privado
- o chamado Regime Geral de Previdência Social, administrado pelo INSS (Instituto Nacional do Seguro Social);
- os complementares.

no setor público
- os regimes dos servidores públicos (União, estados, municípios e poderes Executivo, Legislativo e Judiciário).

A identificação dos regimes é importante, porque ocorre freqüentemente uma associação entre todo o sistema e o INSS. No início da discussão sobre a reforma da previdência, muitos dos que eram contrários dirigiam suas críticas à forma com que o INSS havia sido administrado no passado. Na realidade, queriam trocar a reformulação por um ajuste meramente administrativo, o que era necessário e vem sendo feito. Esta atitude demonstrava ainda total desconhecimento dos demais regimes que compõem o sistema.

Não há dúvida de que administrar bem é um pressuposto básico de todos os regimes. Aumentar a eficiência na arrecadação, o que implica diminuir o nível de sonegação, erros, fraudes e custos operacionais, traz resultados financeiros importantes, mas ao lado disto devemos entender que existem problemas estruturais que precisam ser corrigidos. Um dos mais fortes, talvez, é a falta de eqüidade e de justiça. Isto significa que existem razões mais profundas que levam à necessidade de reforma.

Confundir todo o sistema previdenciário com o INSS é comum porque – como disse – nele estão concentrados 86% da população previdenciária. Contudo, os maiores erros, vícios e distorções são registrados nos demais regimes que englobam os 14% restantes. Isso é fácil de ser percebido quando é feita uma comparação entre os gastos do INSS e os dos demais regimes. Ao contrário do que seria lógico, os 14% consomem mais do que os que estão no INSS. Embora não existam teorias claramente definidas entre regimes e pessoas vinculadas ao setor público e privado (o que depende da característica e organização de cada país), nos países com modelo econômico semelhante ao nosso, a relação entre os gastos com os inativos do setor público, se comparada aos trabalhadores da iniciativa privada, não passa de um terço, assim como também o número de funcionários públicos aposentados também não ultrapassa essa proporção em relação aos ativos. Um quadro bem diferente.

Outro aspecto importante que revela a desigualdade entre os regimes são as regras para obtenção dos benefícios. A aposentadoria por tempo de serviço, por exemplo, tornou-se uma maneira de garantir aposentadorias precoces para os segmentos de mais alto poder aquisitivo. Até porque os trabalhadores de baixa renda – com dificuldade de inserção no mercado de trabalho – permanecem períodos na informalidade, o que impede a comprovação do tempo de contribuição junto ao INSS.

No regime INSS, dados de dezembro de 1997 indicam que apenas 17% dos benefícios são por tempo de serviço, mas representam 39% da despesa previdenciária. Desses, dois terços se aposentam com menos de 54 anos de idade, sendo também as pessoas que possuem melhor qualidade de vida, melhores condições sociais e melhor expectativa de vida. Ou seja, quem ganha menos está financiando a aposentadoria dos que ganham mais. Enquanto uma distribuição de renda perversa ocorre entre os segurados do INSS, no setor público quem paga a conta, inclusive de determinados grupos e categorias que obtêm privilégios, é a sociedade como um todo. Na verdade, a sociedade não percebe isso porque está pagando impostos para o Governo, ou seja, numa colocação mais extremada, quando uma pessoa compra arroz, pão ou leite, existem impostos embutidos, cuja arrecadação também é utilizada para pagar privilégios de alguns segmentos, em vez de ser reinvestida em benefício de todos.

No regime do servidor público civil federal, tornou-se mais vantajoso estar aposentado, o que não representa que, na maior parte dos casos, ele se aposente bem e sim precocemente. O resultado é que hoje caminhamos para ter mais servidores aposentados do que trabalhando, e em algumas categorias de determinados regimes, com rendimentos bem melhores, já existe um número de inativos bem superior ao de ativos.

Tanto no serviço público federal quanto nos diversos regimes especiais predominam as aposentadorias precoces, sendo freqüentes os casos de pessoas que se aposentam com menos de 40 anos de idade. Leis especiais chegam a permitir que o servidor se aposente a partir dos 37 anos de idade! São pessoas cuja qualidade de vida proporciona-lhes uma expectativa média de atingir 80 anos de idade. Deixando de considerar casos individuais, existem categorias onde a idade média da aposentadoria é 48 anos. Isso significa que essas pessoas ficarão aposentadas em torno de 32 anos, na média, adicionando-se ainda um período em torno de oito anos referentes à pensão dos dependentes. No total, isso representa que, para uma contribuição de 25 anos em média, o gozo do benefício será de 40 anos, o que evidentemente é impraticável[1].

As aposentadorias precoces são obtidas graças ao sistema de cálculo generoso do serviço público, que teve como matriz o estatuto do servidor público civil federal, da década de 1950, fundamentalmente não-contributivo. E embora seja contributivo hoje, ainda não o é suficiente para financiar 20% dos gastos com inativos. Mesmo considerando a contribuição patronal correspondente para manter a paridade de raciocínio com o setor privado, o déficit ainda continuaria sendo de mais de 50%. Nesse ponto, deixa de ser importante o aspecto contributivo do setor público ou

---

[1] A contagem de tempos fictícios, além do tempo rural não contribuído, reduziu o período de contribuição, beneficiando categorias que apresentam média de contribuição de apenas dezesseis anos.

que a conta feche entre quem contribui e quem vai gastar, já que é doutrina nos países que têm serviço público mais organizado os funcionários serem servidores do Estado, com dedicação exclusiva e carreiras bem estruturadas, portanto com características próprias e conseqüentes aposentadorias diferenciadas, dentro do conceito de prêmio a quem se dedicou por longos anos à carreira pública. Mas, por isso mesmo, exige-se do servidor público mais do que os da iniciativa privada. O problema brasileiro consiste no fato de que não estruturamos o serviço público nem valorizamos os servidores da maneira correta e ainda erramos adotando uma legislação altamente generosa em termos de cálculo e de precocidade na aposentadoria.

A legislação permitia até 1996, por exemplo, que se contassem tempos não contribuídos e licenças-prêmio (em dobro). Também valiam para o cálculo tempo de Colégio Militar e da Escola Técnica Ferroviária, serviço militar obrigatório, férias em dobro e licença para tratamento de familiar doente. Como ainda estão em plena capacidade laboral, a maioria desses aposentados vai trabalhar no setor privado ou volta a ocupar cargos públicos, às vezes até o mesmo cargo que exerciam antes, como o de professores universitários.

Ao tratar de situações específicas, vemos que elas se acentuam em estados e municípios que podem ter introduzido uma série de critérios desconhecidos da maioria da população. Por exemplo: no estado do Paraná, até há alguns anos, existia um critério para quem ingressasse no Tribunal de Contas, como conselheiro: eram concedidos quinze anos de contagem de tempo fictício para obtenção da aposentadoria. Isto permitiu que muitos conselheiros se aposentassem precocemente e pelo menos um deles aos 36 anos! Na realidade, esse critério, meramente político, tinha como objetivo renovar mais rapidamente o quadro de conselheiros, possibilitando que o novo Governo tivesse o maior número de defensores dentro do órgão de julgamento.

Outra distorção é a possibilidade de o servidor público, mesmo que recém-ingressado, requerer a aposentadoria utilizando o tempo de serviço anterior, inclusive o tempo rural, quase sempre não-contributivo. Quer dizer, não há uma carência ou um prazo de permanência no cargo ou função.

Os valores dos benefícios também ilustram as desigualdades. No INSS, o valor médio do benefício rural é de um salário mínimo e o médio urbano de 2,1 salários mínimos. Muitos dos benefícios do Legislativo e do Judiciário são baseados em condições que propiciam alcançar, por exemplo, o valor médio de 36,2 salários mínimos por mês, correspondente ao que a maioria dos segurados do INSS vai ganhar em três anos. Existem estados nos quais categorias e servidores de determinados poderes chegam a receber até oitenta salários mínimos em média. Evidentemente, ninguém está contra os que ganham altos salários, mas desde que sejam atrelados à correspondente contribuição, o que não ocorre na maior parte das vezes. Além disso, é bom frisar que 80% dos servidores públicos brasileiros aposentam-se com rendimentos de até R$ 1,2 mil. Portanto, as grandes distorções estão, principalmente, nos 20% restantes.

DISTRIBUIÇÃO PERCENTUAL DE SERVIDORES CIVIS DO EXECUTIVO POR FAIXA DE REMUNERAÇÃO (JUNHO/96)

	ATIVOS	APOSENTADOS	ATIVOS + APOSENTADOS
ATÉ R$ 500	10,4	11,1	10,7
De R$ 501 a R$ 1.500	67,0	61,4	64,7
De R$ 1.501 a R$ 2.500	13,7	14,4	14,0
De R$ 2.501 a R$ 3.500	4,3	4,6	4,4
De R$ 3.501 a R$ 4.500	1,8	2,2	2,0
De R$ 4.501 a R$ 5.500	2,3	2,3	2,3
De R$ 5.501 a R$ 6.500	0,4	2,1	1,1
De R$ 6.501 a R$ 7.500	0,14	0,7	0,37
De R$ 7.501 a R$ 8.500	0,06	0,5	0,24
Acima de R$ 8.500	0,03	0,3	0,14
Total	100,0	100,0	100,0

Fonte: Boletim Estatístico do Mare de setembro de 1996.

Observando o quadro acima deduz-se que os servidores que ganham acima de R$ 1.200 são mais de 20% no total. No entanto, quando se diz que 80% ganham até este valor, estão sendo englobados os servidores federais, estaduais e civis, cuja média dos vencimentos é influenciada pelos servidores municipais que ganham menos.

No gráfico seguinte, vê-se uma situação real entre um trabalhador na faixa salarial de dois salários mínimos, vinculado ao regime INSS, e determinada categoria de profissionais liberais submetidos à legislação especial (o nome da categoria foi omitido propositadamente). Nesta representação, fica muito clara a falta de eqüidade entre os vários regimes.

COMPARAÇÃO ENTRE REGIMES

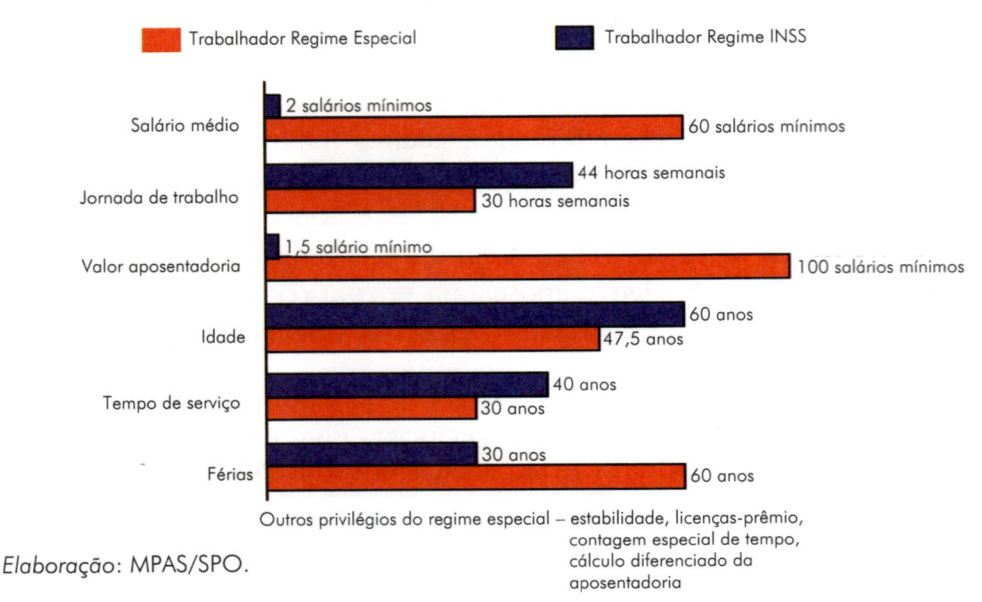

■ Trabalhador Regime Especial   ■ Trabalhador Regime INSS

Categoria	Regime INSS	Regime Especial
Salário médio	2 salários mínimos	60 salários mínimos
Jornada de trabalho	44 horas semanais	30 horas semanais
Valor aposentadoria	1,5 salário mínimo	100 salários mínimos
Idade	60 anos	47,5 anos
Tempo de serviço	40 anos	30 anos
Férias	30 anos	60 anos

Outros privilégios do regime especial – estabilidade, licenças-prêmio, contagem especial de tempo, cálculo diferenciado da aposentadoria

Elaboração: MPAS/SPO.

A diferença de valores também pode ser explicada pelo fato de que o serviço público brasileiro permite que seus aposentados recebam adicionais ao salário da ativa, por meio de artifícios embutidos nas leis da União, dos estados e dos municípios. Para os atuais servidores aposentados do Executivo, os valores dos benefícios chegam a ser 12% superior aos dos salários da ativa. No Legislativo e Judiciário, há categorias para as quais a remuneração dos inativos chega a ser 50% superior à dos ativos. Por isso, há pessoas aposentadas por meio desses critérios especiais ou aproveitando-se dos lapsos legais, principalmente nos estados, com valores que variam de 50 a 200 salários mínimos.

Aliadas à cultura paternalista e ao clientelismo histórico que marcam a relação entre o Estado e a população, existem situações que acabam se incorporando aos costumes brasileiros e que não causam mais estranheza. Um exemplo é o acúmulo de remunerações, um procedimento antigo. O primeiro acúmulo de salários foi autorizado por d. João VI, ainda no Brasil Imperial, a alguns funcionários que serviam à corte. O atual Regime Jurídico Único permite a acumulação de aposentadoria por tempo de serviço com aposentadoria por idade e destas com pensões. Assim, é comum o servidor, civil ou militar, aposentar-se no serviço público por tempo de serviço, ingressar no regime INSS e obter aposentadoria por idade. Além disso, se o servidor civil exerce atividade concomitante, coberta pelo mesmo ou por outro regime, como professor, por exemplo, também pode receber mais uma aposentadoria, por tempo de serviço ou por idade de outros regimes.

Vale observar que os regime INSS e do serviço público não aceitam a acumulação de aposentadoria nos próprios regimes, mas permitem com os demais. Por sua vez, os regimes permitiram acumulações internas de uma ou mais pensões e destas com aposentadorias, sem qualquer critério de seletividade.

Esses poucos exemplos de critérios ou distorções servem para dar um panorama inicial das diferenças entre os regimes e apontar a necessidade da reforma até mesmo por razões éticas!

Permissão para legislar

Na construção do sistema previdenciário brasileiro, afeto ao serviço público, os municípios e estados, por intermédio de seus respectivos legislativos, têm competência suplementar para estabelecer regras e normas próprias. Essa permissão para legislar levou à produção de critérios envolvendo determinadas categorias, que podem ter menor tempo para aposentar-se ou podem utilizar contagem fictícia em determinadas situações. Há ainda casos especiais que permitem fórmulas de cálculo diferenciadas para aposentadorias. Com isso, criaram-se tantas situações e possibilidades que nos permitem afirmar que o sistema previdenciário público brasileiro é caótico, pois encontramos situações inusitadas do Norte ao Sul.

Além de todos os casos citados anteriormente, e que vão ser retratados no capítulo dedicado às razões da reforma, muitos erros e distorções surgiram também de leis mal redigidas. Algumas, acredito, nem sempre com uma intenção paternalista. Na verdade, esses erros foram criados em função de brechas e lapsos legais. Um exemplo: com certeza, não era a intenção do legislador conceder um benefício de até R$ 30 mil aos ex-combatentes que sequer estiveram na guerra. O lamentável é que enquanto isso acontece, as viúvas dos soldados que lá morreram ganham menos de R$ 2 mil. Podemos citar também o caso de alguns anistiados que passaram a receber mais de R$ 20 mil por mês; neste caso, um jornalista, ou mesmo estagiário de um jornal alternativo, muitas vezes de circulação restrita a agremiações políticas ou ideológicas, é aposentado no paradigma do redator-chefe do jornal O Globo.

São vários os exemplos de situações que permitiram ou ainda permitem a obtenção de benefícios inadequados ou mesmo absurdos, sem que esta fosse a intenção do legislador. Como exemplo maior havia a aposentadoria por velhice (ou por idade, como passou a ser denominada em 1991), concedida aos homens com 65 anos de idade e às mulheres com 60 anos, com a exigência mínima de apenas cinco anos de contribuição (hoje esta carência é de oito anos e meio e de forma crescente deverá atingir 15 anos em 2011). Levantamentos apontaram que do total dessas aposentadorias, concedidas antes de 1983, cerca de 71% foram para mulheres – inscritas como empregadas domésticas ou em empresas de seus próprios familiares –, somente para usufruir esse benefício.

Ao lado dessa parafernália de leis, critérios e distorções, vem a interpretação dada pela Justiça, algumas vezes demonstrando a falta de conhecimento doutrinário de previdência e ainda sem considerar os princípios da interpretação lógica e histórica. Com isso, chegamos a interpretações, algumas vezes, no mínimo, absurdas!

A quantidade de leis encontradas nos estados e municípios criou um cipoal de critérios, estabelecidos sem a mínima preocupação com a base técnica e atuarial. Vejamos o caso dos fundos específicos de previdência que, além da diversidade de critérios, não estão sendo capitalizados ou não são administrados adequadamente e, em parte, isso ocorre fundamentalmente porque o sistema é generoso e registra saídas muito precoces. Em relação aos municípios brasileiros, aproximadamente 1,5 mil – o que correspondia a quase 25% do total em 1997 –, mantêm regimes próprios de previdência, cujo pagamento de benefícios acaba sendo feito pelos cofres municipais, com recursos provenientes de impostos gerais. No caso dos estados, a maioria separou os pensionistas e criou institutos próprios para o financiamento das pensões. Não há dúvida de que os estados e municípios, com raras exceções, terão dificuldade em honrar seus compromissos futuros, a não ser que sacrifiquem as suas necessidades de investimentos e prestação de serviços à comunidade. E mesmo isso, em alguns casos, poderá não ser suficiente.

Exemplo dessa realidade aconteceu em oito municípios de médio e pequeno portes do Ceará – Jaguaretama, Reriutaba, Quiterianópolis, Jijoca, Jericoacoara, Quixadá, Caucaia e Itarema – onde os prefeitos optaram, no início da década de 1990, pela previdência municipal. A mudança, anunciada como sinônimo de melhoria da qualidade de vida de centenas de trabalhadores no futuro, virou motivo de aflição. Em 1997, apenas em um deles não existiam denúncias de fraude. Além disso, os institutos ou caixas de assistência enfrentam uma crise para se manter, e os benefícios nem sempre são pagos em dia aos aposentados. A situação chegou ao ponto de os prefeitos não saberem quantos aposentados deveriam receber pagamentos ou quais servidores já têm tempo de serviço para requerer o benefício. Alguns chegaram a propor o retorno ao regime INSS.

É claro que, sem a equivalência entre o benefício e a contribuição, também cresceram na mesma proporção os gastos com a folha de pessoal, consumindo consideráveis recursos provenientes de impostos. Neste aspecto, é importante ressaltar o alerta do ex-presidente da Associação Nacional dos Fiscais de Contribuições Previdenciárias (Anfip), Álvaro Sólon de França[2]: "fiscalizei inúmeras prefeituras e constatei o descaso para com esta questão. Os prefeitos pensam que este é um problema para os próximos governantes, ativando ainda mais essa bomba-relógio que passou a ser o pagamento futuro desses benefícios".

A falta de visão gerencial, aliada ao pouco conhecimento dos fundamentos previdenciários, e a liberdade para legislar colaboraram para a construção de vários regimes precários no setor público. Para ilustrar como a criação desses regimes não obedeceu a critérios técnicos e atuariais, cito um caso ocorrido num pequeno município do Paraná. Certa vez, participei de uma reunião numa Câmara Municipal, onde os vereadores estavam discutindo um projeto de lei que criava o regime jurídico único para o servidor e, como conseqüência, o sistema previdenciário local. Os pronunciamentos mais veementes eram na linha da proteção social: os defensores alegavam que, com o regime, os servidores passariam a contar com uma boa aposentadoria e pensão, assistência médica e social. O que em princípio é lógico! Mas, por outro lado, tratava-se de um município muito pobre, cuja economia advinha do cultivo de batatas. Quer dizer, os que teriam de pagar a conta – os produtores – por meio de

---

[2] "Se explodir, será em cima do contribuinte." *Jornal do Brasil*, 22/2/96.

impostos, não tinham entre outras coisas boas estradas, saneamento básico e assistência à saúde satisfatórios; viviam quase no limite da pobreza, resguardados os moradores da área urbana ligados à atividade comercial. Mesmo assim, deveriam pagar para que apenas uma minoria usufruísse do que deveria ser direito de todos. É importante sempre perguntar quem vai pagar a conta!

Os regimes complementares

A falta de compensação atuarial e a generosidade com que o sistema foi construído atingem até mesmo os regimes complementares. Trata-se de alternativa criada e testada na prática como hábil instrumento de equilíbrio e desenvolvimento social, englobando 5,9 milhões de pessoas, entre participantes ativos e inativos e seus dependentes.

Parte das dificuldades enfrentadas pelos fundos surgiu porque foram projetados em cenários otimistas, e os ajustes necessários não aconteceram, ou porque tiveram seus recursos administrados inadequadamente ou por causa da combinação desses fatores. No entanto, também nesse setor, a precocidade das aposentadorias é um dado importante a ser considerado. Por exemplo, um fundo vinculado a uma das maiores estatais brasileiras aposentou seus trabalhadores, que gozam de condições especiais, em média aos 48 anos. Se nos reportarmos ao raciocínio anterior, entre a pensão e a aposentadoria, esses inativos ficarão recebendo o benefício por quase 40 anos. Evidentemente, é uma conta que não fecha, e o que acontecerá no futuro é que essa empresa, como tantas outras, não conseguirá cumprir com os seus compromissos.

Estudos da Secretaria de Previdência Complementar, do Ministério da Previdência e Assistência Social, apontam para uma insuficiência de capitalização. Se as entidades tivessem que realizar imediatamente os compromissos assumidos nos planos em vigor (pagamento integral do valor atual dos benefícios concedidos e dos benefícios a conceder aos participantes ativos líquidos do valor atual das contribuições futuras de participantes e patrocinadoras), haveria uma insuficiência de recursos de cerca de R$ 22 bilhões. Este assunto vai ser tratado com mais detalhes posteriormente.

A forma de ajustar um plano com insuficiência de capitalização passa pela adoção de medidas que combinam o aumento da contribuição da patrocinadora e dos participantes e a redução dos benefícios oferecidos. O que ocorre é que hoje a maioria das empresas estatais já efetua contribuições elevadas para os seus fundos de pensão, havendo vários casos em que esse percentual supera 20% da folha de salários da empresa.

Dessa forma, este capítulo tem como objetivo mostrar a complexidade do sistema previdenciário brasileiro, que transcende a questão da viabilidade financeira do INSS. É mais do que isso! Na análise, prevalece a realidade do conjunto, no qual cada um dos regimes que o integram apresentam características diferenciadas que merecem ser particularizadas. Os argumentos ou sugestões usados a favor ou contra um deles nem sempre são consistentes e podem ser sustentados para os demais.

CAPÍTULO 2

Regime INSS: O Início da Reforma

- *Arrecadação e gerenciamento*
- *Mitos e modernização*

CAPÍTULO 2

Regime INSS: O Início da Reforma

No início da discussão sobre a reforma da previdência, a viabilidade financeira do regime INSS era a principal preocupação levantada por diferentes representantes de setores da sociedade, em seminários, entrevistas e encontros em todo o país. Atribui-se a essa tendência, por um lado, um histórico de fraudes e má administração registrado em seu passado e, por outro, a cobertura da população previdenciária. Além disso, poucos conheciam a diversidade de distorções existentes nos regimes, predominando a interpretação de que as finanças se organizariam apenas com o combate às fraude. Desde aquela época, os números mostravam que, embora o regime apresentasse um equilíbrio frágil, ainda poderia ser mantido por mais alguns anos antes de entrar em colapso. Um cenário bem mais alentador do que o dos demais regimes, principalmente os ligados ao setor público.

Na realidade, a necessidade de reformar ou não o regime INSS merece algumas considerações. A primeira delas é que, antes de tudo, era preciso adotar um conjunto de ações em sua área de gerenciamento para poder coibir uma série de vazamentos financeiros, além de melhorar sua legislação ordinária, recolocando-a dentro da boa técnica e da boa doutrina. Depois disso, adotar as medidas estruturais mais profundas, que são fundamentais dentro de uma visão de médio e longo prazos, conforme ficará claro em capítulos seguintes. As primeiras medidas foram executadas simultaneamente à tramitação do projeto de reforma no Congresso Nacional, e logo apresentaram resultados.

O que fica evidente é que, embora a reforma não tenha sido proposta para sanear o INSS, na verdade foi por esse regime que ela começou. Significa dizer também que a reforma extrapolou o limite da discussão no Congresso Nacional. E isso não aconteceu sem motivos, porque ao melhorarmos a gerência e a legislação do maior regime do país, a sociedade constatava que a casa estava sendo colocada em ordem e que as mudanças propostas não iriam atingir somente alguns segmentos. Ao contrário. Foi uma oportunidade de comprovar que o Governo estava fazendo o seu dever de casa. Revelou-se, ainda, que as correntes contrárias à reforma eram integradas por categorias mais favorecidas socialmente e que não pertenciam ao regime INSS.

Para entender por que o foco da atenção do sistema previdenciário era dirigido ao INSS, é necessário expor um pouco a complexidade do Instituto Nacional do Seguro Social: uma organização encarregada de promover um grande conjunto de ações ligadas aos celetistas[1], sempre tratada como uma tradicional repartição pública, porém com atribuições muito mais complexa que exigem métodos e processos adequados. Igualmente é importante explicar suas dificuldades de caixa, assim como seu histórico de irregularidades, erros e fraudes.

Parte das dificuldades do regime INSS tem origem em seu modelo de financiamento, de repartição simples. É o fruto do trabalho dos ativos que gera recursos para pagar os benefícios aos inativos. Contudo, mesmo tratando-se de um contrato entre gerações, aconselha-se a existência de reservas equivalentes a, no mínimo, seis meses de despesa. Em nosso caso, porém, não houve acúmulo de reservas, tampouco em momentos em que a relação entre contribuições e inativos era bem maior do que a atual. Observa-se, nos últimos anos, um crescente aumento de gastos com benefícios, sendo que, em meados da década de 1980, por exemplo, eles representavam 65% da arrecadação líquida sobre a folha e salários. Desde então, as despesas continuaram a crescer em índices superiores aos da

---

[1] Trabalhadores regidos pela Consolidação das Leis do Trabalho (CLT).

receita, tendo se acentuado com a Constituição Federal de 1988, atingindo em 1997 a faixa de 105%. Embora este assunto seja tratado em outros capítulos, convém lembrar que a Constituição de 1988, ao criar o orçamento da Seguridade Social, implicitamente pretendia adicionar novos recursos para fazer frente ao crescimento das despesas por ela provocado, o que acabou não acontecendo.

CONTRIBUIÇÕES PREVIDENCIÁRIAS X BENEFÍCIOS
EVOLUÇÃO DE 1983 A 1997

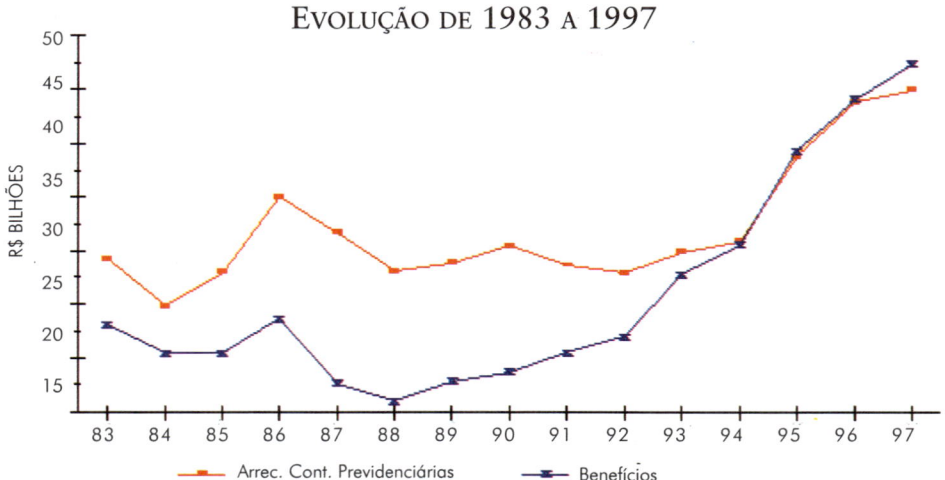

Fonte: MPAS – Subsecretaria de Planejamento e Orçamento – dez./97.

O crescimento recente da despesa do regime INSS acentuou-se em função da estabilização da moeda. A Previdência Social era uma grande sócia da inflação, primeiro porque chegava a ter 18% de suas receitas financeiras oriundas de aplicações no mercado financeiro. Entre 1990 e 1994, período de grande inflação, a perda média mensal do aposentado era de 7%. Esse índice compunha grande parte do que a previdência ganhava no mercado financeiro. Em alguns meses, nos últimos dias de pagamento, os benefícios eram corroídos pela inflação em até quinze dias, sofrendo uma defasagem que, às vezes, atingia quase 20%.

Outro ponto de pressão é o valor das novas aposentadorias, hoje 60% superiores ao valor das aposentadorias dos que estão saindo do regime. Como o número de novas aposentadorias é bem maior do que as que

PERDAS MENSAIS DOS VALORES PAGOS NO DÉCIMO DIA ÚTIL

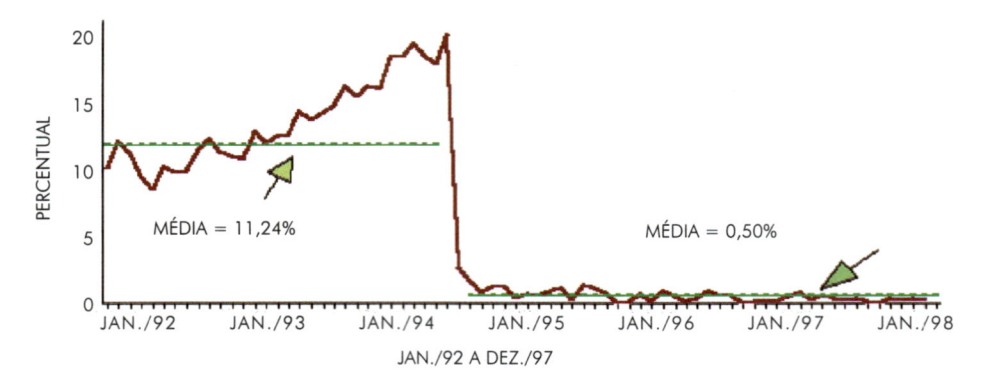

JAN./92 A DEZ./97

Fonte: MPAS – Subsecretaria de Planejamento e Orçamento – dez./97.

saem do sistema, isso significa que, ao final de cada mês, há um crescimento de aproximadamente 0,5% no número de novas aposentadorias, já excluídas as que saem do sistema, e um aumento na despesa em torno de 1%. A razão é relativamente simples: antes, os valores de contribuição, com o cálculo dos últimos 36 meses, dependiam muito da política de aumentos adotada, se era bimestral ou quadrimestral – e havia momentos em que quem contribuía sobre cinco salários mínimos aposentava-se com valores equivalentes a quatro ou três. Ocorria uma perda muito grande na hora do cálculo dessas aposentadorias. Também passamos a conceder menos benefícios rurais e mais urbanos, que são de valor maior. De qualquer forma, quando a conta é fechada no fim do mês, o valor do percentual de acréscimo de despesa sobre a maciça[2] de pagamentos é o dobro do percentual da soma dos benefícios que são retirados.

A política de reajustes dos benefícios, adotada desde 1994, é outro fator importante de pressão sobre os gastos. Em 1995, por exemplo, foi dado um aumento de 42%, e a inflação seguinte chegou a 18%; em 1996, concedemos um reajuste de 15% e a inflação seguinte foi 9%; em 1997, o reajuste foi de 7,7%, para uma inflação futura esperada de 4%. Antes, quando a inflação seguinte era maior que a anterior, nesse sentido, conceder um aumento era relativamente fácil. Vejamos o caso dos 147%, que foram decididos pela Justiça. Eles correspondiam a quatro meses de infla-

---

[2] Total de benefícios do INSS.

Benefícios Concedidos
Crescimento do Valor Inicial Médio

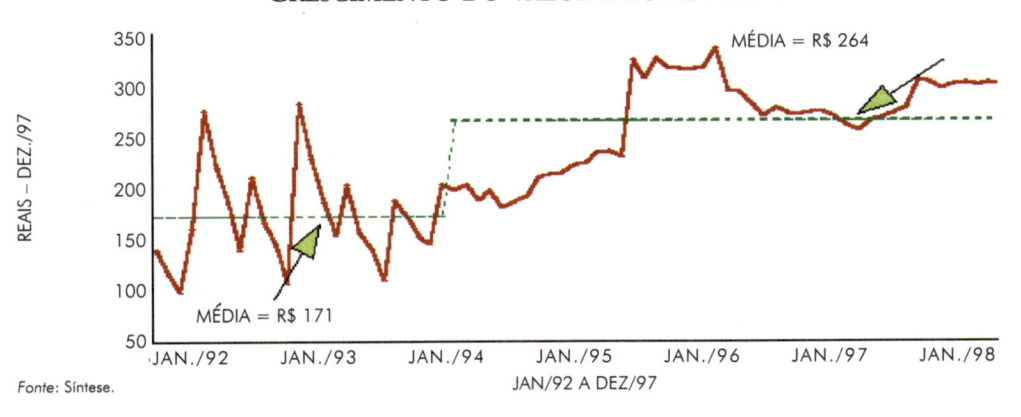

Fonte: Síntese.

JAN/92 A DEZ/97

Elaboração: MPAS – Subsecretaria de Planejamento e Orçamento.

ção e foram logo absorvidos. Com a estabilidade, isso deixou de ocorrer. Essa política de reajuste inverte a tendência anterior de achatamento, pois promove ganhos adicionais para os aposentados. Em resumo, pelo menos neste período analisado no gráfico houve ganho de poder aquisitivo para os aposentados.

Os sistemas previdenciários são afetados pelas ondas de entrada, que por sua vez geram ondas semelhantes de saída. No caso do Brasil, que já apresentava um sistema maduro, todos os que começaram a entrar no mercado de trabalho na década de 1960, e no início da década de 1970, estão indo hoje para a aposentadoria e, ao mesmo tempo, não há geração de novos empregos com a velocidade semelhante ou novos contribuintes em um ritmo também acelerado.

Ainda com relação ao aumento da despesa, devemos considerar o crescente número de aposentadorias proporcionais e precoces, em função do não-rompimento do vínculo de emprego. Como a lei é omissa a esse respeito, cada vez mais trabalhadores exercem o "direito", que não encontra qualquer lógica doutrinária. No entanto, não houve sucesso na tentativa de corrigi-lo – primeiro, por meio de medida provisória e, depois, mediante lei ordinária – porque o Supremo Tribunal Federal considerou as tentativas, liminarmente, inconstitucionais, tendo quatro votos

ÍNDICE DE REAJUSTE DE BENEFÍCIOS X IGP-DI X INPC

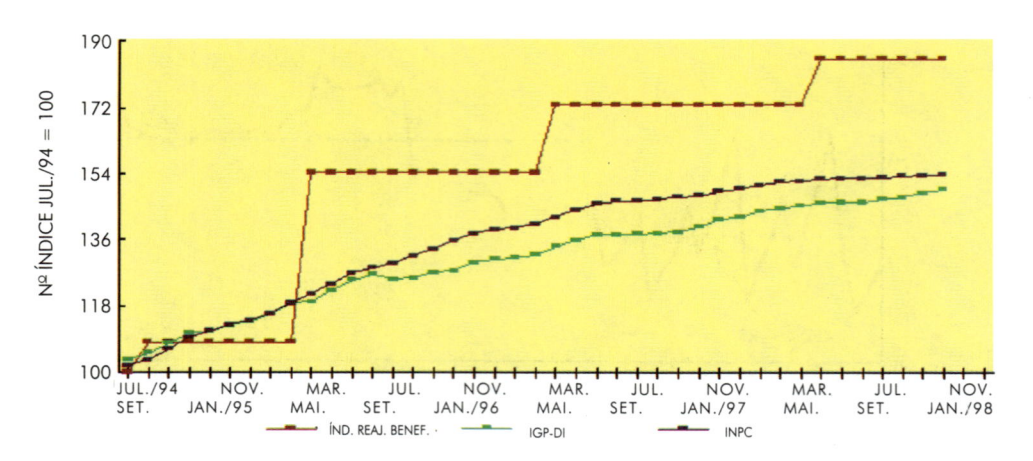

Elaboração: MPAS – Subsecretaria de Planejamento e Orçamento – jan./98.

divergentes. E sobre essa interpretação, convém resgatar a opinião de um dos mais respeitados mestres em Direito do Trabalho, Octavio Bueno Magano[3]:

> *"Urge que o STF, a curto prazo, corrija o erro em que incidiu a maioria de seus membros ao conceder medida liminar, em ação direta de inconstitucionalidade, suspendendo a regra do § 2º do art. 453 da CLT, com a redação que lhe deu a Lei nº 9.528/97, do seguinte teor: 'O ato de concessão de benefício de aposentadoria a empregado que não tiver completado 35 anos de serviço, se homem, ou 30, se mulher, importa em extinção do vínculo empregatício.'"*

O professor Magano segue, evocando os princípios da lógica, da prática histórica e da boa doutrina previdenciária:

> *"Estatuiu, pois, o legislador que, estando o empregado credenciado a receber aposentadoria, deixa de fazer jus à compensação indenizatória da parte do empregador.*

---

[3] Aposentadoria e rescisão contratual. *Folha de S. Paulo* – 20/1/98.

> *E se bem se orientou o legislador ao assim dispor, porque a aposentadoria, como acentuam Jacques Formier, Nicole Questioaux e Jean-Marie Delarue, é o retraimento da vida ativa e a substituição da renda decorrente do trabalho pelas prestações a cargo da Previdência Social. (*Traité du Social, Situations, Luttes, Politiques, Instituitions, *Paris, Dalloz, 1989, p. 669.)*
>
> *Antijurídica se mostra, em conseqüência, a consideração contida na liminar concedida pelo STF, no sentido de que a aposentadoria nada tem a ver com relação de emprego, pois o efeito de a desconstituir existe desde o advento da Lei nº 6.204."*

A questão do vínculo empregatício ilustra bem a despreocupação com os aspectos doutrinários e atuarial de nossos regimes. Mas nem sempre foi assim. De 1931 até 1991, a legislação previdenciária estabelecia que a concessão da aposentadoria rompia o vínculo empregatício, embora não restringisse o retorno ao mesmo emprego, o que, embora em desacordo com a técnica e a doutrina previdenciária, pelo menos exigia a extinção do vínculo. Em 1991, com o novo Regulamento dos Benefícios da Previdência Social, a questão sequer foi tratada. O lapso legal ensejou uma situação de estímulo à solicitação de aposentadorias por tempo de serviço, principalmente proporcionais, tornando-se um bom negócio antecipar a aposentadoria, a fim de obter uma complementação de renda, sem maiores prejuízos para o salário, em razão da continuidade do vínculo empregatício.

Sem a lei para normatizar a questão, a eventual rescisão do contrato de trabalho por parte do empregador, em razão da aposentadoria, gerou controvérsias doutrinárias e judiciais sobre as obrigações trabalhistas decorrentes. Quer dizer, da questão previdenciária chegamos à área trabalhista, pois ao empregado demitido sem justa causa garante-se, a título de indenização, o recebimento de importância equivalente a 40% de seu saldo do Fundo de Garantia do Tempo de Serviço. Ora, se a empresa entende que com a aposentadoria não há mais vínculo de emprego, o trabalhador é apenas dispensado e não demitido. O empregado, por sua vez, compreende que ocorreu uma demissão imotivada, fazendo jus, portanto, à verba indenizatória.

Dá-se, em verdade, um embate ideológico, no qual cada parte representa seus próprios interesses. As tentativas de se restabelecer a exigência de desligamento do emprego, no âmbito previdenciário, têm encontrado obstáculo na questão do pagamento da parcela indenizatória do Fundo de Garantia. Uma completa inobservância da norma e da doutrina previdenciária, visto que o afastamento da atividade em decorrência da aposentadoria, além de ser procedimento histórico, é ato da própria vontade do trabalhador. Assim sendo, não convém confundir situações distintas.

Os planos de demissão voluntária, adotados por várias empresas públicas de 1994 a 1997, também contribuíram para o crescimento das aposentadorias proporcionais. A esse cenário, somam-se os efeitos da racionalização e da reorganização da atividade econômica, em determinados setores, que redundaram na diminuição do número de empregos e forçaram aqueles que estão em condições de requerer a aposentadoria proporcional a fazê-lo.

Os quadros seguintes mostram que o crescimento de aposentadorias proporcionais vem se acentuando desde 1995, mesmo em relação às aposentadorias integrais que também cresceram no período. Em 1995, do total de aposentadorias, 70,9% eram proporcionais. Em 1997, passou para 78%.

O próximo gráfico mostra a evolução do estoque de diferentes tipos de benefícios previdenciários no período de janeiro de 1994 a novembro de 1997. Nesse período, o número de aposentadorias por tempo de serviço pagas pela Previdência Social cresceu 55,5%. Tal incremento é muito superior ao ocorrido com outros tipos de benefícios. O estoque de benefícios por acidente de trabalho aumentou 20%; as pensões, 19,1%; as aposentadorias por idade, 14% e as aposentadorias por invalidez, 4,1%.

O incremento da quantidade de aposentadorias por tempo de serviço é decorrência da antecipação da idade da aposentadoria. Os segurados estão cada vez mais propensos a se aposentar na modalidade proporcional com um benefício menor do que a esperar o tempo exigido para requerer o benefício integral. A média de idade para a concessão da aposentadoria por tempo de serviço caiu de 52,7 anos, em 1994, para 49,4 anos, em 1996.

A tendência de aumento de aposentadorias precoces é comprovada pelo estudo realizado pela técnica da Dataprev, Márcia Caldas de Castro, cujos gráficos e tabelas apresentamos a seguir. Neles, fica clara a comparação entre 1990 e 1995: as aposentadorias por tempo de serviço

REGIME INSS: O INÍCIO DA REFORMA

CONCESSÃO DE APOSENTADORIAS POR TEMPO DE SERVIÇO. PROPORCIONAL E TOTAL*

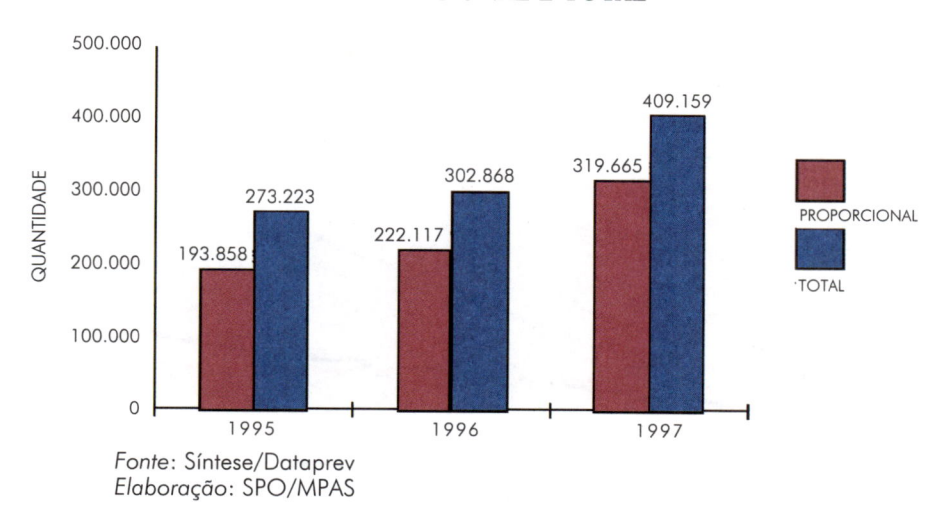

Ano	Proporcional	Total
1995	193.858	273.223
1996	222.117	302.868
1997	319.665	409.159

Fonte: Síntese/Dataprev
Elaboração: SPO/MPAS

*Os Dados de 1995 são projetados a partir de valores observados no segundo semestre/95

PARTICIPAÇÃO DAS PROPORCIONAIS NO TOTAL DE APOSENTADORIAS POR TEMPO DE SERVIÇO

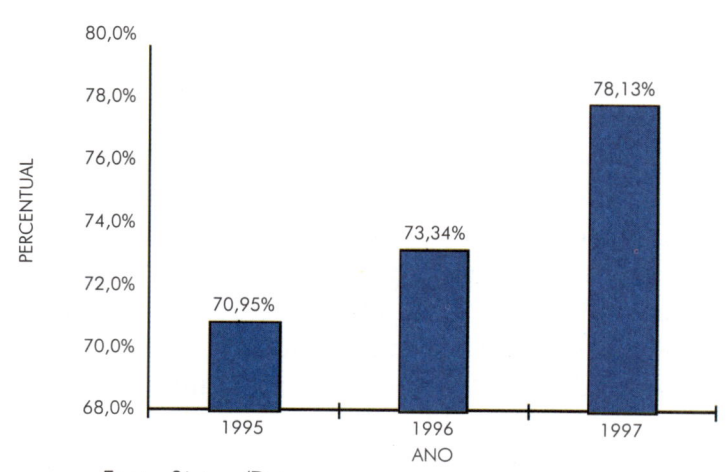

Ano	Percentual
1995	70,95%
1996	73,34%
1997	78,13%

Fonte: Síntese/Dataprev
Elaboração: SPO/MPAS

Evolução do Índice de Quantidade dos Benefícios
(Créditos Emitidos – Jan./94 = 100)

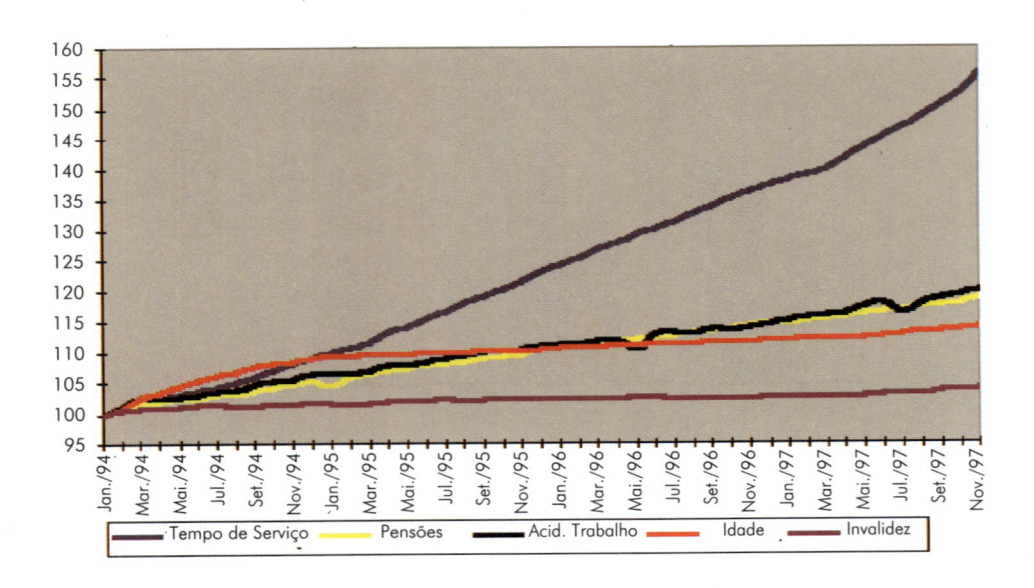

[Gráfico: Tempo de Serviço, Pensões, Acid. Trabalho, Idade, Invalidez – Jan./94 a Nov./97]

revelam probalidades de entrada significativamente maiores em 1995, tanto para homens quanto para mulheres. Além de mais alta, a probabilidade é também mais precoce: enquanto em 1990 o ponto modal dos homens estava localizado em 54 anos, em 1995 desloca-se para 50 anos de idade.

As próximas tabelas apresentam a idade média dos segurados ao requerer a aposentadoria por tempo de serviço. Este indicador permite identificar e mensurar o quão precoces são os ingressos no sistema previdenciário, situação que se agrava pelo fato de que uma parcela dos segurados aposenta-se e permanece no mercado, dado que desde 1991 o desligamento do emprego não é obrigatório. A tendência verificada na idade média, desde o ano de 1990, é de queda, tendo se situado sempre abaixo dos 55 anos de idade. Em 1995, 71,62% dos homens e 80,88% das mulheres que requereram a aposentadoria por tempo de serviço possuíam idades inferiores a 55 anos. No ano de 1996, esses percentuais aumentaram para 78,30 e 83,93%, respectivamente.

BRASIL: PROBABILIDADES DE ENTRADA EM APOSENTADORIA POR TEMPO DE SERVIÇO URBANA POR SEXO – 1990

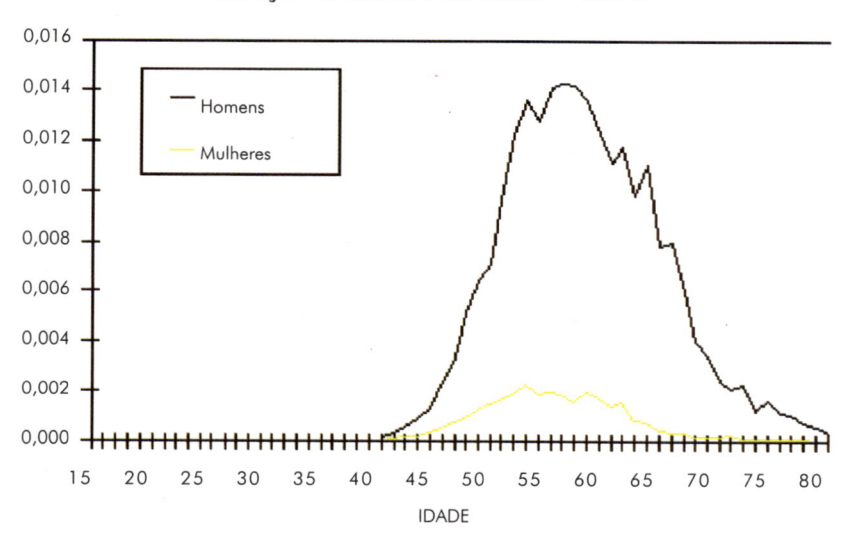

Fonte: Márcia Caldas de Castro. *Entradas e saídas no Sistema Previdenciário Brasileiro: uma aplicação de tábuas de mortalidade.* Belo Horizonte: UFMG/CEDEPLAR, 1997.

BRASIL: PROBABILIDADES DE ENTRADA EM APOSENTADORIA POR TEMPO DE SERVIÇO URBANA POR SEXO – 1995

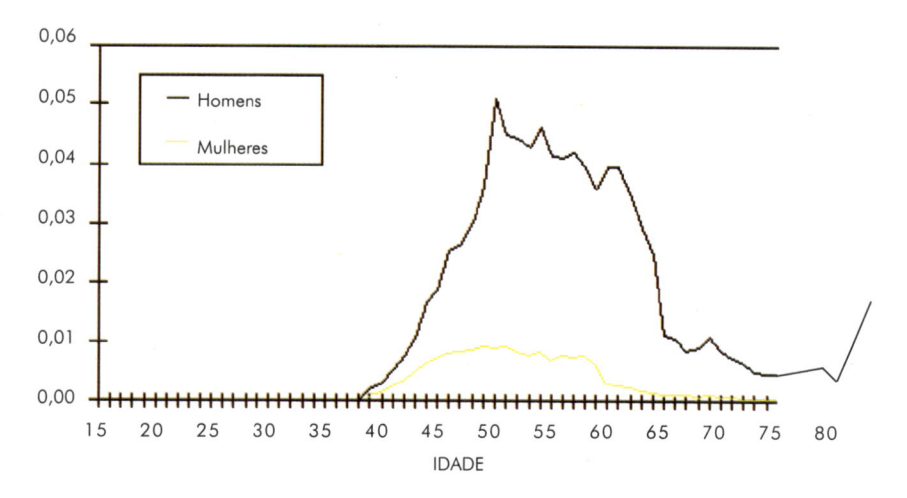

Fonte: Márcia Caldas de Castro. *Entradas e saídas no Sistema Previdenciário Brasileiro: uma aplicação de tábuas de mortalidade.* Belo Horizonte: UFMG/CEDEPLAR, 1997.

BRASIL: IDADE MÉDIA DE ENTRADA NO SISTEMA PREVIDENCIÁRIO PARA SEGURADOS QUE REQUERERAM APOSENTADORIAS URBANAS POR TEMPO DE SERVIÇO – 1990/95

Aposentadoria por tempo de serviço	Total	Homens	Mulheres
1990	53,53	53,67	52,72
1991	53,14	53,24	52,50
1992	53,19	53,59	51,48
1993	52,96	53,42	51,20
1994	52,16	52,57	50,41
1995	50,94	51,31	49,43
1996	49,43	49,67	48,33

Fonte: Dataprev/Síntese e Anuário Estatístico da Previdência Social.

BRASIL: PROBABILIDADES DE ENTRADA EM APOSENTADORIA POR TEMPO DE SERVIÇO URBANA E TAXA DE CRESCIMENTO NO PERÍODO, POR SEXO – 1990 E 1995

Idades	Probabilidades de entrada em aposentadoria por tempo de serviço (qx, alfa)					
	Homens			Mulheres		
	1990	1995	Cresc. %	1990	1995	Cresc. %
34		0,00001				
35		0,00002				
36		0,00005				
37		0,00006				
38		0,00005				
39	0,00014	0,00170	1.132,92	0,00002	0,00070	3.184,06
40	0,00029	0,00292	918,49	0,00004	0,00126	2.851,43
41	0,00052	0,00521	894,40	0,00011	0,00214	1.777,80
42	0,00084	0,00744	788,08	0,00013	0,00305	2.168,22
43	0,00126	0,01047	731,73	0,00026	0,00435	1.582,66
44	0,00238	0,01668	599,56	0,00047	0,00603	1.181,68
45	0,00340	0,01876	452,09	0,00070	0,00678	869,58
46	0,00515	0,02522	390,12	0,00090	0,00783	771,88
47	0,00644	0,02621	307,26	0,00118	0,00824	596,35
48	0,00705	0,03008	326,52	0,00141	0,00834	491,14
49	0,00968	0,03630	275,12	0,00155	0,00911	486,74
50	0,01223	0,05097	316,61	0,00187	0,00879	370,09

BRASIL: PROBABILIDADES DE ENTRADA EM APOSENTADORIA POR TEMPO DE SERVIÇO URBANA E TAXA DE CRESCIMENTO NO PERÍODO, POR SEXO – 1990 E 1995 *(CONTINUAÇÃO)*

Idades	Probabilidades de entrada em aposentadoria por tempo de serviço (qx, alfa)						
	Homens			Mulheres			
	1990	1995	Cresc. %	1990	1995	Cresc. %	
51	0,01359	0,04512	232,03	0,00222	0,00908	309,34	
52	0,01280	0,04450	247,67	0,00183	0,00825	351,70	
53	0,01411	0,04293	204,21	0,00194	0,00757	291,03	
54	0,01427	0,04635	224,89	0,00187	0,00802	328,68	
55	0,01424	0,04143	191,03	0,00152	0,00674	342,47	
56	0,01364	0,04126	202,44	0,00191	0,00768	303,14	
57	0,01233	0,04194	240,24	0,00164	0,00715	336,00	
58	0,01112	0,03961	256,13	0,00135	0,00754	459,10	
59	0,01180	0,03595	204,75	0,00154	0,00584	280,14	
60	0,00982	0,03946	301,71	0,00079	0,00263	231,72	
61	0,01108	0,03944	255,96	0,00069	0,00234	239,58	
62	0,00781	0,03462	343,11	0,00040	0,00196	386,01	
63	0,00791	0,02939	271,39	0,00034	0,00142	315,20	
64	0,00603	0,02476	310,44	0,00030	0,00128	327,08	
65	0,00403	0,01105	174,46	0,00017	0,00089	428,08	
66	0,00350	0,01065	204,10	0,00016	0,00086	449,52	
67	0,00241	0,00861	257,62	0,00016	0,00095	508,53	
68	0,00210	0,00913	335,42	0,00019	0,00076	291,62	
69	0,00222	0,01085	387,83	0,00007	0,00088	1.239,86	
70	0,00115	0,00835	624,88	0,00010	0,00043	311,73	
71	0,00158	0,00726	359,29	0,00011	0,00053	403,30	
72	0,00113	0,00650	473,30	0,00006	0,00041	543,22	
73	0,00099	0,00475	381,82	0,00003	0,00031	840,50	
74	0,00075	0,00459	515,27	0,00007	0,00029	307,67	
75	0,00051	0,00445	776,32	0,00002	0,00039	1.620,63	
76	0,00031	0,00435	1.312,70	0,00002	0,00027	1.095,29	
77	0,00060	0,00492	720,39	0,00002	0,00031	1.878,50	
78	0,00074	0,00534	620,96	0,00002	0,00019	1.087,29	
79	0,00025	0,00294	1.054,86	0,00008	0,00026	209,97	
80	0,00142	0,02050	1.342,38	0,00019	0,00151	692,75	

Fonte: Márcia Caldas de Castro. *Entradas e saídas no Sistema Previdenciário Brasileiro: uma aplicação de tábuas de mortalidade.* Belo Horizonte: UFMG/CEDEPLAR, 1997. (Dissertação de mestrado em Demografia), pp. 168-169, 171-172.

O fato de a idade média na concessão do benefício ser baixa eleva a expectativa de duração do benefício previdenciário no Brasil para homens e mulheres, que é mais alta do que aquela verificada nos países da Organização para Cooperação e Desenvolvimento Econômico (OCDE), que congrega os países mais ricos do mundo. Em 1993, segundo o Centro Latino-americano de Demografia (Celade), em média, enquanto um homem dos países da OCDE percebia um benefício por 15,2 anos, um brasileiro aposentado continuava recebendo o seu benefício por 17,5 anos. Da mesma forma, enquanto uma mulher dos países da OCDE percebia o seu benefício por 18,6 anos, uma brasileira aposentada tinha a duração do seu benefício correspondente a 20 anos.

Trabalho realizado pela técnica da Dataprev, Márcia Caldas de Castro, com informações mais recentes, demonstra uma diferença ainda maior entre o grupo médio de nossas aposentadorias e pensões e as verificadas pela OCDE. O crescimento do número de aposentadorias por tempo de serviço, de 1990 a 1995, pode ter sido causado por questões conjunturais, e não estruturais, ou também por uma preocupação com as mudanças na legislação, a partir da reforma da previdência. Além disso, a possibilidade de obter uma aposentadoria mais cedo difundiu-se rapidamente, despertando interesse principalmente naqueles que, usando-a como uma renda adicional, ainda podiam permanecer no mercado de trabalho.

Com relação às mulheres, o número é significativo, porque além da aposentadoria por tempo de serviço, elas normalmente já se aposentam mais cedo do que os homens. Em 1996, cerca de 184 mil mulheres recebiam aposentadoria por tempo de serviço, tendo trabalho entre 25 e 29 anos, o que representa 47% do total dessas aposentadorias em estoque. Até dezembro de 1995, o percentual era de 38%. Analisando o gráfico anterior, verifica-se que em 1990 inexistia a probabilidade de obtenção desse benefício por mulheres com menos de 39 anos.

Além do seu caráter iníquo, a aposentadoria por tempo de serviço tem uma participação expressiva nos gastos da Previdência Social. Dados de dezembro de 1997 indicam que, embora ela só represente 17% dos benefícios em manutenção, é responsável por 39,5% do total das despesas. Já em relação ao conjunto de aposentadorias, o percentual sobe para 29%, representando 58% do total das despesas.

Expectativa de Duração do Benefício

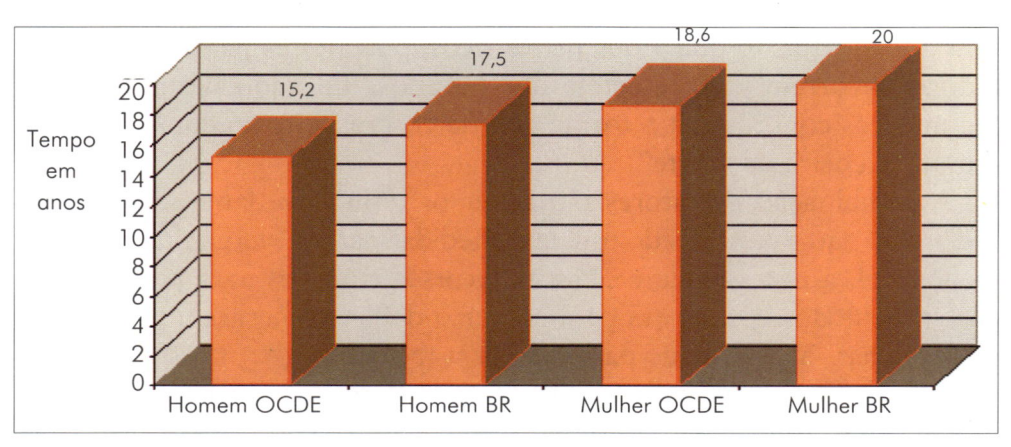

	Homem OCDE	Homem BR	Mulher OCDE	Mulher BR
Tempo em anos	15,2	17,5	18,6	20

Fonte: IBGE e Centro Latino-americano de Demografia (Celade).

Para complicar ainda mais as finanças, vêm ocorrendo importantes mudanças demográficas no país. A expectativa de vida ao nascer aumentou consideravelmente, mas o que interessa atuarialmente à previdência é a expectativa de sobrevida na data da aposentadoria. A expectativa de vida aos 55 anos, idade na qual se concentra o maior

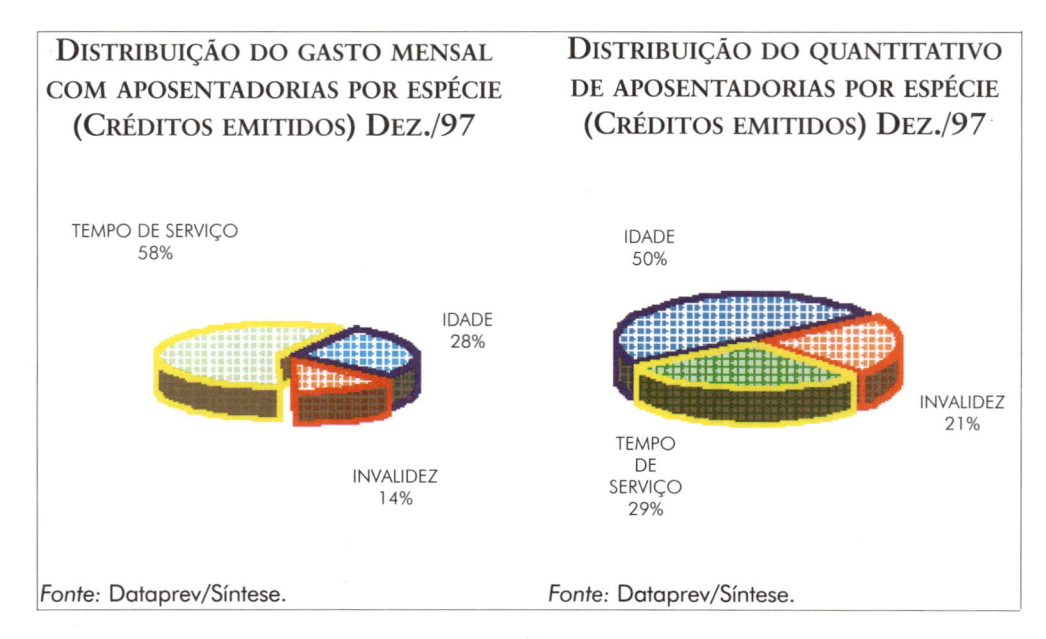

Distribuição do Gasto Mensal com Aposentadorias por Espécie (Créditos Emitidos) Dez./97

- TEMPO DE SERVIÇO 58%
- IDADE 28%
- INVALIDEZ 14%

Fonte: Dataprev/Síntese.

Distribuição do Quantitativo de Aposentadorias por Espécie (Créditos Emitidos) Dez./97

- IDADE 50%
- TEMPO DE SERVIÇO 29%
- INVALIDEZ 21%

Fonte: Dataprev/Síntese.

número de aposentadorias por tempo de serviço, é de mais de 20 anos, fazendo com que a duração média dos benefícios no Brasil seja quase dois anos maior do que a dos países ricos, pois nesses países as aposentadorias ocorrem sempre acima dos 60 anos. Tal dado desmistifica os argumentos contrários à reforma de que "o brasileiro só consegue aposentar-se à beira da morte".

A combinação de fatores tão adversos teria sido danosa ao regime INSS caso não tivessem sido tomadas medidas para postergar, tanto quanto possível, a necessidade de buscar recursos externos para poder pagar aos aposentados. Os ajustes para conter o déficit começaram pela forma de gerenciar. A prioridade passou a ser a racionalização na concessão de novos benefícios. Comparando 1997 com 1996, o número de cancelamentos cresceu 19%, o que significa que a Previdência Social tornou-se mais ágil em retirar do cadastro tanto os beneficiários falecidos quanto os que usufruem do sistema por fraude ou erro administrativo. Além disso, foram efetivadas quarenta mudanças na legislação ordinária, a fim de corrigir erros e vícios e reduzir os gastos de forma geral e os custos operacionais. Somente em relação às despesas com manutenção, comparando 1997 com 1996, houve uma queda de 5% nos custos operacionais.

O esforço gerencial, entretanto, é limitado em face do aumento crescente de novas aposentadorias e à expectativa do tempo médio de manutenção dos benefícios, num ambiente de estabilidade de emprego. Em suma, mesmo atingindo um nível de eficiência bem superior, dificilmente conseguiremos evitar o déficit crescente com esse cenário, o que evidencia a necessidade de uma reforma estrutural. O déficit de 1997, por exemplo, situa-se em torno de R$ 2,5 bilhões, e as projeções para 1998, caso a reforma não fosse aprovada, ficaria em torno de R$ 5 bilhões. E, mesmo com ela, no primeiro ano, a redução deverá ser de apenas R$ 1 bilhão. Conforme será abordado em capítulos posteriores, o equilíbrio só poderá ser atingido em 2001, isto se as leis que regulamentarão a Constituição obedecerem ao rigor técnico e atuarial necessário.

Arrecadação e Gerenciamento

Nos últimos anos, houve um esforço extraordinário da Previdência Social para diminuir custos, erradicar as fraudes e, principalmente, aumentar a arrecadação. Se há todas as condições para que a despesa seja crescente, evidentemente deve ser feito um esforço do lado da receita, melhorando o quadro de arrecadação e a eficiência. Neste aspecto, a mudança no gerenciamento da organização INSS tem dado uma resposta satisfatória, porque se a despesa cresceu em termos reais, pelas razões colocadas anteriormente, a receita também cresceu acima da inflação – de 1995 a 1997 – 25%. Se compararmos 1996 com 1997, a Previdência Social teve um crescimento real de 9%. O segundo crescimento mais perto foi o do Fundo de Garantia do Tempo de Serviço (FGTS), com 2%. No mesmo período, os demais tributos federais, municipais e estaduais registraram um crescimento quase nulo ou negativo.

Chamo atenção para o fato de que as perspectivas de aumento de arrecadação real em 1998 são muito difíceis, pois o índice de desemprego vem acentuando-se, não há crescimento da massa salarial, e vários subterfúgios estão sendo aperfeiçoados para fugir das contribuições previdenciárias. Portanto, o quadro pode ser considerado sombrio. Alguns destes pontos são considerados no capítulo 5, que trata da Agenda Futura.

CONTRIBUIÇÃO PREVIDENCIÁRIA X MASSA SALARIAL

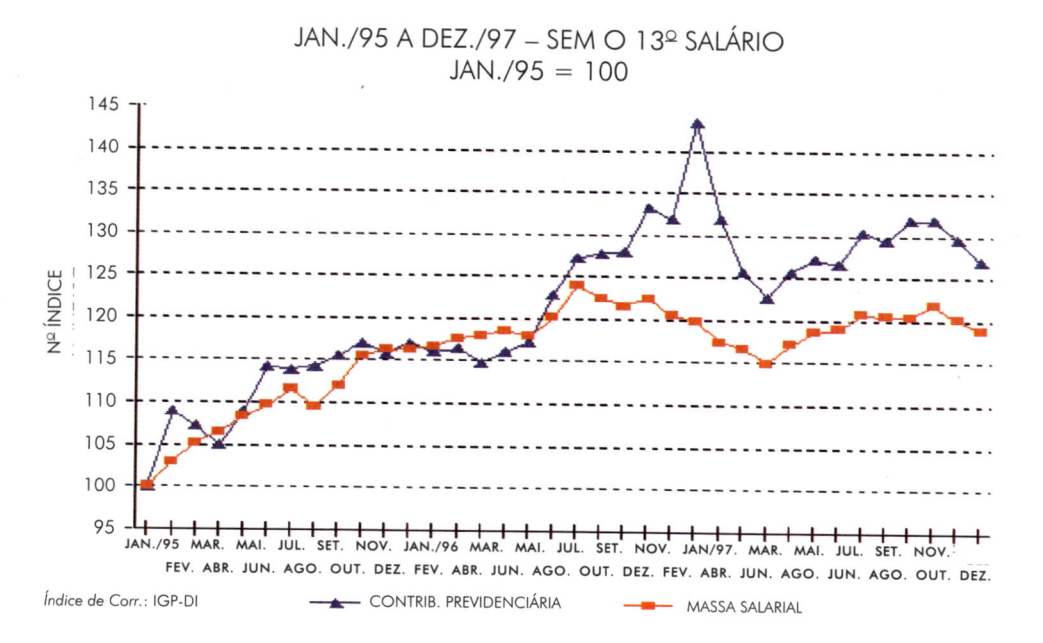

JAN./95 A DEZ./97 – SEM O 13º SALÁRIO
JAN./95 = 100

Índice de Corr.: IGP-DI — CONTRIB. PREVIDENCIÁRIA — MASSA SALARIAL

Fonte: MPAS/Subsecretaria de Planejamento e Orçamento.

O conjunto de fatores legais e gerenciais atuou positivamente na arrecadação, mas, de qualquer forma, ainda não foi suficiente para evitar o déficit: em 1996, ele ficou em torno de R$ 500 milhões; e em 1997, subiu para R$ 2,5 bilhões. As razões básicas do déficit são as colocadas, em termos do crescimento da despesa, mas há ainda um problema sério: a questão da geração de novos empregos formais, ou seja, envolve exatamente os contribuintes da Previdência Social. Embora a própria Constituição determine que a Previdência Social faz parte do orçamento da Seguridade Social, na prática sua receita é composta apenas da folha e salários. Assim sendo, as outras fontes da Seguridade Social não auxiliam no pagamento de benefícios, mas participam do pagamento dos custos administrativos de todas as instituições ligadas à Seguridade Social, como a Saúde e a Assistência Social, e até do pagamento de funcionário público aposentado, o que representa um grande problema.

Equilibrar a despesa e a receita da Previdência Social exigiu a adoção de um novo modelo de gerenciamento e de um sistema de controle interligando um conjunto de divisões, setores e departamentos do Ministério da Previdência e Assistência Social e do INSS. Os mecanismos de controle estabeleceram-se com o redesenho do sistema de concessão e de informações; a criação de uma auditoria preventiva, com trezentos auditores; a criação da Inspetoria Geral da Previdência Social; e um grupo de trabalho na Procuradoria para acompanhar as ações que tramitam na Justiça envolvendo fraudes.

Nesse campo, a informática tem se tornado uma grande aliada. Com o cruzamento de informações de bancos de dados de órgãos públicos e os da previdência é possível revelar as empresas em débito ou sob suspeita de débito. Vale destacar, aqui, o Cadastro Nacional de Informações Sociais (CNIS) em implantação e que será no futuro um grande mecanismo de controle, mas que já está servindo como instrumento auxiliar (o CNIS é um dos programas de uma Agenda Futura tratada mais adiante). Por exemplo, com os dados do CNIS, exercício de 1995, que são desvinculados de pagamentos, foi estimada, para cada empresa, qual deveria ter sido a contribuição arrecadada à Previdência Social. Confrontando-se com a contribuição feita efetivamente, constatou-se uma diferença acentuada, o que passou a orientar a fiscalização, melhorando, em conseqüência, sua eficiência.

Por outro lado, se os devedores passaram a ser mais bem identificados, criou-se a necessidade de agilizar o processo de cobrança. Afinal, há uma dívida histórica de quase R$ 29 bilhões, da qual constavam débitos de mais de quarenta anos, constituídos inclusive de lançamentos errados e envolvendo empresas que não existem mais, faliram ou estão em concordata. A maioria deles irrecuperável, prevalecendo um potencial a ser arrecadado em torno de R$ 12 bilhões. Por isso, os procuradores passaram a concentrar seus esforços nas ações de maior potencial de sucesso. Mesmo assim, os procedimentos de cobrança judicial, analisados no capítulo 5, são bastante lentos e acabam atuando a favor dos devedores.

Com a adoção de novos procedimentos internos reduziu-se, no primeiro semestre de 1997, o tempo médio de análise de recursos de cinco anos para quatro meses. O enfoque prioritário passou a ser os débitos de maior valor, dando um basta aos procedimentos protelatórios. O Conselho de Recursos promoveu ainda um verdadeiro esforço concentrado para analisar 55 mil processos, todos referentes a débitos acumulados ao longo de quatro anos. Os devedores também se aproveitavam da morosidade dos julgamentos por via administrativa para adiar o pagamento dos débitos, ganhando tempo em prejuízo aos aposentados e pensionistas. Com esse trabalho, foi possível criar uma estrutura mais ágil de acompanhamento dos processos em análise pelo Conselho de Recursos e também pela Internet.

LEGISLAÇÃO

Paralelamente à mudança no gerenciamento da previdência e à tramitação da proposta de reforma no Congresso, de 1994 e 1997, quarenta pontos foram alterados na legislação ordinária. As mudanças deveriam ter acontecido em uma alteração geral, após a reforma, mas como esta demorou mais de três anos, houve a necessidade de introduzirem as modificações paulatinamente. Elas envolvem leis que não deveriam ter existido, porque surgiram com erros ou vícios. É o caso da extinção da aposentadoria do juiz classista, da aposentadoria especial de jornalista e do fim do abono de permanência em serviço, do auxílio-natalidade, entre outros. Os auxílios-natalidade e funeral foram previstos na Lei Orgânica da Assistência Social, a serem implantados pelos municípios, o que na prática não aconteceu.

Dentro das várias alterações, duas foram consideradas inconstitucionais pelo Supremo Tribunal Federal: o acúmulo de aposentadorias e a contagem de tempo rural do segurado especial para benefício urbano de qualquer valor. A última abrangendo filhos de agricultores, que supostamente trabalhavam nas propriedades dos pais e hoje aposentam-se contando com o tempo de serviço a partir dos quatorze anos, sem terem contribuído e trabalhado de fato. É mais um exemplo da construção inadequada dos nossos regimes e de interpretações sem base numa boa doutrina. Afinal, a legislação rural foi elaborada para favorecer aposentadorias de trabalhadores rurais e pequenos proprietários, mesmo que não tivessem contribuído dentro de uma idéia de renda mínima.

É importante explicar o momento e o motivo dessa decisão. Ela surgiu quando dois procuradores de uma empresa pública me visitaram porque iriam aderir ao Programa de Demissão Voluntária, mas queriam, imediatamente após receber a indenização, aposentar-se, e, portanto, precisavam da contagem recíproca do tempo em que trabalhavam na unidade familiar no campo. Acabei questionando como conseguiram conciliar a educação com o trabalho na área rural? A resposta foi clara: eles passavam apenas as férias no campo, "quando ajudavam a família". Quero mostrar com isso que o tempo de atividade rural foi criado para conceder uma aposentadoria mínima, para dar um amparo ao homem do campo, mas acabou sendo aplicada por razão diversa.

Outro caso é de um alto funcionário do Banco do Brasil que, para aposentar-se, solicitou a contagem do tempo de trabalho na área rural, em economia familiar. Ele conseguiu obter seis anos, oito meses e quatorze dias, porque o pai – fiscal do Estado – possuiu uma chácara nos arredores da cidade onde, de fato, morava e estudou todo o primeiro grau em horário diurno.

Informações provenientes do Posto Especial de Seguro Social do INSS em Caxias do Sul (RS) ilustram as aberrações permitidas pela atual legislação. Conforme o quadro seguinte, verifica-se que algumas pessoas com idade de 35 a 42 anos, com a utilização de artifícios legais, conseguiram comprovar de 30 a 37 anos de serviço. Um trabalhador de 37 anos conseguiu comprovar 34 anos de serviço, o que induz à conclusão absurda de que ele começou a trabalhar com três anos de idade.

Tal situação ocorre, por exemplo, mediante a utilização, como tempo de atividade rural, do período em que o menor, de 14 a 18 anos, viveu com a sua família no campo. Este tempo de serviço pode, muitas vezes, ser contado para fins de aposentadoria em razão de distorções legais.

APOSENTADORIAS ABSURDAS

NÚMERO DE BENEFÍCIO	IDADE Em 23.9.96	TEMPO DE SERVIÇO COMPROVADO
102.811.788-1	37 anos	30a.07m.07dias
102.811.819-5	36 anos	31a.09m.26dias
24.742.718-7	38 anos	30a.00m.03dias
102.811.905-1	36 anos	30a.03m.06dias
102.080.709-1	39 anos	33a.06m.23dias
24.742.879-5	36 anos	32a.00m.14dias
53.046.529-0	36 anos	31a.00m.01dias
103.652.046-0	39 anos	30a.02m.26dias
103.080.900-0	37 anos	32a.02m.16dias
103.652.100-9	36 anos	31a.04m.00dias
102.861.262-9	37 anos	30a.01m.08dias
101.955.582-0	37 anos	34a.10m.29dias
102.969.192-1	35 anos	30a.07m.16dias
102.058.245-3	36 anos	30a.00m.28dias
102.057.896-0	36 anos	30a.02m.29dias
102.305.762-7	35 anos	30a.05m.26dias
101.254.865-9	37 anos	30a.06m.03dias
103.080.883-7	42 anos	37a.05m.03dias

Fonte: Posto Especial do Seguro Social – Caxias do Sul.

Também podia ser contado o período de aprendizagem do menor entre 12 e 14 anos. Imagine alguém que tenha estudado em regime de aprendizagem dos 12 aos 14 anos e averbado tempo de atividade rural dos 14 aos 18 anos. Este cidadão hipotético terá 6 anos de serviço aos 18 anos de idade.

Se a mesma pessoa trabalhar por mais 13 anos em mina de subsolo, cuja aposentadoria especial é aos 15 anos de serviço, terá 36 anos de serviço aos 31 anos de idade, por causa do sistema de conversão de tempo de serviço especial em tempo de serviço comum (6 anos + 13 anos x 2,33 = 36,3 anos). As atividades beneficiadas com a aposentadoria especial têm o tempo de serviço convertido mediante a utilização de um multiplicador.

Se, ao sair da atividade rural, o cidadão hipotético ingressar numa atividade com aposentadoria especial aos 20 anos de serviço, com mais 16 anos de trabalho terá 34 anos de serviço aos 34 anos de idade. Se a escolha for uma atividade com aposentadoria especial aos 25 anos, com mais 20 anos de trabalhos convertidos terá 34 de serviço aos 38 de idade. **Assim, o absurdo tem se tornado realidade mediante malabarismos legais.**

O mesmo raciocínio pode ser usado para explicar a improbidade de acumular aposentadorias com uma carência e intervalo de tempo que antes era de cinco anos e, em 98, chega a oito anos e meio. O acúmulo existe porque ao se construírem dois regimes em separado – do setor público e do INSS – não foi prevista essa hipótese, que sobre qualquer ponto de vista é absurda, porém interpretada como legal. Ao instituir a aposentadoria por idade, a intenção era beneficiar pessoas que não tiveram condições de contribuir para o sistema e ficariam desamparados na velhice, por isso, também havia uma carência de apenas cinco anos. O legislador quis amparar a costureira, a lavadeira e demais categorias historicamente informais, que não tinham a cobertura de outros regimes. Assim, foi possível que uma funcionária pública se aposentasse aos 55 anos pelo Regime dos Servidores Públicos e pudesse novamente, cinco anos depois, aposentar-se por idade no regime INSS, o que ainda é possível hoje, só que a carência aumentou de cinco para oito anos e meio.

Outra alteração na legislação ordinária que foi restabelecida pelo Congresso Nacional refere-se à aposentadoria de aeronautas. Embora a legislação brasileira permita que um piloto de avião aposente-se a partir dos 45 anos, essa concessão perdeu a lógica na época atual e não encontra paralelo em outros países. Virou rotina, nas companhias aéreas, a recontratação de praticamente todos os pilotos que se aposentam e que, em geral, trabalham até os 60 anos. Ora, se eles se aposentam mais cedo por exercer uma atividade especial, com a característica de submetê-los a um estresse constante, sob o ponto de vista legal deveria ser proibido o retorno à mesma atividade. No entanto, esse não foi o raciocínio da Câmara dos Deputados, na primeira votação, que acabou decidindo erradamente e de forma corporativista.

A falta da fixação de um teto máximo para as chamadas aposentadorias especiais do INSS é outra distorção mantida, embora a previdência tenha limitado o teto ao vencimento do presidente da República (R$ 8 mil), com base no artigo 37 da Constituição de 1988, o que em conseqüência reduziu os valores de aposentadorias acima desse valor. Contudo, os aposentados atingidos recorreram e para surpresa a Justiça vem dando ganho de causa, restabelecendo benefícios de ex-combatentes em vários estados, com base nos direitos adquiridos. No caso do INSS, essas aposentadorias decorrem não apenas da falta de um teto, mas também de leis mal elaboradas que permitem o pagamento de benefícios de até R$ 32 mil por mês. Um exemplo são os ex-combatentes que não estiveram na guerra e os anistiados.

Uma alteração importante na legislação ordinária da Previdência Social está relacionada ao conceito de aposentadoria especial. Se antes era baseado na atividade e na profissão, hoje, passou a ser na efetiva exposição do trabalhador a condições especiais. Ora, representa uma mudança profunda, difícil e que, evidentemente, gerou conflitos, porque para uma série de categorias, como a dos eletricitários, por exemplo, não importava se trabalhava exposta a uma situação inadequada ou não, porque o direito era o mesmo. Todos sabem que qualquer chefe de departamento emitia uma declaração com uma ou duas linhas e ela garantia o direito a uma aposentadoria especial. Hoje, isso não é mais possível.

Mitos e modernização

Independentemente da reforma da previdência, o regime INSS tem buscado a modernização dos sistemas de informação, com o objetivo de aprimorar o gerenciamento, ampliar os mecanismos de controle, e, especialmente, garantir sua segurança. Nesse aspecto, o trabalho conseguiu desmistificar a questão dos erros e das fraudes, que historicamente se confundiam com a própria história da Previdência Social brasileira e eram objeto de constantes críticas ao regime. E, em parte, a resistência inicial à proposta de reforma baseava-se em uma escalada de escândalos, denúncias de rombos financeiros e ação de quadrilhas dentro do INSS. Quando esse ciclo foi interrompido, os argumentos contrários cessaram.

Sem dúvida, as fraudes significaram um vazamento intolerável de recursos para a estabilidade do regime. De 1992 a 1997, mais de 1,6 milhão de benefícios chegaram a ser suspensos; 33 pessoas foram condenadas pela Justiça (entre juízes, advogados, procuradores e agentes administrativos); 194 servidores foram demitidos dos quadros do INSS, sendo sete procuradores, e conseguimos repatriar valores desviados para o exterior, embora em volume pequeno, pelos fraudadores. Isso demonstra que houve um empenho dos administradores em responsabilizar e punir os que se aproveitavam das inúmeras falhas na administração do regime.

A ESTRATÉGIA ADOTADA SEGUIU DOIS CAMINHOS:

1. o combate às causas que levam à possibilidade de fraude, por meio de novos sistemas de concessão de benefícios e auditorias preventivas;
2. a eliminação de fraudes já existentes mediante processo de revisão geral de todos os benefícios já concedidos. Foi um trabalho gigantesco que envolveu mais de dez milhões de processos.

Se por um lado neutralizamos a ação dos fraudadores e criamos mecanismos de proteção ao sistema, há ainda um trabalho de recuperação do patrimônio e da imagem da instituição, seriamente comprometida. Hoje a fraude encontra-se pulverizada, mas há mecanismos que conseguem identificar a maioria dos casos, um deles é o Cadastro Nacional de Informações Sociais, em fase final de construção. Entre outras utilizações, seu banco de dados permitirá, em pouco tempo, complementar ou mesmo substituir a exigência da comprovação por parte do segurado de dados referentes a sua vida laboral. Será um instrumento útil tanto sob o aspecto gerencial quanto institucional.

A política de contenção de gastos, o esforço na atuação gerencial, o redesenho dos sistemas de controle e a mudança na legislação ordinária apresentaram um bom resultado: houve um sensível impacto nas despesas do regime INSS de 1994 a 1997. No entanto, somente esses fatores não são suficientes para garantir sua autonomia. Em relação ao equilíbrio financeiro, não obstante o desempenho extraordinário da arrecadação previdenciária, desde 1996 tem sido necessário recorrer ao Tesouro Nacional para fechar a folha de pagamento de benefícios.

No futuro, considerando o atual cenário, o regime INSS tende a apresentar um déficit crescente, com reflexos profundos em outras áreas sociais e econômicas. E essa realidade não pode ser evitada com pequenos ajustes. Na verdade, o déficit do Instituto é o único que pode ser visto em termos numéricos. O dos regimes ligados ao setor público é implícito: está na falta de obras e serviços essenciais na área de saúde, educação e transporte. O que aparece é a falta de ação do Estado.

A Previdência Social vem sendo administrada com responsabilidade. Desde 1992, em termos gerenciais, houve empenho em modernizá-la e torná-la mais eficiente, fiscalizando, cobrando e arrecadando mais, combatendo erros e fraudes, aperfeiçoando a legislação, pagando os passivos legais, informatizando os postos, concedendo benefícios, baixando o tempo de concessão e reduzindo custos. Em verdade, no entanto, todo esse trabalho somente atenuou as dificuldades do regime INSS, permitindo manter-se, até bem pouco tempo, mesmo com um equilíbrio frágil. Sem a reforma, contudo, não há mecanismos gerenciais capazes de reverter seu déficit e garantir sua viabilidade futura.

CAPÍTULO 3

As Razões da Reforma

- *Fundamentos, doutrinas e princípios*
- *Caracterização do quadro brasileiro*
- *Uma população que envelhece*
- *O déficit atuarial e as projeções futuras*

CAPÍTULO 3

As Razões da Reforma

Ao longo da tramitação no Congresso Nacional, o projeto de Reforma da Previdência não sofreu qualquer contestação lógica, sob o ponto de vista demográfico, atuarial, doutrinário e técnico. As contestações sofridas vieram de congressistas da oposição ou mesmo pertencentes à base do Governo, porém vinculados a corporações, que não tinham interesses específicos na reforma, dos sindicatos ligados normalmente aos partidos de oposição, e de categorias que detêm privilégios e não querem perdê-los. Por desinformação, alguns chegaram a denunciar o risco de privatização do sistema e até mesmo atribuíram à reforma grandes prejuízos para os aposentados, o que evidentemente não é verdade, a não ser para uma minoria que mantém privilégios, como benefícios de valores elevados e, às vezes, até absurdos.

O projeto da reforma não fluiu de uma só pessoa. Reuniu propostas, sugestões, indicações, recomendações de inúmeros relatórios de comissões especiais e de inquérito, do Senado e da Câmara, além de estudos feitos por técnicos, especialistas e instituições. Foram considerados, ainda, os relatórios dos então deputados Nelson Jobim, Almir Gabriel e Gustavo Krause, que trabalharam no projeto de revisão constitucional em 1992, bem como os documentos da Comissão Econômica para a América Latina e o Caribe, elaborados por profissionais sob encomenda do Ministério da Previdência e Assistência Social.

A reforma, portanto, fundamentada em estudos anteriores, assenta-se nos princípios universais, na boa técnica e na boa doutrina, respeitando basicamente:

- a manutenção de um regime geral, universal, público, para os trabalhadores da iniciativa privada, limitado a um teto previsto em R$ 1.200, correspondente a dez salários mínimos, à época e estimulando regimes complementares para os que ganham mais do que esse limite;
- um regime para os servidores do setor público civis e outro para os militares;
- adoção do princípio da eqüidade contributiva, inclusive com a eliminação de isenções;
- adoção de idade mínima para aposentadoria;
- manutenção de aposentadorias especiais exclusivamente em função de condições que prejudiquem a saúde ou a integridade física;
- consideração de fatores demográficos na sua evolução;
- consideração de fatores atuariais na sua sustentação;
- redução de distorções, privilégios, lapsos legais. O objetivo era eliminá-los, porém se conseguiu apenas reduzi-los substancialmente, restando questões a serem consideradas no futuro;
- vinculação de recursos à Previdência Social (identificação de fontes e usos específicos para financiamento do sistema, de acordo com modelo universal).

3.1 Fundamentos, doutrinas e princípios

A Previdência Social vem sendo construída há mais de cem anos no mundo e consolidou um conjunto de fundamentos, princípios e técnicas. Aqui estão alguns itens que não foram considerados na devida dimensão ao longo da construção do nosso sistema: a universalização, o fundamento da idade mínima, a eqüidade contributiva, a carência adequada e o cálculo do benefício. A necessidade de obediência a esses itens como fundamentos para a existência de um bom sistema previdenciário já seria razão suficiente para a reforma.

Universalização

A proteção social, através da previdência, deve atingir todos os indivíduos. Este é o princípio da universalização. Porém, observamos que ele foi esquecido na própria origem do sistema brasileiro, em 1923. O primeiro regime de previdência mais amplo, criado pela Lei Eloy Chaves, teve como objetivo amparar apenas uma determinada categoria: a dos ferroviários. Quer dizer, uma medida restritiva e corporativista, em parte impregnada pelo espírito paternalista e clientelista. De fato, a legislação previdenciária seguiu essa tendência durante seus primeiros quarenta anos, quando se preocupou, apenas, com os trabalhadores urbanos. Somente em 1963 foi adotado o Estatuto do Trabalhador Rural, já revogado. Em seu título "Dos Serviços Sociais", era estabelecido o Fundo de Assistência e Previdência do Trabalhador Rural (Funrural), custeado por uma contribuição de 1% incidente sobre o valor dos produtos agropecuários, a ser recolhida pelo produtor quando da primeira comercialização. Na verdade, essa contribuição pouco representava assim como, sob a visão atuarial, a alíquota atual de 2,2% é insignificante.

Os benefícios obedeciam basicamente à estrutura atualmente em vigor: aposentadoria por invalidez e velhice, pensão aos beneficiários em caso de morte, assistência médica e complementar, auxílio-funeral e auxílio-doença. O trabalhador rural não contava com aposentadoria por tempo de serviço, somente com aposentadoria após os 65 anos de idade, correspondente a 50% do valor do maior salário mínimo então existente no país.

A legislação introduziu ainda a cobertura a acidentes de trabalho, com uma nova forma de auxílio-doença e assistência social, abrangendo também a categoria dos empregadores rurais. Essa iniciativa não alcançou resultados positivos. Sua implantação foi prejudicada pela complexidade do Estatuto do Trabalhador Rural, no qual estava inserida, pela insuficiência de provisão de recursos, aliada a problemas políticos decorrentes da mudança de orientação operada pelo regime implantado em 1964. No período de 1971 a 1975, um novo sistema é desenvolvido mediante um conjunto de atos legais composto de leis complementares e ordinárias e decretos regulamentadores.

As medidas instituídas na área rural, até então, podem ser consideradas muito limitadas em relação aos benefícios à disposição do cidadão urbano. Desde o início, a universalização previdenciária no Brasil foi marcada por graves distorções. A principal delas é que o caráter contributivo individual, princípio universal do sistema previdenciário, não foi respeitado. Faltaram ao setor agrícola as condições organizacionais e financeiras para custear os serviços previdenciários, que foram mantidos com a transferência de recursos dos setores urbanos.

Os trabalhadores temporários das empresas foram incorporados ao sistema previdenciário em 1974. Os maiores de setenta anos e os inválidos que não possuíam cobertura previdenciária passaram a ter direito, independentemente de contribuição, a uma renda mensal vitalícia, prestação tipicamente assistencial. Foram criados o salário-maternidade, o amparo aos empregados domésticos e os benefícios de acidentes do trabalho estendidos aos empregados rurais. O sistema previdenciário passou a abrigar também os trabalhadores autônomos e empresários, numa base de adesão compulsória através de contribuição individual regular.

Muitos benefícios foram concedidos sem a correspondente parcela das contribuições, numa época marcada também pela ausência de uma relação eqüitativa entre prêmio e risco, tendo em vista que a maioria dos novos benefícios passou a constituir despesa imediata, sem que houvesse um prazo mínimo de carência. Alguns começaram a ser pagos imediatamente após a aprovação da respectiva lei.

Assim, boa parte da ampliação de cobertura, feita em nome do princípio da universalização, realizou-se sem maiores preocupações com o equilíbrio econômico-financeiro. E mesmo nas mudanças constitucionais em 1988, que proporcionaram maior acesso aos benefícios previdenciários, o caráter contributivo foi negligenciado: cerca de 4,5 milhões de aposentados e pensionistas rurais passaram, de imediato, a receber um salário mínimo, no lugar de meio salário; somente no biênio 1991-93, a Previdência Social absorveu dois milhões de novos aposentados rurais, todos sem que houvesse a respectiva contribuição; e a idade para a aposentadoria no setor rural foi reduzida de 65 anos para 60 anos, no caso do homem, e de 60 para 55 anos, no caso da mulher.

Dadas as condições do mercado de trabalho, no qual praticamente a metade da mão-de-obra é formalizada, apesar da ampliação da cobertura, 75 anos depois de criada a previdência no país, parte significativa da

População Economicamente Ativa mantém-se ainda à margem do sistema previdenciário.

Reposição de Renda

Previdência Social ou Seguro Social representa um conjunto de medidas destinadas à reposição de renda dos indivíduos quando se tornam inativos. Os princípios técnicos determinam que a aposentadoria ou pensão é dada em função da perda da capacidade de trabalho, por invalidez, por morte (protegendo os dependentes), por doença em termos transitórios, por idade avançada ou velhice. Aliás, velhice ou idade avançada pressupõe definir uma idade e que, evidentemente, não pode estar em torno de quarenta anos. É por essa razão que praticamente todos os países adotaram o limite mínimo de idade para aposentadoria na origem de seus regimes, que, em regra geral, se situa sempre acima de sessenta anos.

A aposentadoria não é um complemento de renda do qual o trabalhador, depois de certo tempo de serviço, pode dispor. Não faz sentido que o cidadão, após obter a aposentadoria, retorne ao mercado de trabalho para disputar, com os mais jovens, os empregos disponíveis. Não faz sentido, igualmente, que a sociedade arque com os custos desse benefício, se o cidadão ainda tem plena capacidade de trabalho, sendo certo que a aposentadoria precoce não teve seu financiamento adequado.

Com relação à idade mínima, o mais interessante é que o sistema previdenciário brasileiro, ao instituir a aposentadoria por tempo de serviço, em 1923, previa o limite de cinqüenta anos. Além disso, o limite de idade estabelecido na Lei Eloy Chaves era superior à expectativa de vida do brasileiro ao nascer na década de 1920. Embora não existam dados demográficos disponíveis sobre essa década, é possível chegar a essa conclusão com base nas estimativas feitas pelo IBGE para os anos de 1950 a 1955, quando a esperança de vida ao nascer para o homem brasileiro era de cerca de 49 anos. Vale ressaltar, no entanto, que não se pode considerar na análise somente a expectativa de vida ao nascer, pois esse indicador é fortemente influenciado pela mortalidade infantil, ainda muito alta no Brasil. Observe o quadro a seguir, no qual se constata um aumento significativo da expectativa de vida ao nascer, entre 1952 e 1973.

Esperança de vida ao nascer estimadas e projetadas – Brasil – 1950/2015

PERÍODO	HOMENS	MULHERES
50/55	49,32	52,75
55/60	51,60	55,38
60/65	54,02	57,82
65/70	55,94	59,95
70/75	57,57	62,17
75/80	59,54	64,25
80/85	60,95	66,00
85/90	62,30	67,60
90/95	63,54	69,10
95/00	64,70	70,40
00/05	65,74	73,60
05/10	66,47	72,60
10/15	66,84	73,40

Fonte: Celade/IBGE, Brasil. "Estimaciones y Proyecciones de Población, 1950-2025", Fascículo F/BRA, 1 de jul. de 1994, pp. 65-76.

Em 1960, o limite de idade foi elevado para 55 anos, porque a expectativa de vida dos brasileiros havia aumentado. Em 1962, o Congresso Nacional eliminou o critério de idade mínima para aposentadoria. A justificativa apresentada foi de que os funcionários públicos não estavam sujeitos àquela obrigatoriedade e, portanto, não era justo mantê-la para os demais trabalhadores. Os defensores da medida não apresentaram qualquer estudo demográfico sobre o perfil dos aposentados ou sobre as repercussões financeiras no sistema. O quadro a seguir mostra que o limite prevaleceu por muitos anos.

Além de acabar com o limite de idade, a legislação adotada na década de 1960 estava fortemente impregnada pela liberalidade na concessão de benefícios sem a contrapartida da contribuição e deixou brechas (lapsos legais) que possibilitaram a obtenção de "facilidades". Esse conjunto de fatores proporcionou as condições necessárias para a disseminação de aposentadorias precoces. Tanto que, em 1997, a idade média de aposentadoria voluntária com proventos integrais, entre os servidores civis da União, era de 54 anos. No entanto, 30,1% dos servidores conseguiram aposentar-se com até cinqüenta anos de idade.

EVOLUÇÃO DA LEGISLAÇÃO PREVIDENCIÁRIA

MEDIDA LEGAL	BENEFÍCIO
Lei Eloy Chaves *(Decreto Legislativo nº 4.6782, de 24/1/23)*	**Aposentadoria Ordinária (art. 12)** a) 30 anos de serviço e 50 anos de idade; b) 25% de redução, 30 anos de serviço e menos de 50 anos de idade; c) a partir dos 60 anos de idade, com tantos 30 avos, de 25 até 30 anos de serviço; e d) sem distinção de sexo.
Ferroviários *(Decreto nº 26.778, de 14/6/49, Regulamento da Lei nº 593/49)*	**Aposentadoria por Velhice (art. 19, alínea b)** a) 65 anos de idade; b) tempo de serviço do segurado não pode ser inferior a 10 anos; e c) sem distinção de sexo.
IAPI *(Decreto nº 31.547 de 6/10/52 – criou a aposentadoria por velhice)*	**Aposentadoria por Velhice (art. 2º)** a) 65 anos ou mais de idade; b) carência de 60 meses; c) sem distinção de sexo.
LOPS *(Lei nº 3.807, de 26/8/60)*	**Aposentadoria por Velhice (art. 2º)** a) 65 anos de idade, se homem, e 60 anos, se mulher; e b) 60 contribuições mensais. **Aposentadoria Especial (art. 31)** a) 50 anos de idade; b) 15 anos de contribuição e trabalhado durante 15, 20 e 25 anos, conforme atividade (penosa, insalubre ou perigosa); e c) sem distinção de sexo. **Aposentadoria por Tempo de Serviço (art. 32)** a) 35 anos de serviço, integral; b) 30 anos, proporcional, com 80% do salário de benefício; c) 55 anos de idade; e d) sem distinção de sexo

Fonte: MPAS/Assessoria Especial.

PERCENTAGEM % PARTICIPAÇÃO DAS OCORRÊNCIAS S/ TOTAL – APOSENTADORIA

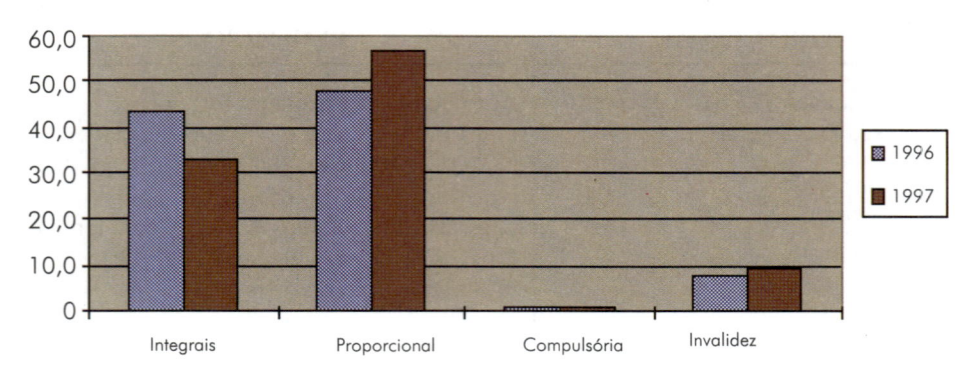

Fonte: Boletim Estatístico do Mare. Dez./97.

DISTRIBUIÇÃO PERCENTUAL DA IDADE MÉDIA DE APOSENTADORIA DOS SERVIDORES CIVIS DO EXECUTIVO PARA APOSENTADORIAS INTEGRAIS (SEGUNDO FAIXA ETÁRIA)

FAIXA ETÁRIA	MASCULINO	FEMININO	TOTAL
ATÉ 40	1,29	3,49	2,16
41 a 45	4,37	10,85	6,96
46 a 50	14,14	31,40	21,02
51 a 55	34,19	29,46	32,30
56 a 60	24,16	13,95	20,09
61 a 65	13,62	5,43	10,36
66 a 70	6,17	4,26	5,41
acima de 70	2,06	1,16	1,70
TOTAL	100,0	100,0	100,0

Fonte: Boletim Estatístico do Mare. Dez./97.
Obs.: Posição de nov./97. A amostra utilizada no cálculo corresponde à parcela dos servidores que possuem em seu cadastro a informação referente à data de sua aposentadoria.

Ao considerarmos que mais da metade dos servidores aposenta-se proporcionalmente, a precocidade ainda é maior. Em 1997, a média geral foi de 50 anos, sendo que 53 anos para os homens e 48 anos para as mulheres. Na relação das aposentadorias com proventos proporcionais, representada no gráfico seguinte, 58,7% têm até 50 anos. As brechas legais e a utilização de tempos fictícios, em alguns casos, permitem ao servidor aposentar-se a partir dos 37 anos de idade. Em janeiro de 1996, no Rio Grande do Sul, quatro funcionários federais aposentaram-se legalmente com essa idade.

AposentadorIa integral – distribuição percentual por faixa etária

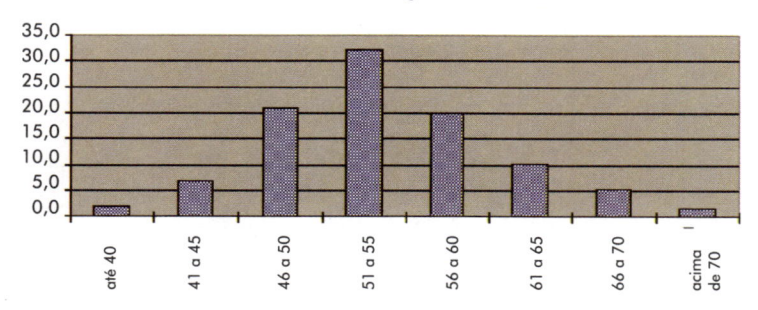

[Gráfico de barras com faixas etárias: até 40, 41 a 45, 46 a 50, 51 a 55, 56 a 60, 61 a 65, 66 a 70, acima de 70]

Fonte: Boletim Estatístico do Mare. Dez./97.

Distribuição percentual da idade média de aposentadoria dos servidores civis do executivo para aposentadorias proporcionais (segundo faixa etária)

FAIXA ETÁRIA	MASCULINO	FEMININO	TOTAL
ATÉ 40	0,94	4,58	3,09
41 a 45	6,98	32,59	22,10
46 a 50	32,45	34,29	33,54
51 a 55	31,32	14,40	21,33
56 a 60	15,47	9,69	12,06
61 a 65	7,92	2,62	4,79
66 a 70	4,91	1,57	2,94
acima de 70	0,00	0,26	0,15
TOTAL	100,0	100,0	100,0

Fonte: Boletim Estatístico do Mare. Dez./97.
Obs.: Posição de nov./97. A amostra utilizada no cálculo corresponde à parcela dos servidores que possuem em seu cadastro a informação referente à data de sua aposentadoria.

O gráfico da página seguinte mostra as aposentadorias dos servidores da União.

APOSENTADORIA PROPORCIONAL – DISTRIBUIÇÃO PERCENTUAL POR FAIXA ETÁRIA

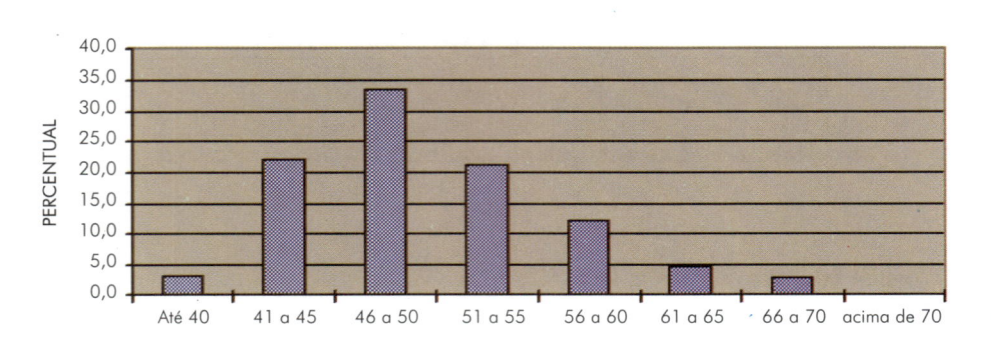

Fonte: Boletim Estatístico do Mare. Dez./97.

A seguir, observa-se a distribuição das concessões de benefícios pelo regime INSS.

DISTRIBUIÇÃO DE CONCESSÃO DA APOSENTADORIA POR TEMPO DE SERVIÇO POR FAIXA ETÁRIA – RGPS/1996

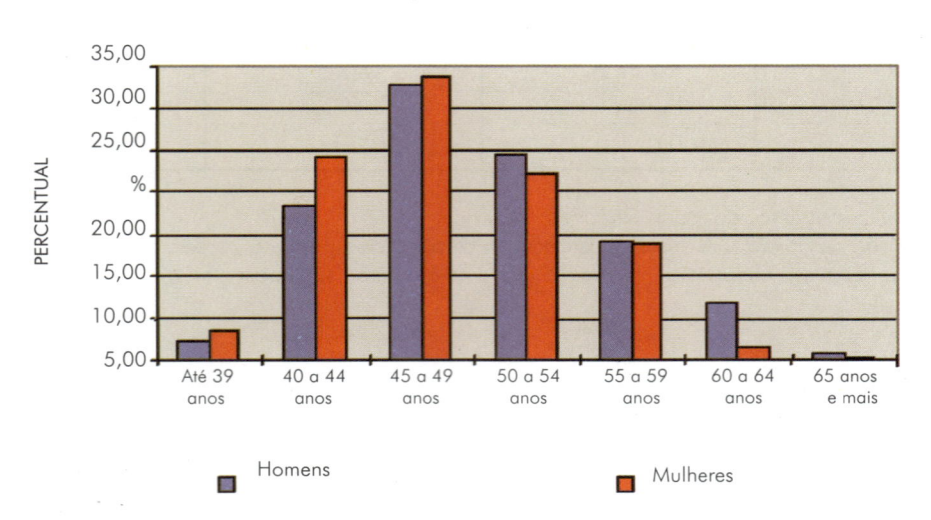

Fonte: Anuário Estatístico da Previdência Social/96.

Eqüidade Contributiva

Um sistema de proteção ao trabalhador, como o previdenciário, de prestação continuada, envolve uma enorme massa de recursos e de obrigações. Para que ele sobreviva ao longo do tempo, é necessário que cada participante contribua com uma parcela de sua renda, ao longo de toda a vida ativa. O financiamento do sistema baseia-se, portanto, no caráter contributivo do vínculo dos segurados. Se um cidadão recebe uma aposentadoria sem ter, em algum momento, contribuído para ela, o sistema como um todo estará pagando a conta de seu benefício, pois os recursos terão de ser retirados de outros contribuintes.

Ao mesmo tempo, a contribuição precisa ser estabelecida de acordo com a capacidade de cada indivíduo, e a retribuição deve ser proporcional a essa mesma contribuição. Este é o princípio da eqüidade. **Quando isto não ocorre, determinadas pessoas ou grupos de pessoas estarão usufruindo vantagens para as quais não contribuíram devidamente.**

Assim como é importante o conhecimento do equilíbrio atual e futuro e a aplicação do princípio contributivo, é fundamental também estabelecer-se a eqüidade. Isso significa que deve haver uma relação entre o que o segurado paga e o que recebe. Embora existam inúmeros estudos realizados por especialistas e instituições, não são precisos grandes cálculos para concluir que a alíquota de contribuição para uma pessoa que se aposenta aos 45 anos de idade deveria ser, pelo menos, o dobro daquela que aposenta-se aos 60 anos, consideradas as regras atuais e as alternativas de seu uso. A alíquota ainda é onerada em função de benefícios decorrentes de eventos como morte e invalidez, que podem antecipar aquela idade e devem ser adicionados à previsão. Sob outro ângulo, as pessoas que se aposentam antes dos 50 anos de idade, dependendo do sexo, em função do tempo de contribuição, terão benefícios subsidiados entre 40 e 60% do valor.

Do trabalho *Alíquotas eqüânimes para um sistema de seguridade social*[1], extraímos o gráfico a seguir, que mostra a necessidade de contribuição para manter o equilíbrio entre o pagamento e o recebimento relacionado à idade de aposentadoria.

---

[1] Michel Pszcol *et al.*

Alíquotas de Equilíbrio

TAXAS DE DESCONTO: 3% TAXA DE ADMINISTRAÇÃO: 10% – MULHERES

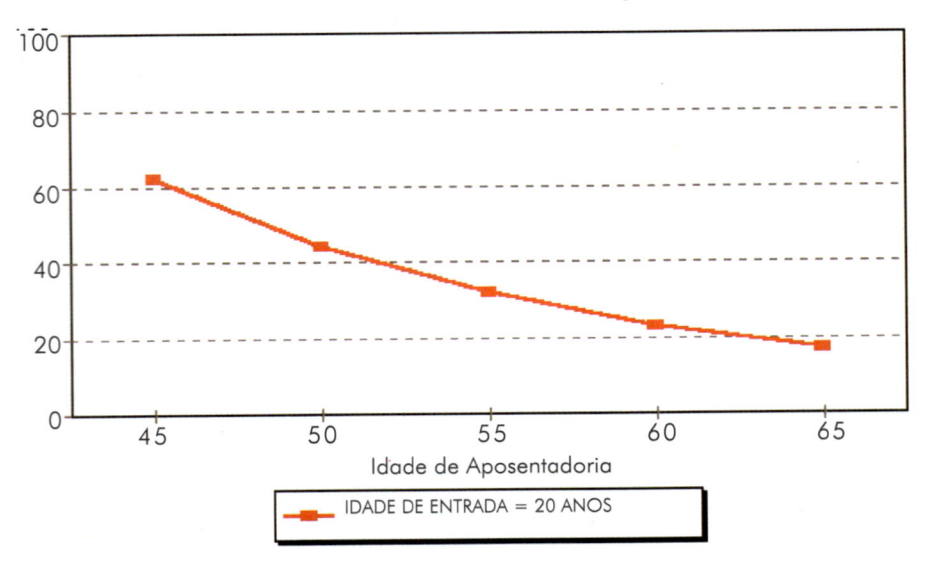

[Gráfico: eixo X "Idade de Aposentadoria" (45 a 65); eixo Y (0 a 100). Curva decrescente com pontos aproximados: 45→63, 50→45, 55→33, 60→25, 65→19. Legenda: IDADE DE ENTRADA = 20 ANOS]

Não obstante, em certo sentido, alguma distribuição de renda termina ocorrendo dentro do sistema. Esta distribuição, contudo, precisa estar na direção correta, com as regras beneficiando aquelas pessoas de menor poder aquisitivo. A solidariedade com os menos favorecidos vai fortalecer a coesão social. No entanto, é um erro identificar o sistema previdenciário essencialmente como um mecanismo de redução das disparidades sociais. Quer dizer, dentro da doutrina universal, a função de incentivar a expansão de áreas como a educação, saúde, abastecimento, habitação e tantas outras não é por meio de desconto da Previdência Social.

De fato, em três anos de debate sobre a reforma da previdência, discutiu-se muito o direito e não a matemática que mantém os diversos regimes existentes no país. Vejamos alguns exemplos de como determinados segmentos ignoram a conta previdenciária: historicamente, os maiores devedores da Previdência Social foram os órgãos públicos. Somente a Rede Ferroviária Federal (RFFSA), ao ser privatizada em dezembro de 1996, quitou um débito de mais de R$ 1 bilhão e, no entanto, nunca havia sido negado a seus funcionários o direito de obter a aposentadoria, muitas delas de caráter especial. Alguém estava subsidiando essa conta. Outro caso é o da ex-Legião Brasileira de Assistência, que foi extinta mas não desapareceu com sua dívida de R$ 55 milhões. Nessa lista figuravam ainda diversas companhias de energia elétrica, a Companhia Docas do Rio de Janeiro, com R$ 50 milhões e muitos outros. Quem pagou a conta pelos trabalhadores dessas instituições públicas? Assim, milhares de instituições públicas eram devedoras do regime, e seus funcionários tiveram as aposentadorias pagas por outras pessoas.

Foi o pensamento assistencialista que fez com que a previdência acabasse subsidiando vários segmentos. As entidades filantrópicas, por exemplo, estão isentas de contribuição da parte patronal, mas os seus trabalhadores – mais de 1,5 milhão, de acordo com a Relatório Anual de Informações Sociais – têm direito aos benefícios previdenciários. Há ainda os clubes de futebol, que contribuíam até 1996 com apenas 5% da renda dos jogos. Em alguns estados, vários clubes ficaram sem contribuir porque não realizavam jogos. Neste caso, existe um subsídio implícito de mais de 50%. A fonte de renda dos clubes, atualmente, está vinculada ao patrocínio e aos direitos de transmissão por TV. Até a categoria dos professores vem sendo historicamente subsidiada. Esta última, porque a Educação não consegue pagar bem seus profissionais que são compensados com a permissão de irem mais cedo para casa, mesmo que ganhando pouco e, por essa razão, acabam voltando ao mercado de trabalho para melhorar seu nível de renda.

Continuando a analisar a questão atuarial, ou seja, quem recebe e quem paga a conta, os próximos gráficos comparam, de um lado, as contribuições previdenciárias, aí incluídas as do trabalhador-segurado e as do empregador, durante o período previsto na lei para aposentadoria por tempo de serviço, e, de outro, os valores recebidos pelo segurado durante tempo igual ao da expectativa de duração média do benefício. Nos casos do contribuinte individual mulher, da professora de escola particular, do homem com tempo de serviço rural e do soldado, os valores são medidos em unidades de classe. No caso de oficial da Polícia Militar os valores são em salários mínimos. As áreas sobre as linhas de contribuição e de benefícios representam os valores efetivamente pagos.

Este quadro e os quadros a seguir mostram o que a legislação ordinária, na previdência, possibilita hoje. Uma contribuinte individual, que comece a contribuir aos 14 anos, pode atingir aos 44 anos o máximo de

CONTRIBUINTE INDIVIDUAL – MULHER

CONTRIBUIÇÕES X BENEFÍCIOS RECEBIDOS

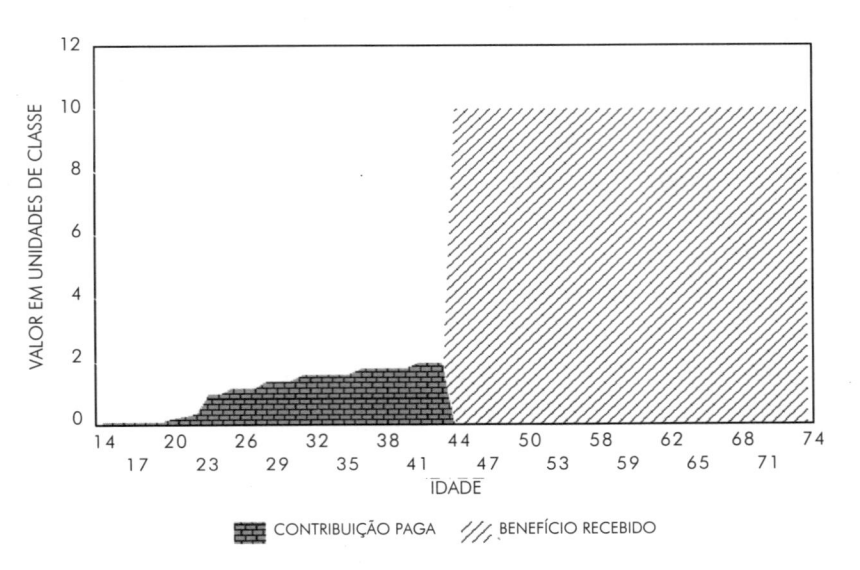

Elaboração: MPAS – Subsecretaria de Planejamento e Orçamento.

sua contribuição, aposentando-se com uma expectativa de vida de 74 anos, em média. E terá contribuído com a parte em azul do quadro e receberá, durante sua inatividade, a parte que está em rosa. Constata-se de forma muito clara que receberá muito mais do que contribuiu.

E o que é mais grave: não há qualquer correspondência atuarial entre o valor do benefício e o montante de contribuições. Se ela quer receber o que julga ter direito deveria contribuir de forma correspondente, pois, do contrário, alguém estará pagando a conta.

Note-se a discrepância entre os valores pagos, a área mais escura à esquerda, e os valores a serem recebidos, a área do retângulo à direita, revelando profundo desequilíbrio atuarial. Tal situação se reproduz nos diversos casos mostrados nas páginas seguintes.

A contagem recíproca de tempo de serviço provocou o crescimento da concessão de benefícios rurais. Uma pessoa, por exemplo, que trabalhou desde os 14 anos, mas que nunca contribuiu, quando chega perto dos 40/41 anos passa a contribuir pelo mínimo, depois consegue um emprego

Professora – escola particular

CONTRIBUIÇÕES X BENEFÍCIOS RECEBIDOS

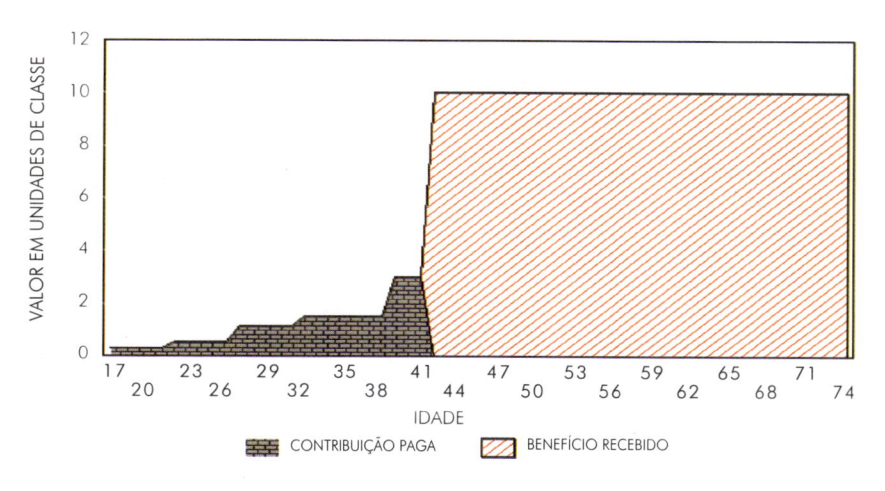

[Gráfico: eixo Y "VALOR EM UNIDADES DE CLASSE" (0 a 12); eixo X "IDADE" (17 a 74); legendas: CONTRIBUIÇÃO PAGA, BENEFÍCIO RECEBIDO]

Elaboração: MPAS – Subsecretaria de Planejamento e Orçamento.

na área urbana, começa a contribuir por conta de um salário elevado durante 36 meses e aposenta-se, aos 50 anos, utilizando a contagem recíproca. Essa pessoa vai receber o que não contribuiu.

O quadro mostra, de forma crítica, em azul, o tempo de contribuição e, em rosa, a contrapartida da retribuição da previdência.

Dentro desse mesmo sentido, está a situação, que todos conhecem, de uma mulher urbana que atingiu os sessenta anos de idade e pode aposentar-se, desde que tenha contribuído nos últimos oito anos e meio; antes, eram necessário apenas cinco anos de contribuição. Esta mulher valer-se-á da lei feita para beneficiar a lavadeira, a diarista, a costureira, a passadeira, a faxineira, que trabalham a vida toda e não têm condições de contribuir por alguma razão e, quando chegam a determinada idade, já sem condições de trabalhar, teriam que ser amparadas.

O que acontece, na prática? Pesquisa feita no passado revelou que 70% das pessoas que se aposentaram nessas condições, na realidade, eram empregados de familiares. É o caso da irmã, da mãe, da cunhada, que trabalharam como donas de casa, não exercendo atividades assalariadas. Não há razão para beneficiá-los.

Homem com tempo de serviço rural
CONTRIBUIÇÕES X BENEFÍCIOS RECEBIDOS

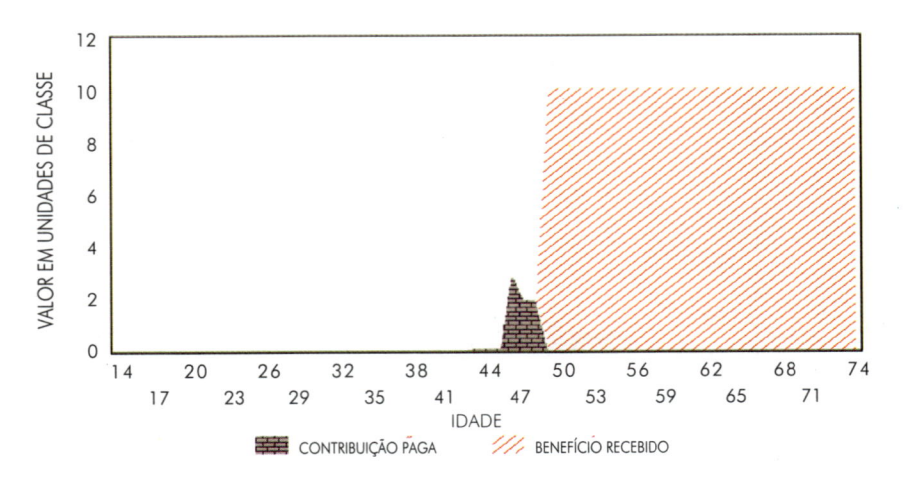

Elaboração: MPAS – Subsecretaria de Planejamento e Orçamento.

O mais grave é que a previdência tem quinhentas mil pessoas aposentadas só por causa desse pequeno lapso legal.

Um soldado pode se reformar aos 44 anos de idade, por lei, compulsoriamente, tendo contribuído muito pouco, como se observa na área em azul, e o que ele vai receber é proporcionalmente maior, como se constata na área em marrom.

Nas polícias militares dos estados, como também em outras categorias, as distorções são preocupantes. Há casos de 300 oficiais na reserva, e apenas 22 em atividade. Há outro caso de 130.000 oficiais, praças e pensionistas na reserva e 70.000 oficiais e praças na ativa. Os proventos médios, neste gráfico, são de 48 salários mínimos na inatividade, para uma idade de reforma em torno de 50 anos.

Há casos de proventos de 100 ou mais salários mínimos em estados com desequilíbrio orçamentário. E ainda muitos exemplos de aposentadorias com valores entre 100 a 200 salários mínimos, obtidas principalmente por meio de decisões judiciais.

A aposentadoria proporcional também ilustra de forma mais acentuada a falta de eqüidade contributiva, pois para chegar ao percentual de

AS RAZÕES DA REFORMA

SOLDADO

CONTRIBUIÇÕES X BENEFÍCIOS RECEBIDOS

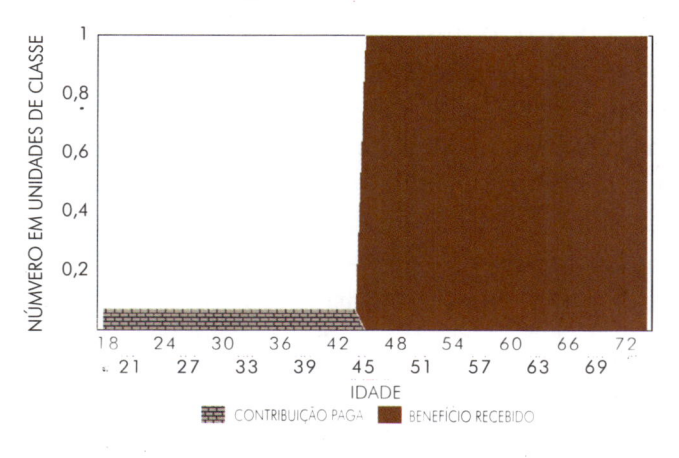

Elaboração: MPAS – Subsecretaria de Planejamento e Orçamento.

CORONÉIS DAS POLÍCIAS MILITARES

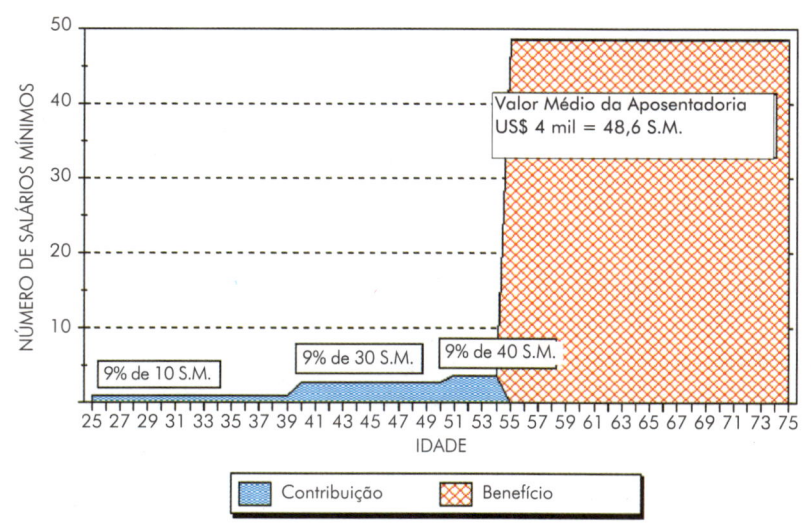

CASO REAL – CONTRIBUIÇÕES X BENEFÍCIOS

Valor Médio da Aposentadoria
US$ 4 mil = 48,6 S.M.

9% de 10 S.M. | 9% de 30 S.M. | 9% de 40 S.M.

Elaboração: MPAS – Subsecretaria de Planejamento e Orçamento.

70% da contribuição os legisladores não levaram em conta a base atuarial. Tecnicamente, o correto teria sido estipular um benefício em torno de 60%. O mesmo acontece em relação aos autônomos, embora para estes últimos tenha ocorrido uma pequena alteração na escala salarial em 1996, mas que ainda não foi suficiente para que paguem a própria conta.

Até pouco tempo, médicos, engenheiros, advogados ou qualquer outro profissional inscrito como contribuinte autônomo podiam, nos primeiros doze anos de contribuição, aportar um valor equivalente a menos da metade da contribuição de um trabalhador com rendimentos correspondentes a um salário mínimo. Isso acontecia porque a alíquota de contribuição dos autônomos (até três salários-base) era de 10%, enquanto a do trabalhador era de 8%, acrescido da parcela do empregador, fixada em 20% sobre folha e total dos salários. Ou seja, a alíquota de um trabalhador empregado com rendimentos iguais a um salário mínimo equivalia a 28%.

Há dois anos, os autônomos passaram a contribuir com 20%, mas ainda é uma alíquota inferior ao somatório pago pelo trabalhador empregado. Se compararmos os que contribuem pelo teto máximo do regime INSS (estipulado em R$ 1.031,87), a diferença ainda é maior, pois a contribuição do autônomo será de 20%, enquanto a do trabalhador empregado chega a 31%.

A preocupação atuarial é evidente quando se analisa o exemplo da Argentina, onde a contribuição dos autônomos é de 27%. Ou seja, exatamente, o somatório da alíquota que é adotada para os trabalhadores assalariados (11%) e para os empregadores (16%).

Necessidade de Reforma

A proposta para a reforma do sistema previdenciário brasileiro era necessária porque, antes de tudo, se torna imperioso um ajuste às novas situações demográficas de renda e de emprego que se vivencia e que serão enfrentadas no futuro. E não conseguiremos sucesso sem corrigir erros e vícios incorporados ao longo dos anos. Em síntese, as razões situam-se em função de quatro perguntas as quais deveriam ser respondidas:

1ª) Os vários regimes – INSS, setor público e os fundos complementares – oferecem segurança futura, isto é, terão recursos no futuro

para pagar seus atuais beneficiários e aqueles que irão ingressar no sistema mais tarde?
2ª) Sob o ponto de vista da eqüidade contributiva, ou seja, de quem recebe e de quem paga, é um sistema justo?
3ª) Os municípios e os estados terão condições de honrar seus compromissos futuros sem sacrificar suas funções, em termos de investimentos e prestação de serviços?
4ª) A Previdência Social está se comportando também como um instrumento de poupança, que é uma de suas funções adicionais e importante no processo de desenvolvimento?

Para respondê-las, deve-se considerar os conjuntos de regimes que poderão apresentar respostas diferenciadas, mas em relação ao INSS e aos regimes do setor público está claro de que não têm a mínima perspectiva futura.

A próxima seção deste capítulo baseia-se no *Livro branco,* que foi coordenado por mim, com a participação de técnicos do Ministério da Previdência e Assistência Social, citados no final deste livro. Com ele, à medida que surgem tópicos, situações e exemplos, ficarão cada vez mais clara a falta de rigor técnico e o distanciamento da boa doutrina na constituição do sistema previdenciário brasileiro. Verifica-se até, em determinados pontos, uma tendência caótica de nossa previdência.

Lei 3.2 Caracterização do quadro Brasileiro

Lei Eloy Chaves: uma iniciativa frágil

A legislação previdenciária surgiu no Brasil quarenta anos depois de seu aparecimento na Alemanha. Os Estados Unidos e o Japão, por exemplo, somente iriam adotar este tipo de proteção ao trabalhador anos mais tarde. Por sugestão do deputado Eloy Chaves, o Congresso Nacional criou, em 1923, por meio do Decreto Legislativo nº 4.682, a Caixa de Aposentadoria e Pensões para os empregados em empresas de estrada de ferro. Esses trabalhadores e seus familiares passaram a ter direito à assistência médica, a medicamentos com preços especiais, à aposentadoria e a pensões.

O regime idealizado por Eloy Chaves, no entanto, era pouco abrangente e estruturalmente frágil. As "caixas" foram organizadas por empresas e, muitas vezes, não se atingia o número necessário de segurados para o estabelecimento das bases securitárias – ou seja, um número mínimo de filiados com capacidade contributiva que permitisse estabelecer um fluxo de receita adequado para garantir o pagamento dos benefícios a longo prazo. **Mesmo assim, Eloy Chaves acolheu em sua proposta dois princípios universais dos sistemas previdenciários: o caráter contributivo e o limite de idade, embora vinculado a um tempo de serviço.**

Getúlio suspende as aposentadorias

As tabelas atuariais das Caixas de Aposentadorias e Pensões eram arbitrariamente fixadas e as falhas refletiram-se sobre a formação dos patrimônios. As administrações eram marcadas por desaparelhamento técnico que as incapacitava para proteger a saúde financeira das caixas à medida que elas cresciam e aumentava o número de benefícios concedidos.

A primeira crise financeira e administrativa no sistema previdenciário brasileiro ocorreu em 1930. Em virtude do grande número de fraudes, corrupção e descalabro financeiro, o presidente Getúlio Vargas, por meio do Decreto nº 1.954, suspendeu, por seis meses, todas as aposentadorias em vigor. Vargas começou, então, uma reestruturação do sistema, que passou a incorporar praticamente todas as categorias de trabalhadores urbanos. Nos anos seguintes, foram criados seis grandes Institutos Nacionais em substituição às caixas de aposentadoria. Em vez de serem organizados por empresa, os institutos abrangiam, em unidades de âmbito nacional, categorias profissionais ou um conjunto de profissões correlatas.

A legislação que surgiu após a Era Vargas manteve o caráter contributivo e a aposentadoria por tempo de serviço com o limite de idade de 50 anos. Na década de 1920, o trabalhador só podia se aposentar com proventos integrais ao completar 50 anos de idade e com 30 anos de serviço. Em 1960, o limite de idade foi elevado para 55 anos. Adotou-se então a forma tripartite de financiamento dos benefícios: contribuição do trabalhador sobre o seu salário, do empregador sobre a folha de pagamento, e a contribuição do governo federal, via pagamento das despesas de pessoal e de administração do sistema.

Durante o Governo Vargas, a aposentadoria dos funcionários públicos foi regulamentada pelo Decreto-lei nº 1.713, de 28 de outubro de 1939. Na época, previu-se apenas aposentadoria por idade e invalidez, com proventos proporcionais ao tempo de serviço. Antes de Vargas, havia sistemas de proteção parcial destinados a algumas categorias do serviço público e aos militares. Em 1941, o Estatuto dos Militares, instituído pelo Decreto-lei nº 3.084, consolidou o sistema de aposentadorias dos servidores militares.

O sistema previdenciário dos trabalhadores da iniciativa privada sofreu, posteriormente, uma progressiva unificação legal e institucional. Os institutos de previdência corporativos passaram por um processo de homogeneização de seus planos de custeio e de benefícios por meio da Lei Orgânica da Previdência Social (LOPS), que culminou com a implantação do atual Regime Geral de Previdência Social (RGPS), operado pelo INSS.

Quando o sistema era jovem – ou seja, o número de trabalhadores contribuintes era muito superior ao número de inativos – verificaram-se saldos de caixa que deveriam ser utilizados para garantir a viabilidade do sistema em conjunturas desfavoráveis. Entretanto, esses saldos, muitas vezes, foram utilizados para outras finalidades, distintas dos interesses previdenciários.

Os saldos da previdência foram usados na construção de Brasília, na constituição e no aumento de capital de várias empresas estatais, na manutenção de saldos na rede bancária como compensação pela execução de serviços de arrecadação de contribuições e de pagamento de benefícios. De 1986 a 1988, as transferências da Previdência Social para a área da saúde cresceram por conta da implantação do Sistema Único Descentralizado de Saúde (SUDS), chegando a 35% da arrecadação sobre a folha de salários. De 1988 até meados de 1993, as transferências para o Sistema Único de Saúde (SUS), que substituiu o SUDS, chegaram a 15% de toda a arrecadação sobre a folha de salários.

A DIVERSIDADE DE REGIMES E CRITÉRIOS

A sociedade brasileira convive com uma grande diversidade de regimes previdenciários, onde existem sistemas oficiais para servidores públicos, nos níveis federal, estadual e municipal; sistemas complementares privados, abertos e fechados; e sistemas especiais para congressistas e demais membros dos Legislativos, além de critérios diferenciados para determinadas categorias vinculadas ao Judiciário e ao Ministério Público. Todos eles funcionando paralelamente ao Regime Geral de Previdência Social.

Essa multiplicidade de regimes e regras de acesso aos benefícios aumenta os custos operacionais do sistema previdenciário e facilita as fraudes. E o mais grave: permite que privilégios e discriminações convivam até dentro de um mesmo regime. Algumas categorias percebem na inatividade em média 20% a mais do que em atividade, como no caso dos militares, servidores públicos civis e membros dos poderes Judiciário e Legislativo.

A diversidade de regimes pode levar à seguinte situação: dois trabalhadores – por exemplo, jornalistas ou economistas, com a mesma idade e especialização – ingressam no mercado de trabalho simultaneamente e trabalham na mesma empresa por muitos anos, contribuindo igualmente para o mesmo regime. Um deles faz um concurso para o Congresso Nacional ou para uma assembléia legislativa ou para outro poder como o Judiciário, no qual passa a ocupar uma função. Utilizando o tempo de serviço no primeiro regime, ele poderá aposentar-se, logo após o estágio probatório, de dois anos, no novo regime, com uma aposentadoria no valor até dez vezes maior do que a do outro trabalhador.

a) Servidores públicos federais

As maiores distorções do sistema previdenciário brasileiro estão localizadas no setor público, tanto na esfera federal, como estadual e municipal. O valor da aposentadoria concedida ao servidor público civil da União não guarda nenhuma relação com sua vida pregressa e sua contribuição, pois no seu cálculo só entra o valor da última remuneração. Enquanto os trabalhadores da iniciativa privada que se aposentam pelo INSS recebiam em 1997, em média, 1,91 salário mínimo, os servidores inativos da União ganhavam 14 salários mínimos, em média – oito vezes mais. No Legislativo, a média dos valores dos proventos correspondia a 41,5 salários mínimos, enquanto no Judiciário, atingia 32,8 salários mínimos.

Em 1997, o INSS gastou R$ 46,1 bilhões na manutenção de benefícios para 17,4 milhões de aposentados e pensionistas da iniciativa privada e outros benefícios. Os benefícios previdenciários do setor público federal civil consumiram R$ 18,2 bilhões para financiar apenas 873 mil inativos e

COMPARAÇÃO ENTRE APOSENTADORIAS (VALORES MENSAIS, EM SALÁRIOS MÍNIMOS)	
INSS	1,91
EXECUTIVO (civis)	14,0
LEGISLATIVO	41,5
JUDICIÁRIO	32,8

Fonte: Boletim Estatístico do Mare (dez./97) e Anuário Estatístico – MPAS.
Obs.: No caso do Executivo, Legislativo e Judiciário foi estimado o valor médio dos proventos de nov./96 a nov./97; no INSS, o valor é de 1997.

pensionistas. Ou seja, 5% do total de aposentados e pensionistas do país consumiram cerca de 39,5% do total de gastos destinados ao setor. Em 1996, os estados e municípios gastaram R$ 29 bilhões com benefícios de aposentados e pensionistas (ver quadro abaixo).

GASTOS PREVIDENCIÁRIOS TOTAIS – 1997
(VALORES EM R$ DE DEZ./96, DEFLACIONADOS PELO IGP-DI)

	R$ (bilhões)	Número
INSS***	46,1	17.4 milhões
Inativos e pensionistas da União	19,9	900.000*
Inativos e pensionistas de Estados e municípios	31,0**	1.700.000**
Total	97,0	20.000.000

Fonte: INSS e Ministério da Fazenda.
*Dados relativos a nov./96.
**Valores aproximados.
***Inclui aposentados, pensionistas e outros benefícios.

No serviço público, os diferentes regimes e critérios permitem que alguns se aposentem duas, três e até quatro vezes – e ainda voltem a ocupar emprego público. A acumulação de pensões e de aposentadorias com a remuneração da atividade gera os supersalários. Entre os servidores da União, 82% dos que ultrapassam o teto de R$ 8 mil (remuneração de ministro de Estado) são aposentados ou pensionistas. Essas distorções são ainda mais acentuadas nos regimes previdenciários dos estados, onde há quem receba acima de R$ 30 mil mensais.

O serviço público brasileiro é o único no mundo que garante aposentadoria sem observância a qualquer teto e paga mais ao aposentado do que ao servidor em atividade. Na União, isto ocorria até recentemente. Também artifícios embutidos nas leis da maioria dos estados e mesmo dos municípios garantem incorporação de um adicional no momento da aposentadoria.

Veremos alguns exemplos que têm sido revelados pela imprensa nos últimos anos:

- No estado do Rio de Janeiro, em agosto de 1997, dos 1.123 inativos da Assembléia Legislativa, 261 ganhavam acima do teto. A média dos benefícios era de R$ 17,5 mil, mas havia casos de aposentados que recebiam até R$ 37 mil. Resultado: os inativos consumiam 52% da folha de pagamento. Quase todos chegaram a esse valor (ou passaram dele) beneficiando-se de leis que permitiam incorporar ao salário gratificações e vantagens por cargos em comissão. "**Era uma festa! Houve gente nomeada para um cargo para ficar apenas um dia. Só para incorporar a sua aposentadoria o valor daquele salário, em torno de R$ 5 mil. Acredito que, pelo menos, 200 pessoas se beneficiaram de manobra semelhante em cargos menores, de até R$ 2,5 mil**", relatou o presidente da Assembléia, deputado Sérgio Cabral Filho, em entrevista a *O Globo*.
- Ainda no Rio de Janeiro, desde 1980, o Governo estadual paga aposentadorias entre R$ 11 mil e R$ 14 mil a 16 conselheiros que trabalharam em dois Conselhos de Contas do Município já extintos. Pelo menos seis deles trabalharam apenas sete meses e a maioria já recebia outra aposentadoria. (*O Globo*, 7/9/97.)
- **Em Santos, um grupo de 141 aposentados pela Prefeitura Municipal recebeu R$ 5 milhões somente em 1996. O valor era bem maior do que os R$ 3 milhões que o município estava aplicando na construção, aparelhagem e reforma de escolas e quase a metade dos R$ 12 milhões de que dispunha para gastar na urbanização de favelas, o que beneficiaria três mil famílias.** (*O Globo*, 25/2/96.)
- Em Pernambuco, um suplente de juiz classista se aposentou com apenas um mês de trabalho. (*Veja*, julho de 96.)

- De acordo com a Lei Orgânica da Procuradoria do Estado de São Paulo, em 1995, os procuradores tinham direito a receber honorários advocatícios depois de aposentados. (*O Estado de S. Paulo*, 9/8/95.)
- No Rio Grande do Sul, em junho de 1996, 200 servidores do Executivo e Legislativo (cem ativos e cem inativos) tinham uma média de vencimentos acima de R$ 12 mil e consumiam mensalmente mais de R$ 2,49 milhões, dinheiro suficiente para contratar dez mil soldados da Brigada Militar ou nove mil professores. (*Zero Hora*, 16/6/96.)

No Poder Executivo federal, para cada dois servidores públicos aposentados, existem hoje, aproximadamente, três servidores em atividade. Se acrescentarmos os chamados "instituidores de pensão" (pessoas que geraram pensões), esta relação cai para um ativo para cada inativo e pensionista. Mantida a média de pedidos de aposentadoria do período 1992-96 (18 mil por ano), o número de servidores ativos e inativos será igual até o ano 2000. Além disso, segundo dados do Mare de agosto de 1996, grande parte dos servidores (51,5%) encontra-se na faixa etária de 41 a 60 anos, portanto, próximos da idade em que as pessoas se aposentam.

DESPESA COM PESSOAL DA UNIÃO – ATIVOS E INATIVOS
(EM R$ MILHÕES – OUT./97*)

Ano	Ativos	Aposentados e Pensionistas	Benefícios Globais e Ajustes	Transferências Intergovernamentais	Total
1987	12.348	4.508	1.270	1.293	19.420
1988	15.725	5.659	1.181	1.256	23.822
1989	19.354	6.748	1.558	1.769	29.429
1990	22.829	8.745	26	2.330	33.930
1991	19.377	6.671	0	1.770	27.819
1992	15.206	6.108	0	1.340	22.653
1993	17.100	11.596	0	1.919	30.616
1994	19.057	14.480	-427	2.217	35.327
1995	23.607	19.523	0	2.757	45.888
1996	24.306	18.074	0	2.252	44.632
1997**	23.918	18.214	0	2.118	44.250

Fonte: Tesouro Nacional. Os dados foram apurados pelo critério de competência.
*Deflacionado pelo IGP-DI/FGV.
**Acumulado de nov./96 a out./97.

O quadro abaixo mostra a comparação entre o crescimento das despesas com os ativos e os inativos, evidenciando uma grande diferença no período. A despesa com ativos cresceu 193,7%, enquanto a com inativos foi de 404%.

DESPESA COM PESSOAL DA UNIÃO – ATIVOS E INATIVOS
(ÍNDICE 1987 = 100*)

Ano	Ativos	Aposentados e Pensionistas	Benefícios Globais e Ajustes	Transferências Intergovernamentais	Total
1987	100,0	100,0	100,0	100,0	100,0
1988	127,3	125,5	93,0	97,1	122,7
1989	156,7	149,7	122,7	136,8	151,5
1990	184,9	194,0	2,1	180,2	174,7
1991	156,9	148,0	0,0	136,9	143,2
1992	123,1	135,5	0,0	103,6	116,6
1993	138,5	257,2	0,0	148,4	157,7
1994	154,3	321,2	-33,6	171,4	181,9
1995	191,2	433,1	0,0	213,2	236,3
1996	196,8	400,9	0,0	174,2	229,8
1997	193,7	404,0	0,0	163,7	227,9

Fonte: Tesouro Nacional. Os dados foram apurados pelo critério de competência.
*Tabela construída com base nos dados da tabela anterior.

A despesa com benefícios previdenciários dos servidores públicos é maior que a receita obtida com as contribuições individuais. Em 1996, os servidores da União recolheram aproximadamente R$ 2,6 bilhões para a previdência, enquanto as despesas com os Encargos Previdenciários da União (EPU) chegaram a R$ 17,1 bilhões. A diferença é de cerca de R$ 14,5 bilhões. Observe que a parte patronal não está incluída neste cálculo; caso estivesse, o déficit seria em torno de R$ 10 bilhões.

Esse déficit tem sido parcialmente coberto mediante a utilização de recursos da Seguridade Social (Cofins e Contribuição sobre o Lucro Líquido), com virtual prejuízo para as áreas de saúde e assistência social. Em 1997, segundo o Tesouro Nacional, a folha de salários custou R$ 42,1 bilhões, dos quais R$ 17,1 bilhões com o pagamento dos servidores aposentados e pensionistas. Em 1990, os gastos com inativos eram de R$ 8,7 bilhões, ou um quarto das despesas globais com pessoal à época.

Distribuição do Orçamento da Seguridade Social por Subprograma (Dotação Inicial) – 1996

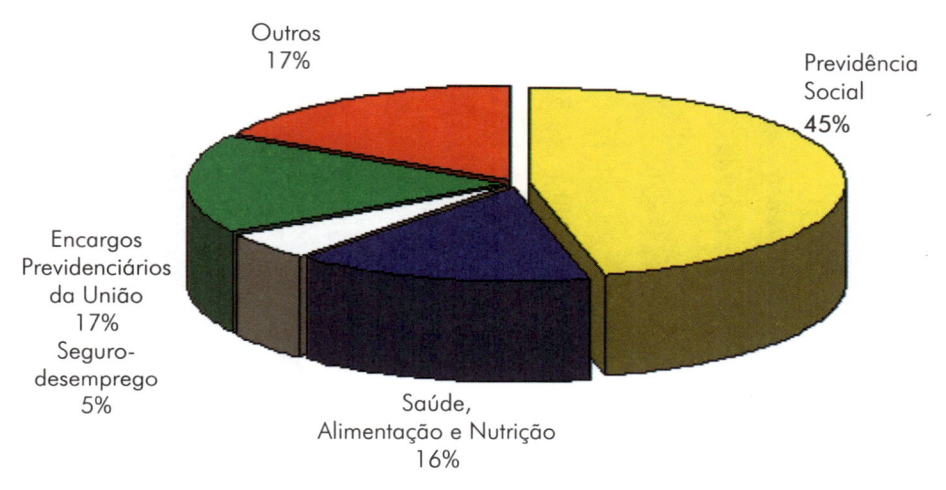

- Previdência Social: 45%
- Saúde, Alimentação e Nutrição: 16%
- Seguro-desemprego: 5%
- Encargos Previdenciários da União: 17%
- Outros: 17%

Fonte: MPAS.

Inativos e Pensionistas da União – Execução 1997

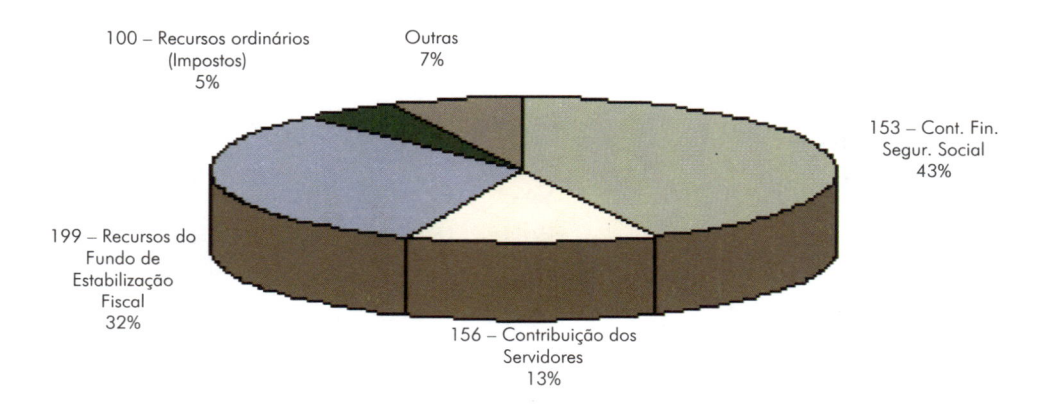

- 153 – Cont. Fin. Segur. Social: 43%
- 156 – Contribuição dos Servidores: 13%
- 199 – Recursos do Fundo de Estabilização Fiscal: 32%
- 100 – Recursos ordinários (Impostos): 5%
- Outras: 7%

Fonte: MPAS.

Orçamento da Seguridade Social, por Fontes e Subprogramas
(Execução – 1997 – R$ mil correntes)

Fontes/Subprogramas	Previdência Social	Saúde, Alimentação e Nutrição	Seguro-Desemp.	Encargos Previd. da União	Adm. Geral	Assist. Social Geral	Outros	Total
Recursos Ordinários	–	616.064	–	1.016.107	210.751	109	1.080.763	2.923.794
Manutenção e Desenvolvimento do Ensino	–	–	–	174.482	–	–	139.096	313.578
Renda Líquida de Concursos e Prognósticos	1.285	239.413	–	394	139.549	2.334	8.690	391.665
PIS / PASEP	–	–	2.670.559	–	–	315.207	2.156.215	5.141.981
Recursos Diretamente Arrecadados	–	434.306	1.297.105	–	60.819	217.192	27.281	2.036.703
CSLL	11.424	2.286.782	–	368.952	121.603	377.958	1.546.213	4.712.932
Cofins	5.565.883	3.135.477	–	8.305.441	272.790	696.495	584.419	18.560.505
Contribuição de Empregador/Trabalhador	36.665.995	–	–	–	–	–	18.178	36.684.173
Outras	4.278.854	5.638.894	–	9.423.377	3.605.125	2.542	2.794.640	25.743.432
Total	46.523.441	12.350.936	3.967.664	19.288.753	4.410.637	1.611.837	8.365.495	96.508.763

Fonte: MPAS.

O quadro anterior mostra as fontes e o uso dos recursos da Seguridade Social. É um quadro complexo e de difícil entendimento, considerando a forma de registro usada pelo Governo, mas com as explicações a seguir é possível ter uma noção da utilização desses recursos:

1. A arrecadação da contribuição dos trabalhadores e empregadores, que tem sido considerada como receita própria do INSS, foi de R$ 46,5 bilhões, pois aos R$ 36,6 bilhões constantes do quadro somam-se outras duas parcelas: R$ 5,5 bilhões do Cofins e mais R$ 4,3 bilhões de Outros. Isto em função da alteração de fontes para adequar o desconto do FEF (Fundo de Estabilização Fiscal), de 20% daquela arrecadação, que retorna mediante essas duas outras fontes. Trata-se apenas de um jogo contábil. Na realidade, o dinheiro nunca saiu da Previdência Social.

2. No Subprograma Saúde, ao valor de R$ 12,3 bilhões somam-se ainda mais R$ 6,2 bilhões que são os gastos com pessoal e administração do Ministério da Saúde, além de outras despesas. O gasto geral do Ministério da Saúde situou-se em torno de R$ 18,5 bilhões.

3. Na rubrica "Outros", na coluna referente aos EPU (Encargos Previdenciários da União) estão incluídos os recursos da Fonte FEF (Fundo de Estabilização Fiscal), em torno de R$ 6 bilhões.

4. Na coluna "Outros" estão incluídos recursos do Programa do FAT (Fundo de Amparo ao Trabalhador), pagamento de dívidas, alimentação, nutrição etc.

b) Estados e Municípios

A situação não é diferente nos regimes previdenciários de estados e da maioria dos municípios de grande e médio portes, que estruturaram sistemas de proteção aos funcionários da administração direta e autárquica. Há uma tendência de crescimento da participação dessas despesas nos orçamentos, e o número de inativos aumenta rapidamente. Na maior parte dos casos, os valores recebidos por eles são integrais ou superiores aos da atividade.

Gastos com pessoal e número de servidores estaduais

ESTADOS	NÚMERO DE ATIVOS E INATIVOS	RELAÇÃO – GASTO PESSOAL E RECEITA LÍQUIDA Jul./1995 – Dez./1996-1997		
Espírito Santo	77.000	91	110	64
Santa Catarina	115.000	90	81	67,4
Alagoas	76.000	88	105	92,6
Piauí	80.000	85	–	72,5
São Paulo	932.000	85	89	62,9
Rio Grande do Norte	103.000	82	–	67,6
Rio Grande do Sul	271.000	81	–	82,9
Distrito Federal	130.000	81	87	79
Goiás	143.000	80	–	67,1
Pernambuco	134.000	78	–	71,4
Paraná	180.000	77	75	67,1
Minas Gerais	491.000	72	88	80
Paraíba	99.000	70	–	49,4
Rio de Janeiro	290.000	70	79	82,1
Ceará	106.000	66	–	61
Bahia	190.000	65	–	52,7
Média	–	78,6	89,1	–

Fonte: Boletim Estatístico do Mare para os dados de 1995 a 1997. Assessoria Especial do Governador do Estado do Paraná para os dados de 1996.

Estima-se que, dentro de mais alguns anos, muitos estados e municípios terão despesas com inativos iguais aos dispêndios com o pessoal ativo. Em 1995, o comprometimento da receita líquida dos estados com gastos relativos a pessoal ativo e inativo alcançou o percentual médio de 78,6%. Naquele ano, todos os estados pesquisados estavam acima do limite legal de 60% (definido na Lei Complementar 82/95, conhecida como Lei Rita Camata) de comprometimento da receita líquida com gastos de pessoal ativo e inativo. Em 1996, a situação agravou-se: no Espírito Santo, o comprometimento chegou a 110%; em Alagoas, a 105%; em São Paulo, a 89%; no Distrito Federal, a 87%; e no Rio de Janeiro, a 79%.

A ligeira melhora registrada em 1997 deve-se ao fato de que muitos estados promoveram ajustes, inclusive demitindo servidores, ou até mesmo porque não houve reajustes para o servidores, enquanto a receita apresentou um breve crescimento. Além disso, o Governo Federal, ao renegociar as dívidas, vem exigindo o ajuste das receitas, o que também tem influenciado a situação dos estados.

Desde a Constituição de 1988, em seu artigo 169, ficou determinado que os gastos não podem exceder os limites definidos em lei complementar, aprovada sete anos depois. Nesse período, vigorou o artigo 38, das Disposições Transitórias, que fixou o teto em 65% sobre as respectivas receitas correntes. Na prática, a legislação tornou-se ineficaz para restringir as despesas com pessoal no setor público porque não definiu os instrumentos para sua aplicação, salvo a que impede a concessão de qualquer revisão ou reajuste, o que já está acontecendo. Além disso, há despesas que não podem ser reduzidas, exceto que a reforma estabeleça novas regras.

Se alguns estados prevêem que estarão gastando quase a metade da receita ou mais com os inativos, significa que, no futuro, será muito difícil o cumprimento da lei complementar. O mais curioso dessa história é que os próprios defensores da medida discordaram da necessidade de a reforma estabelecer critérios que limitassem situações especiais no serviço público e mesmo privilégios. No entanto, a própria reforma acaba sendo instrumento para viabilizar mais à frente a aplicação racional da lei complementar.

O aumento dos gastos com o pagamento de pessoal ativo e inativo aponta para a insolvência da maioria dos tesouros estaduais no curto prazo. Tais despesas reduzem o espaço para os investimentos necessários em infra-estrutura, saneamento básico, educação, saúde, habitação e segurança. E se os governos mantivessem a política de reajuste dos salários do funcionalismo, interrompida há mais de três anos, esse quadro poderia ter tomado proporções ainda mais recessivas. Assim, o ajuste dos regimes vem ocorrendo, mas de forma traumática para seus contribuintes.

Vejamos o exemplo do estado do Ceará, no qual o próprio governador, Tasso Jereissati, afirmou em recente entrevista[2] que "a aposentadoria dos funcionários públicos é uma verdadeira bomba-relógio". Somente na Secretaria de Educação, 41% da folha já se refere ao pagamento de inativos. Em cinco anos, calcula-se que esta despesa consumirá 80% da receita com impostos. "A cada real pago a um professor, pagaremos R$ 4 aos aposentados, o que significa que, a médio prazo, ou não se contratam mais professores ou não se dá mais reajuste salarial a eles", previu o governador.

Em outro ponto do país, no Paraná, a situação se repete. Enquanto as receitas líquidas evoluíram 31% de 1991 a 1996, o gasto com inativos

---

[2] Páginas Amarelas. *Veja*, 17/3/98.

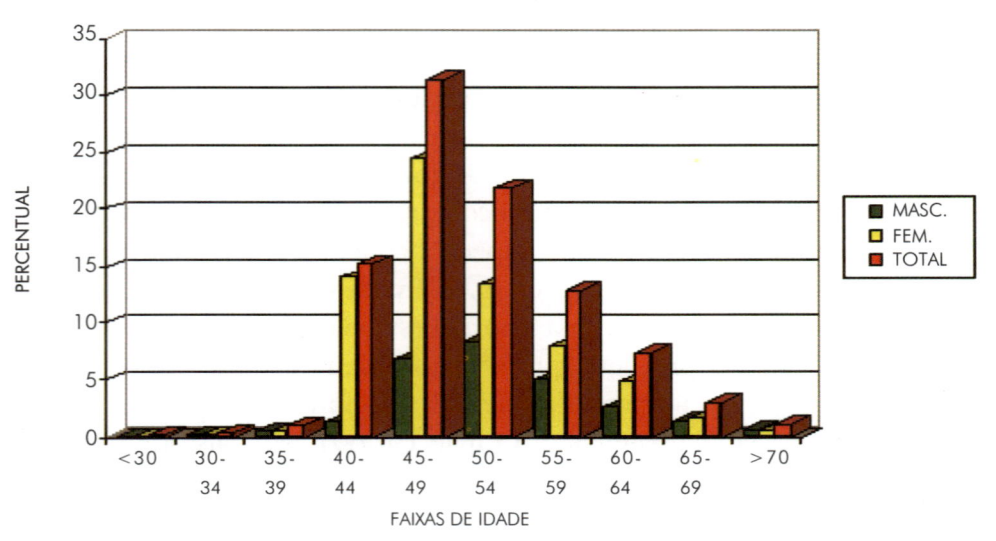

DISTRIBUIÇÃO DOS INATIVOS POR IDADE NO ESTADO DO PARANÁ QUANDO DA APOSENTADORIA

Fonte: Assessoria Especial do Governador do Estado do Paraná.

aumentou 88%. Mantidas as atuais regras, a previsão é a de que no ano 2000 a despesa com pessoal consuma a totalidade do orçamento do Estado. **Como se pode observar pelo gráfico acima, nesse estado, cerca de 44% dos inativos aposentaram-se antes dos 46 anos de idade e 80% antes dos 56 anos de idade.**

Em relação a Minas Gerais, segundo dados da Secretaria Estadual de Recursos Humanos, de março de 1991 a dezembro de 1996, houve uma aumento de 48,7% no número de inativos. Atualmente, os inativos consomem 37% da folha de pessoal e a previsão é de que no ano 2000 o gasto com inativos chegue aos 50%. Neste estado as distorções no sistema previdenciário do serviço público são alarmantes. Conforme o gráfico a seguir, existem 26 coronéis, 19 técnicos fazendários e 2,3 procuradores aposentados para cada servidor dessas carreiras em atividade. Da mesma forma, para cada defensor público, fiscal de tributos e professor em atividade há, respectivamente, 1,6, 1,6 e 1,3 aposentado.

Além disso, a média de gastos com benefícios para os inativos da Assembléia Legislativa do Estado e do Ministério Público é mais do que o

NÚMERO DE SERVIDORES INATIVOS PARA CADA ATIVO EM MINAS GERAIS – 1996

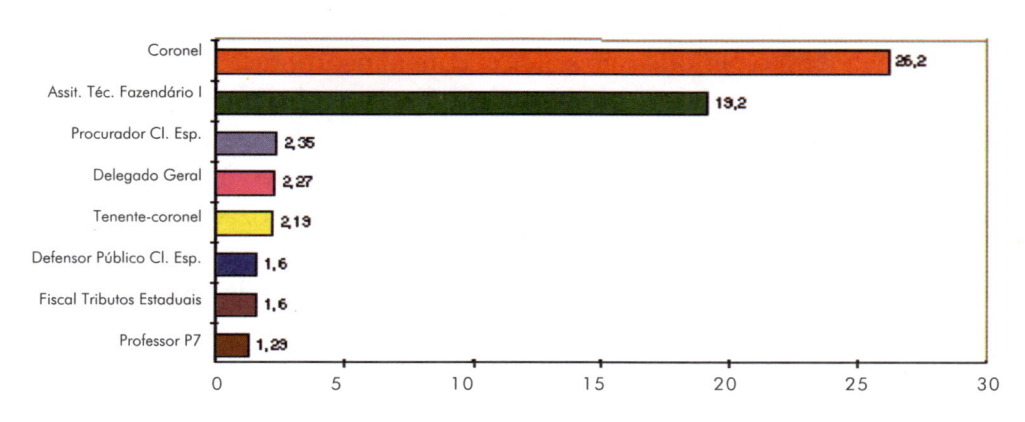

Coronel	26,2
Assit. Téc. Fazendário I	19,2
Procurador Cl. Esp.	2,35
Delegado Geral	2,27
Tenente-coronel	2,13
Defensor Público Cl. Esp.	1,6
Fiscal Tributos Estaduais	1,6
Professor P7	1,23

Fonte: Secretaria de Recursos Humanos do Estado de Minas Gerais.

dobro da média salarial dos que estão em atividade. No caso dos Tribunais, as aposentadorias são, em média, 75% mais altas do que os salários dos ativos.

Dados do Instituto de Economia do Setor Público (IESP), órgão da Fundação de Desenvolvimento Administrativo do Estado de São Paulo (Fundap), mostram que, de 1980 a 1990, os gastos com encargos previdenciários dos estados passaram de US$ 3,7 bilhões para US$ 7,4 bilhões. Ou seja, existe uma tendência dos gastos dobrarem a cada dez anos.

Todos os regimes do setor público juntos, nos níveis federal, estadual e municipal, já gastam mais que o regime operado pelo INSS, embora representem apenas 14% da população previdenciária.

c) Os militares

Os servidores militares são cobertos pelo plano de benefícios inserido no Estatuto dos Militares, que prevê um tempo máximo de permanência em cada posto da carreira. No limite das idades estabelecidas, o militar é necessariamente forçado a passar à reserva: por exemplo, aos 44 anos de idade para soldados, aos 45 anos para cabos, aos 47 para terceiro-sargento e aos 48 para segundo-sargento. Quando passam à reserva, quem cumpriu mais de 30 anos de serviço recebe proventos, a título de aposentadoria, equivalentes à remuneração do posto seguinte da hierarquia.

Para os servidores militares, considera-se tempo de serviço para efeito de aposentadoria o período que se inicia com a incorporação do convocado ou voluntário em uma organização militar. O tempo de habilitação militar é igualmente considerado como tempo de serviço, desde que concluído com aproveitamento. São contados em dobro o tempo relativo à licença-prêmio não gozada, assim como o tempo referente a férias não gozadas.

O período em que o militar estiver licenciado para tratamento de saúde de pessoas da família é computado até o máximo de um ano, contínuo ou não. Também é contado o período de duração de curso universitário (sem superposição a qualquer tempo de serviço), na proporção de um ano para cada cinco anos de tempo de serviço prestado como oficial do Corpo, Quadro ou Serviço de Saúde ou Veterinária.

Embora a profissão dos militares tenha especificidades que levam à necessidade de regras próprias para a inatividade (cujo conceito predomina na maior parte dos países), ao se estabelecer o regime por lei complementar também será preciso estruturá-lo melhor e eliminar algumas distorções. Afinal, não obstante o relevante papel que exercem, é a sociedade quem vem assumindo mais essa conta. De acordo com estudo atuarial feito pelo técnico José Carlos Jacob de Carvalho[3], com base em dados do Ministério da Fazenda, a contribuição total dos militares ficou em torno de R$ 100 milhões, exclusive a parte patronal, no primeiro semestre de 1994, enquanto o valor das aposentadorias (incluindo inativos e pensionistas) superou R$ 2 bilhões.

A atual discrepância entre os valores arrecadados pela União e o pagamento efetuado é um problema de difícil solução. Isto em função do crescimento do número de aposentadorias e pensões, dada a precocidade com que são obtidas e ao longo período durante o qual são usufruídas. As simulações realizadas mostram que para financiar plenamente os benefícios auferidos na reserva o Governo deveria participar com uma contribuição anual de 25%, e cada membro das Forças Armadas com 16%.

De acordo com dados do Estado-Maior das Forças Armadas (EMFA), a relação de ativos e inativos estava em torno de 3 para 1, em dezembro de 1994. Entretanto, considerando também os pensionistas, essa relação

---

[3] *Contribuição dos militares para a aposentadoria: uma análise atuarial*, junho de 1995.

caía de 1,2 ativo para um inativo. Além disso, as carreiras das Forças Armadas fazem com que o número de ativos seja concentrado em baixas patentes, enquanto o de aposentados tende para patentes mais elevadas. Também é notório o elevado número de pensões pagas, em comparação com as despesas com os ativos, valendo frisar que o Estatuto dos Militares estende a pensão às filhas solteiras, mesmo maiores de idade.

Esses dados devem ser analisados com atenção. Antes de tudo, eles não estão sendo mostrados aqui com o intuito de conseguir um equilíbrio autônomo para o Regime dos Militares, pois, como atividade específica de interesse de Estado, deve ter um regime especial, como acontece na maioria dos países. A análise serve, sim, para suscitar a discussão a fim de que alguns ajustes venham a ser feitos.

d) Parlamentares, magistrados e procuradores

Em decorrência do debate sobre a reforma, várias aposentadorias especiais foram extintas, incluindo as originárias do Instituto de Previdência dos Congressistas (IPC). O IPC, embora extinto, mantém as regras em vigor até 1999. A própria Lei 9.506, de outubro de 1997, que extingue o instituto, prevê um novo plano para os parlamentares federais, com regras próximas às vigentes para o servidores públicos civis.

Os parlamentares federais são considerados segurados obrigatórios do Instituto, enquanto os funcionários da Câmara e do Senado podem filiar-se ao IPC na qualidade de segurados facultativos. A pensão por tempo de mandato dos parlamentares é concedida após oito anos de contribuição e com, no mínimo, cinquenta anos de idade e corresponde a 26% dos subsídios (parte fixa e parte variável) e das diárias pagas aos congressistas, acrescidos, por ano de mandato subsequente (com a devida contribuição), dos seguintes percentuais: a) do 9º ao 16º ano, mais 3,25% por ano; b) do 17º ao 28º ano, mais 3,4% por ano; c) do 29º ao 30º ano, mais 3,6% ao ano.

Após trinta anos de contribuição, portanto, o parlamentar tem direito à pensão por tempo de mandato, com proventos iguais ao do respectivo membro da ativa. O direito ao recebimento do benefício será suspenso no período em que o segurado estiver investido em mandato legislativo federal. Enquanto estiver exercendo outros cargos públicos, empregos ou mandato legislativo (que não o federal), o valor da pensão por tempo de mandato será reduzido em dois terços, apenas se perceber remuneração ou salário de montante igual ou superior à soma de subsídios, diárias e ajuda de custo pagos aos membros do Congresso Nacional.

Os deputados federais e os senadores em exercício podem averbar, para efeito de cálculo de benefícios, inclusive para a pensão por tempo de mandato, até um mandato estadual ou municipal. Assim, até quatro anos do período exercido pelo parlamentar federal como deputado estadual ou vereador podem ser utilizados para fins de obtenção de benefícios do IPC. Para promover a citada contagem, o parlamentar deve efetuar os recolhimentos correspondentes aos anos averbados, à razão de 24% sobre o valor do subsídio federal (parte fixa e parte variável), vigentes à época em que se processarem os pagamentos. Ao parlamentar que, ao término do mandato, não tiver completado os oito anos de contribuição, é permitido continuar contribuindo mensalmente com as partes correspondentes ao segurado e à instituição, até completar a carência ou idade mínima.

O plano de benefícios dos parlamentares e as contribuições cobradas mostram claramente uma situação de desequilíbrio, que tem repercussão negativa sobre os cofres do Tesouro Nacional. Em 1995, as contribuições dos segurados do IPC atingiram R$ 11,1 milhões para um gasto com benefícios de aposentados e pensionistas de R$ 42,1 milhões. A Câmara contribuiu com R$ 12,5 milhões; e o Senado, com R$ 3,7 milhões. A diferença, de R$ 14,8 milhões, foi coberta por receitas patrimoniais do instituto (aplicações e aluguéis).

Em 1996, o IPC pagava 785 aposentadorias para parlamentares e 461 pensões para dependentes de parlamentares felecidos. Outras 971 aposentadorias para segurados facultativos (funcionários do Congresso) eram pagas pelo IPC, bem como 428 pensões para dependentes desses segurados.

Vários países adotam regimes especiais para os parlamentares. Alguns justificam teoricamente o benefício com o argumento de que o parlamentar perde sua capacidade de trabalho durante o exercício do mandato. Por exemplo, um cirurgião ou mesmo um médico clínico geral que perde a habilidade ao longo dos anos de afastamento ou um advogado que mantinha um escritório e vem a perder a clientela. Nestes casos, as chamadas aposentadorias têm mais um caráter indenizatório. No Brasil, no entanto, os regimes especiais para os parlamentares apresentam numerosas distorções. Dentre elas, permitir a participação de pessoas com rendimentos de outras fontes (como militares, juízes ou mesmo aposentados) e assim dar oportunidade de uma nova opção de aposentadoria. Por isso, é comum que ex-governadores, senadores, deputados estaduais e federais tenham até três aposentadorias. Em 1996, levantamento da *Veja* mostrou que dos 594 parlamentares que compunham o Congresso Nacional, e analisavam a proposta de reforma, 140 já estavam aposentados, a maioria com vínculo no regime dos servidores públicos.

No nível federal, os parlamentares fazem jus à pensão por tempo de mandato uma vez cumprida a carência de oito anos e a idade mínima de cinqüenta anos. O problema é agravado pelo fato de que os estados e municípios também podem legislar sobre previdência e, desta forma, criar os seus próprios regimes especiais para seus legisladores. Aliás, esses regimes são, em geral, os que apresentam as piores distorções, sem estabelecer regras e critérios adequados, existindo casos em que a idade mínima não é exigida.

Já no caso dos magistrados e procuradores (membros do Ministério Público), na esfera federal e estadual é assegurado o direito de aposentar-se com proventos integrais aos trinta anos de serviço, após apenas cinco anos de exercício efetivo do cargo, ou seja, cinco anos antes do que o normalmente exigido para as demais categorias, sendo estes benefícios pagos pelos respectivos tesouros, inexistindo um fundo específico de previdência.

A discussão, nesse caso, não se trata do valor que os magistrados recebem ao se aposentar, mas sim da precocidade com que se aposentam – a exemplo dos professores – na plenitude da capacidade para exercer suas atividades e contribuir para a sociedade. Da mesma forma, não é pequeno o número de procuradores que optam pela aposentadoria entre 45 e 50 anos, depois de altamente treinados pelo Governo com recursos da sociedade. Muitas vezes, eles se retiram para advogar contra o próprio Governo.

Por último, sem entrar na discussão da importância do juiz classista, cabe discutir as conseqüências da legislação previdenciária que permitia até 1997 que, depois de cumprir sua função por cinco anos, o juiz classista estivesse qualificado para se aposentar com vencimentos integrais. É um exercício impossível tentar encontrar argumentos lógicos em defesa deste e de outros privilégios. A questão de criar uma situação específica e privilégios para determinadas categorias remonta ao final do século passado, conforme se constata na Lei nº 117, de 1892, que contemplava uma série de casos especiais[4], a exemplo dos diplomatas, magistrados e ministros do Supremo Tribunal, que podiam se aposentar com vinte anos de serviço.

---

[4] *Anais da Câmara*, sessão de 26 de junho de 1911, p. 616-7.

e) Professores

O regime especial dos professores foi criado em agosto de 1981, permitindo a aposentadoria após 30 anos de tempo de serviço para os professores e após 25 anos para as professoras, tanto no regime INSS quanto no regime jurídico único. Uma espécie de consolo para quem optou por exercer uma atividade mal remunerada e, na maioria dos casos, em precárias condições. A troca é injusta para a categoria e injustificável para outros trabalhadores brasileiros que convivem com a mesma realidade.

Para os professores, tem-se considerado tempo de efetivo exercício nas funções de magistério não apenas o tempo de sala de aula. Conta-se, também, o período trabalhado em funções de administração, planejamento, orientação, supervisão e outras atividades. Para os professores de ensino superior, considera-se o tempo referente à pesquisa e às atividades de administração.

No magistério superior, o professor aposenta-se, muitas vezes, com pouco mais de 40 anos de idade, período em que sua produtividade atinge o máximo. Por isso, é comum o reingresso desses profissionais no mercado de trabalho, às vezes no mesmo lugar, comprovando que eles estão em plena posse de sua capacidade laborativa.

Em muitos estados, municípios e nas universidades federais, a folha de pagamento dos professores inativos tem um impacto tão significativo que impede a contratação de novos professores, bem como o aumento do valor de seus salários. A relação entre professores ativos e inativos vem caindo significativamente nos últimos anos. Nas universidades federais, na faixa etária de 50 a 55 anos, para cada três ativos existem dois inativos.

No caso dos professores universitários, não há lógica nem teoria que ampare aposentar um professor, um PhD, um químico, um cientista, um doutor, antes dos sessenta anos de idade. No Brasil, no entanto, é muito comum encontrar mulheres e homens aposentados ainda na faixa dos quarenta aos cinqüenta anos, exatamente quando adquirem as melhores condições de conhecimento e sabedoria. A aposentadoria precoce de nossos mestres e doutores qualificados e mantidos pela sociedade está retirando da universidade brasileira os melhores cérebros, além de ser tecnicamente injustificável. Esperava-se inclusive que os professores fossem os primeiros a compreender isso.

Distribuição dos docentes ativos a inativos por faixa etária nas universidades federais

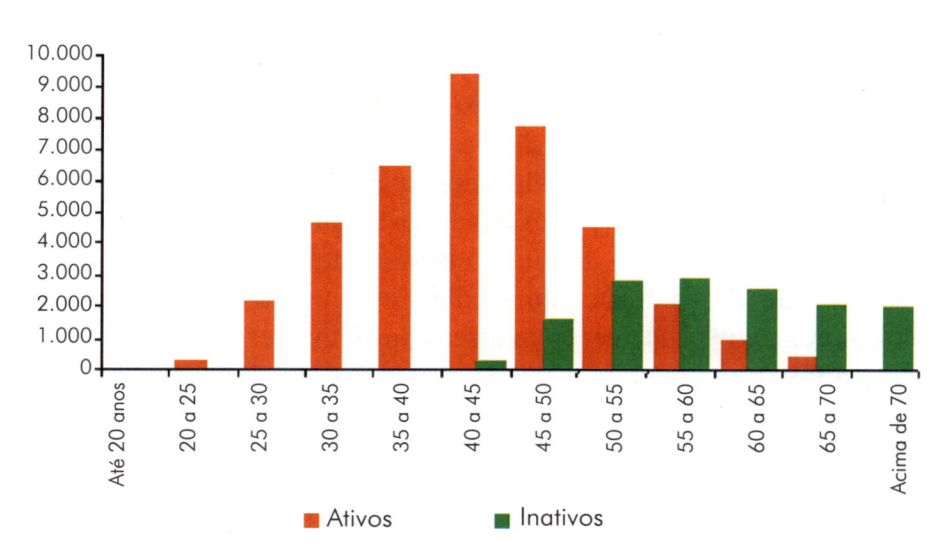

Fonte: Ministério da Educação e Desporto – CGDRH, 1996.
Obs.: Não inclui a totalidade das universidades federais.

A aposentadoria não pode ser oferecida ao professor, inclusive primário, como uma forma de compensação pelo descaso a que está relegado. Ao contrário, a sociedade precisa remunerar bem esse profissional, que exerce uma atividade de vital importância para o país. Precisa também adotar medidas que valorizem sua carreira e assegurem condições adequadas de trabalho. O professor primário, assim como todos os segurados da previdência, precisam ganhar bem e, ao se aposentar, ter direito a uma remuneração que garanta uma vida digna, sem a necessidade de retornar ao mercado de trabalho para assegurar seu sustento e o de sua família.

f) Funcionários das estatais

No Brasil, o sistema fechado de previdência complementar começou a se desenvolver, oficialmente, desde 1977, com a edição da Lei nº 6.435. Os primeiros fundos de pensão a serem constituídos em conformidade com essa lei foram patrocinados por empresas estatais federais e estaduais e por empresas multinacionais, algumas das quais já ofereciam planos de complementação de aposentadoria aos seus empregados.

No final de 1997, existiam 36 fundos patrocinados por empresas estatais federais, 68 por empresas estatais estaduais e duas por empresas estatais municipais – totalizando 106. A estes somam-se outros 223 fundos de pensão patrocinados por empresas privadas nacionais e estrangeiras. No total, 2,1 milhões de brasileiros participavam de fundos de pensão. Na área estatal, os participantes ativos e inativos eram 1,1 milhão e o patrimônio atingiu R$ 87,1 bilhões. Enquanto isso, o patrimônio das entidades da área estatal federal, estadual e municipal equivalia a R$ 68,2 bilhões.

Os fundos de pensão oferecem a seus participantes dois modelos básicos de planos: o de contribuição definida e o de benefício definido. No primeiro caso, o plano estabelece a contribuição que será feita pelo participante durante o período de capitalização. Ao final desse período, será determinada a renda mensal a que o participante terá direito com base nos fundos acumulados. Esta é a modalidade adotada pela maioria dos fundos de pensão patrocinados por empresas privadas.

No plano de benefício definido, a renda mensal que será auferida pelo participante ao final do período de capitalização é explicitamente quantificada *a priori*, sendo esta a base para o cálculo das contribuições necessárias para a formação do fundo que irá financiá-la. No final de 1997, dos 106 planos que estavam sendo normalmente administrados pelas empresas públicas federais, estaduais e municipais, 83,9% eram da modalidade de benefício definido.

O risco de insuficiência de capitalização nos planos do tipo benefício definido é elevado. Quando a capitalização não é suficiente para financiar o benefício prometido ao participante do fundo, normalmente, a empresa patrocinadora é quem arcará com a diferença. Esse risco é agravado pelo fato de que a maioria dos fundos de pensão patrocinados pelas empresas estatais estabeleceu os seus benefícios com base em cenários otimistas para o comportamento da economia e da respectiva empresa.

Quando essas previsões não se confirmam, muitas vezes os planos não sofrem os ajustes necessários para compatibilizá-los com a realidade econômico-financeira. Em alguns casos, as taxas de contribuição dos participantes e das patrocinadoras para o financiamento do plano são fixadas nos próprios regulamentos dos fundos, o que é totalmente incompatível com a lógica de um plano de benefício. Além disso, alguns fundos administraram mal os seus recursos, fazendo aplicações inadequadas dos recursos obtidos, o que ajudou a agravar sua situação financeira.

Estimativas realizadas pela Secretaria de Previdência Complementar do Ministério da Previdência e Assistência Social, com base nos demonstrativos dos fundos de pensão, apontavam para uma insuficiência de capitalização, por parte dos fundos de pensão patrocinados por empresas estatais federais, da ordem de R$ 22 bilhões no final do ano de 1995. Isto significa que se as entidades tivessem que realizar imediatamente os compromissos assumidos nos planos em vigor haveria uma insuficiência de recursos dessa ordem de valor.

Na maioria dos casos dos fundos de pensão patrocinados por empresas estatais federais, o nível de capitalização é insuficiente e existem planos desequilibrados atuarialmente. A maioria das empresas efetua contribuições bastante elevadas para os seus fundos de pensão, havendo vários casos em que esse percentual supera em 20% a folha de salários da empresa. Em média, os níveis de contribuição de patrocinadoras públicas a fundos de pensão são significativamente mais elevados que os praticados pelas empresas privadas. Quanto aos fundos complementares, de forma geral, não deve haver restrição quanto à relação da contribuição patronal e a dos associados, tanto que algumas empresas privadas assumem integralmente essa responsabilidade, em função de uma política de recursos humanos, de competitividade e concorrência no mercado. Já na esfera pública, a consideração tem de ser diversa porque se trata de recursos públicos, onde não há concorrência.

Em vários casos, mesmo com elevada contribuição da empresa patrocinadora e do próprio participante, o fundo de pensão apresenta problemas econômico-financeiros porque não existe limite de idade adequado para a concessão da aposentadoria. Por outro lado, muitos fundos vêm fazendo seus ajustes com sucesso.

O desequilíbrio dos fundos ficou mais evidente com a necessidade de privatização de certas empresas estatais federais e estaduais. A seguir, três exemplos de fundos que receberam recursos da União para o equacionamento de débitos das patrocinadoras:

- Fundação Rede Ferroviária de Seguridade Social (REFER) – apresentava um déficit atuarial de R$ 868 milhões, em 31 de dezembro de 1996. Parte deste valor é oriunda de débitos da Rede Ferroviária

Federal (RFFSA) e da Cia Brasileira de Trens Urbanos (CBTU). Do total, a União efetuou um repasse de R$ 400 milhões;
- Fundação Petrobrás de Seguridade Social (PETROS) – nos exercícios de 1994 e 1995, o dispêndio global da patrocinadora Petrobrás com a PETROS passou de R$ 25,2 milhões mensais para R$ 42,2 milhões. Com relação ao exercício de 1996, a insuficiência de cobertura cresceu 13% comparada ao ano anterior, atingindo um acumulado de R$ 5,7 bilhões;
- Caixa de Previdência dos Funcionários do Sistema BANERJ (PREVIBANERJ) – em 31 de dezembro de 1995, apresentava um déficit de R$ 478 milhões, sendo atribuído às patrocinadoras R$ 420 milhões. A situação do BANERJ, contudo, agravou-se tanto que o Senado Federal chegou a autorizar a liberação de R$ 3 bilhões do Tesouro Nacional para o seu saneamento, sendo parte desses recursos destinada à cobertura do déficit da PREVIBANERJ.

A reforma está prevendo duas regras básicas para o sistema complementar: no prazo de dois anos rever os planos de benefícios e servidores, de modo a ajustá-los atuarialmente a seus ativos e a relação de contribuição normal da patrocinadora não pode superar a do participante em planos patrocinados por empresas estatais. Outras formas de ajuste dos planos deverão ser disciplinadas em lei complementar prevista na reforma.

g) Aposentadorias especiais

No Brasil, existe uma confusão entre as aposentadorias dirigidas aos profissionais que exercem atividades prejudiciais à saúde e à integridade física, e aquelas aposentadorias concedidas a categorias tais como jornalistas (aos 30 anos de serviço), aeronautas (aos 25 anos de serviço, desde que tenha 45 anos de idade) e professores (aos 30 anos para o homem e aos 25 anos para a mulher), que não se enquadram no conceito universal de atividades especiais.

Essas últimas carecem de justificativas e devem ser eliminadas de qualquer plano de benefícios que se pretenda justo. As recentes alterações na legislação previdenciária tentam corrigir tais distorções, como é o caso da Lei nº 9.032, de 1995, e da Lei nº 9.528, de dezembro de 1997.

Por outro lado, não existe igualmente fundamentação técnica para os limites de idade diferenciados para fins de aposentadoria no caso da mulher urbana (60 anos) e da mulher rural (55 anos) e do trabalhador rural (60 anos). Tábuas de expectativa de vida mostram que as pessoas que vivem na área urbana e rural têm expectativa de vida semelhante, principalmente nas idades avançadas. Aos 60 anos, por exemplo, a expectativa de sobrevida dos homens, urbanos ou rurais, é de cerca de 15 anos, sendo que o pobre rural vive mais que o pobre urbano. As mulheres tendem a ter uma sobrevida maior. Aos 60 anos, a sobrevida esperada de uma mulher é de mais 18 anos.

Esses critérios beneficiam de fato a classe média rural, composta por médios e pequenos proprietários, e não os segmentos sociais mais vulneráveis, tais como os bóias-frias. Os primeiros se aposentam antes do que deveriam, considerando-se sua inserção social e nível de renda. Os últimos têm maior dificuldade para aposentar-se e tendem a fazê-lo em idades mais avançadas ou a depender do benefício assistencial pago com base na Lei Orgânica de Assistência Social. Além disso, existem centenas de situações especiais criadas por leis federais, estaduais e municipais.

h) Ex-combatentes e anistiados

Os benefícios concedidos a ex-combatentes apresentam, em alguns casos, sérias distorções. As disparidades não se restringem aos aspectos peculiares de cada espécie de benefício, pois ocorrem diferenças até nos valores de benefícios que integram a mesma espécie. Apesar de algumas leis terem sido revogadas, a Previdência Social ainda vem mantendo estes benefícios em função de direitos adquiridos. No caso do ex-combatente marítimo, cujos direitos foram estabelecidos pela Lei nº 4.297, de 1963, 5.143 benefícios ainda eram mantidos em 1997.

Essa Lei protegeu o ex-combatente, de qualquer Instituto ou Caixa de Aposentadoria e Pensão, que tivesse servido, como convocado ou não, nas operações da Itália, no período de 1944 a 1945, ou que tivesse integrado a Força Aérea Brasileira, a Marinha de Guerra ou a Marinha Mercante, tendo, nestas últimas, participado de comboios e patrulhamentos.

A Lei nº 6.683, de 1979, determina a concessão de anistia a todos que, no período compreendido entre 2 de setembro de 1961 e 15 de agosto de 1979, cometeram crimes políticos e crimes eleitorais, e aos que tiveram seus direitos políticos suspensos ou foram punidos com fundamento em atos institucionais e complementares. A Constituição Federal de 1988, por sua vez, concedeu anistia aos que, no período de 18 de setembro de 1946 até a data de sua promulgação, foram atingidos em decorrência de motivação exclusivamente política por atos de exceção, institucionais ou complementares, asseguradas para fins de inatividade as promoções ao cargo, emprego, posto ou graduação a que teriam direito no serviço ativo.

O valor da renda mensal do benefício de aposentadoria excepcional de anistiado corresponde ao último salário percebido pelo segurado no emprego ocupado à época da destituição por ato de exceção, institucional ou complementar, acrescido das promoções a que faria jus até 5 de outubro de 1988, não estando subordinado ao limite máximo previsto para os demais trabalhadores.

O reajuste vem sendo efetuado toda vez que ocorre aumento no salário que o segurado estaria recebendo se tivesse permanecido em atividade, observando-se os percentuais aplicados ao valor inicial do benefício. O mesmo cálculo é feito no caso da pensão por morte e sobre este aplicado o percentual de dependentes. Tal situação já está sendo corrigida na Emenda Constitucional, para que tenham tratamento igual ao dos demais cidadãos e para que se evite a possibilidade de fraude e problemas burocráticos devidos às constantes alterações. É bom frisar, contudo, que mesmo aqui há distorções, pois nem todos anistiados recebem benefícios com altos valores, sendo a discussão em torno do privilégio. Em dezembro de 1996, por exemplo, o valor médio das aposentadorias excepcionais para anistiados atingiam R$ 1.712; e as pensões por morte recebidas por dependentes de anistiados, R$ 1.359.

Os valores médios, no caso dos anistiados e dos ex-combatentes, no entanto, mascaram as disparidades existentes em cada espécie de benefício. De acordo com levantamento feito pelo Ministério da Previdência e Assistência Social, apresentado a seguir, em dezembro de 1996 cerca de 200 benefícios concedidos a ex-combatentes e anistiados foram de valores superiores a 100 salários mínimos. Nesta relação, existem vários benefícios acima de R$ 30 mil.

Os dados são eloqüentes. Embora a decisão da sociedade de conceder benefícios especiais para ex-combatentes e anistiados seja louvável, a legislação deu margem a uma série de distorções que agora se refletem sobre

BENEFÍCIOS ACIMA DE 100 SALÁRIOS MÍNIMOS EM DEZ./96 (EM R$ CORRENTES)

DENOMINAÇÃO	QUANTIDADE	GASTO TOTAL	VALOR MÉDIO	VALOR MÁXIMO
Pensão por morte de ex-combatente	5	89.483,78	17.896,76	21.749,3
Pensão por morte de ex-combatente marítimo	45	825.543,85	18.345,42	30.106,5
Pensão por morte de anistiado	1	11.409,75	11.409,75	11.409,75
ATS de ex-combatente	78	938.771,67	12.035,53	21.250,0
ATS de ex-combatente marítimo	15	295.194,42	19.679,63	31.527,2
ATS (LOPS)	4	34.539,80	8.634,95	11.833,5
Aposentadoria de anistiado	51	549.502,23	10.774,55	23.284,9

Fonte: MPAS.
Obs.: ATS significa Aposentadoria por Tempo de Serviço.

os cofres públicos. Foram criadas situações de privilégios que não encontram justificativa. Vale informar que os benefícios dos anistiados e seus dependentes estão a cargo do Tesouro Nacional, cabendo a este o repasse dos valores pagos pela Previdência Social.

BAIXA RELAÇÃO ATIVOS/INATIVOS

O sistema previdenciário operado pelo INSS funciona em regime de repartição simples, ou seja, os ativos devem pagar para os inativos de hoje. Desta forma, toda a receita previdenciária obtida no ano é utilizada para o pagamento dos benefícios. Não existe acumulação de "reservas" que possam ser utilizadas no futuro. O regime de repartição implica que os benefícios a serem pagos aos atuais contribuintes, quando futuramente passarem à condição de inativos, estarão garantidos pelas contribuições das futuras gerações de trabalhadores.

Na década de 1950, oito contribuintes financiavam um aposentado. Na década de 1970, essa relação era de 4,2 para 1. Na década de 1990, são 2,5 trabalhando para 1 aposentado. No ano 2020, se as atuais regras

REFORMA DA PREVIDÊNCIA

RELAÇÃO ATIVOS/CONTRIBUINTES X INATIVOS (INSS)

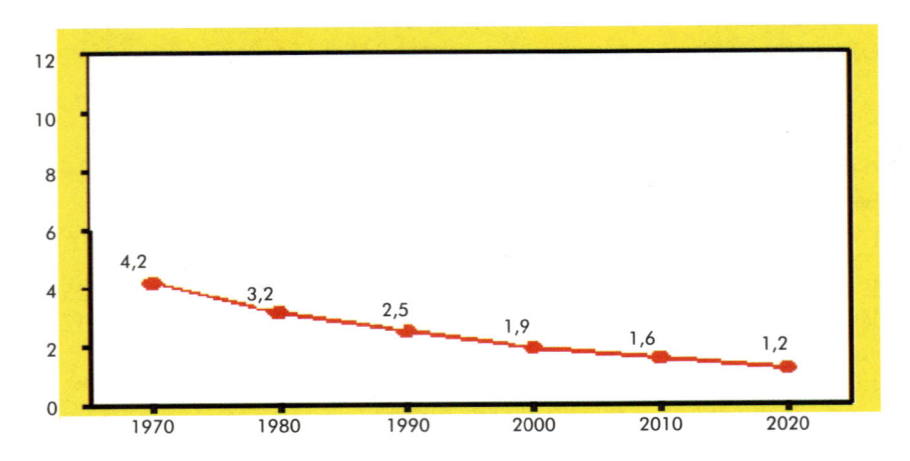

[Gráfico: 1970: 4,2; 1980: 3,2; 1990: 2,5; 2000: 1,9; 2010: 1,6; 2020: 1,2]

Fonte: MPAS.

forem mantidas, a proporção será de praticamente 1 para 1. Essa tendência é agravada pelas mudanças demográficas que estão ocorrendo no Brasil, em que se verifica um acentuado envelhecimento da população.

O rápido declínio do número de contribuintes em relação ao de inativos, na década de 1990, ocorre em virtude de que a base de benefícios está fortemente influenciada pela entrada de trabalhadores rurais e rendas mensais vitalícias, concedidas até vigorar a Lei Orgânica da Assistência Social.

Essa relação entre contribuintes e inativos vem declinando rapidamente também nos países europeus, onde hoje a Alemanha e a Espanha já têm uma relação em torno de 1,8 contribuinte para 1 inativo. Esta relação está influenciada pelo nível de desemprego, além de outras razões já citadas. De qualquer forma, independentemente das razões normais inerentes aos diversos países, de natureza demográfica ou específica (desemprego, informalidade), existem tendências e problemas que precisam ser considerados.

O sistema previdenciário que funciona sob regime de repartição simples tem algumas características próprias. No início, quando o sistema é jovem, ou seja, a população de contribuintes supera em muito o número de inativos, é possível estabelecer alíquotas baixas para as contribuições individuais. À medida que o sistema evolui, e mantidas as demais condições, a relação ativos/inativos tende a decrescer, o que gera a necessidade de sucessivos aumentos de alíquotas de contribuição. Quando isto ocorre, estabelece-se uma transferência de renda entre as gerações: os contribuintes mais jovens tendem a subsidiar os beneficiários das gerações anteriores.

A alternativa de elevação das alíquotas, no entanto, é limitada. Quando ela se esgota, pela simples razão de que a capacidade de contribuição dos ativos também tem um limite, o sistema entra em crise. Estamos vivendo agora o limiar desta crise, em que a sociedade é obrigada a rediscutir as regras de concessão dos benefícios e seus prazos de duração.

Solidariedade invertida

O regime de repartição simples pode também propiciar o surgimento de inúmeras formas de subsídios entre as pessoas de uma mesma geração. Esta distribuição de renda intrageracional dependerá da carência exigida para a concessão do benefício, do limite de idade, do nível de reposição (ou seja, a relação entre o valor do benefício e o salário na ativa) e da sistemática de cálculo do valor do benefício.

No Brasil, estamos presenciando uma perversa redistribuição de renda, em que os mais pobres estão financiando os mais ricos. Essa solidariedade invertida é uma das principais razões para que o Governo insista na mudança das atuais regras previdenciárias.

Um dos mecanismos que possibilitam essa solidariedade invertida é a aposentadoria por tempo de serviço. Os dados estatísticos mostram que as pessoas aposentadas por tempo de serviço provêm de empregos estáveis, ou então, mudam pouco de emprego, são mais qualificadas e têm renda melhor. A aposentadoria por tempo de serviço tornou-se um expediente capaz de garantir aposentadorias precoces para os segmentos de mais alta renda.

Para os segmentos de baixa renda, com maiores dificuldades de inserção no mercado de trabalho, é muito difícil o acesso a esse benefício, pois são, em sua grande maioria, compostos por trabalhadores que oscilam entre o mercado formal e a informalidade. Em boa parte dos casos, sequer conseguem comprovar o período de contribuição.

Teto para o benefício

A falta de um teto máximo para os benefícios dos demais regimes – embora o INSS sempre o tenha adotado – possibilitou muitos dos absurdos registrados hoje. Mesmo a Constituição Federal, no artigo 37, inciso XI, estabelecendo um limite para os salários, nunca houve entendimento sobre o assunto pelos legisladores e o próprio Judiciário. Alguns exemplos chegam a ser ofensivos aos contribuintes: os ex-combatentes que não participaram diretamente da guerra e foram aposentados com valores até R$ 30 mil; alguns anistiados que recebem como aposentadoria de R$ 10 mil a R$ 25 mil; servidores públicos, embora minoria, aposentados na faixa acima de R$ 10 mil mensais etc.

Sobre essa questão, vale citar novamente o exemplo dado pelo governador do Ceará, Tasso Jereissati[5]. Segundo ele, os salários acima do teto máximo definido em lei chegam a representar de 20 a 30% da folha de pagamento do estado. E, embora todos os casos tenham sido contestados na Justiça, 90% conseguiram manter os privilégios. E cita um deles:

> *"Há um cidadão no Estado que recebe 45.000 reais por mês. Tentamos de tudo na Justiça, mas perdi em todas as instâncias. Ele vai receber esse valor até o final da vida, e não há nada que eu possa fazer contra isso. Esse sujeito é um fiscal da Receita estadual aposentado. Seu salário-base não passa de 800 reais. Mas, na década de 60, uma lei estadual feita sob encomenda, dessas que são aprovadas na surdina, garantiu a ele e a outros onze privilegiados o direito a um porcentual da arrecadação do Estado."*

A maioria dos países limita o valor máximo da aposentadoria paga pelo sistema previdenciário público. O valor do benefício que o trabalhador recebe é sempre inferior ao seu último salário. O valor máximo (teto) da aposentadoria por idade paga pelo sistema estatal inglês, em 1993, foi da ordem de US$ 2.455 mensais. Na Inglaterra, a aposentadoria complementar é obrigatória.

Nos Estados Unidos, as aposentadorias e pensões pagas pelo sistema oficial são calculadas a partir do ganho médio real do segurado

---

[5] Páginas Amarelas. *Veja*, 17/3/98.

durante toda sua vida ativa, sobre o qual incide uma alíquota variável. O resultado é que os trabalhadores de nível de renda baixa, média e alta se aposentam com, respectivamente, cerca de 60, 45 e 25% de seus salários de benefícios.

Na Alemanha, o valor máximo da aposentadoria é de US$ 4.554 por mês. O sistema oficial garante também uma renda mínima de US$ 333 por mês. Na França, o sistema estatal dispõe de uma aposentadoria básica e de uma complementar. Ambas são compulsórias. Os proventos de aposentadoria nos dois níveis asseguram, em média, 80% das remunerações da atividade.

No Japão, o valor máximo da aposentadoria era de US$ 4.230 por mês em 1993. Na Espanha, o valor da aposentadoria corresponde a 60% do salário-base e o teto do benefício é equivalente a US$ 2.300 por mês. Na Itália, o valor do benefício pode chegar a 80% da renda para aqueles que contribuíram para o sistema durante quarenta anos.

No Chile, o valor do benefício depende da opção escolhida pelo segurado junto à Administração do Fundo de Pensão e do valor das contribuições que realizou. Uma aposentadoria mínima é garantida pelo governo a todos os contribuintes que alcancem a idade fixada e que tenham sido filiados por pelo menos vinte anos.

No Uruguai, o teto do benefício no sistema público e básico, que funciona sob regime de repartição simples, equivale a cerca de US$ 650 por mês. Todos os trabalhadores uruguaios são obrigados a participar de um sistema complementar, que funciona sob regime de capitalização, cujo benefício máximo equivale a cerca de US$ 1.650 por mês.

O sistema previdenciário argentino passa por um período de mudanças. Quem ingressa no mercado de trabalho está automaticamente filiado a um sistema de capitalização individual, nos moldes do modelo chileno, cujo valor máximo do benefício dependerá das contribuições realizadas e da opção feita pelo segurado. Para os trabalhadores mais antigos, o governo argentino manteve o sistema básico anterior, que funciona em regime de repartição simples, e cujo teto de benefício equivale a US$ 2.625 por mês. Este sistema está em extinção e, a longo prazo, apenas o regime de capitalização será mantido.

Embora com valores diferenciados, os exemplos de outros países mostram que a definição de um teto máximo de benefício é necessário, no entanto, apesar disso, o Brasil resolveu seguir uma lógica própria, cujas referências estão no capítulo 4.

3.3 UMA POPULAÇÃO QUE ENVELHECE

A população brasileira está envelhecendo rapidamente. Ocupamos hoje o 16º lugar em número de idosos no mundo e, dentro de trinta anos, estaremos na quinta posição, perdendo apenas para a China, a Índia, os Estados Unidos e o Japão. Os indicadores da Organização Mundial de Saúde, segundo os quais o Brasil é o país que apresenta mais rápido envelhecimento populacional, são encarados como uma alerta por especialistas. Os últimos dados sobre população (contagem populacional de 1996), divulgados pelo IBGE, confirmam esta tendência, o que trará repercussões evidentes sobre o sistema previdenciário.

A população com mais de 65 anos aumentou sua participação em relação ao total da população de 4%, em 1980 para 5,4%, em 1996. De acordo com as projeções realizadas pelo IPEA, este segmento será aproximadamente 11% do total da população em 2020. Como o sistema previdenciário opera em regime de repartição simples e sem a constituição de reservas, sua viabilidade futura fica ao sabor das variáveis econômicas e demográficas. **A garantia de que os atuais contribuintes não deixarão de receber seus benefícios é exclusivamente fruto da "certeza" de que as futuras gerações de trabalhadores poderão "pagar a conta".**

Entre essas variáveis demográficas encontramos ainda um processo de declínio acelerado da fecundidade, ou seja, uma redução na média de filhos tidos por mulheres ao final da vida reprodutiva, um fenômeno registrado no Brasil, desde a década de 1960, e em outros 51 países, com previsão de alcançar mais 37 em breve, segundo a Divisão de População da ONU. A taxa de fecundidade média mundial, que em 1950 era de cinco filhos por mulher, passou a quatro em 1975; a 2,9% em 1990; e a 2,8% em 1996. No Brasil, ela ainda está mais baixa desde o início da década de 1990, conforme mostra quadro a seguir com dados do IBGE.

Inicialmente restrito aos segmentos urbanos mais privilegiados das regiões desenvolvidas, o processo de declínio da fecundidade logo se espalhou para todos os segmentos sociais, tanto na área urbana quanto na área rural. O avanço dos métodos contraceptivos, conjugados às transformações econômicas e sociais, leva a crer na continuidade deste processo nos próximos anos. No entanto, uma vez atingida a taxa de reposição, o crescimento populacional declina, e a população tende a ficar estável. De 1965 a 1993, a fecundidade aumentou somente em onze países, quase

EVOLUÇÃO DAS TAXAS DE FECUNDIDADE NO BRASIL

ANO	TAXA DE FECUNDIDADE TOTAL
1970	5,8
1975	4,3
1984	3,6
1991	2,6

Fonte: IBGE – Censos Demográficos.

todos africanos e com baixa densidade populacional. Por sua vez, em países como o Japão e a Suíça, a taxa de fecundidade já está abaixo da taxa de reposição, e a população está diminuindo.

A queda da fecundidade é o fator fundamental que explica a redução da taxa de crescimento e a mudança da estrutura etária da população. Como ilustram as pirâmides abaixo, a estrutura etária do Brasil em 1980 mostrava uma predominância dos jovens, com idade inferior a quinze anos. Naquela época, era comum ouvir dizer que o Brasil era um país de jovens. Agora, as projeções do IPEA mostram que a pirâmide etária em 2020 terá outra conformação: cada vez menos teremos *pirâmides* e mais

ESTRUTURA ETÁRIA DA POPULAÇÃO BRASILEIRA – PIRÂMIDES

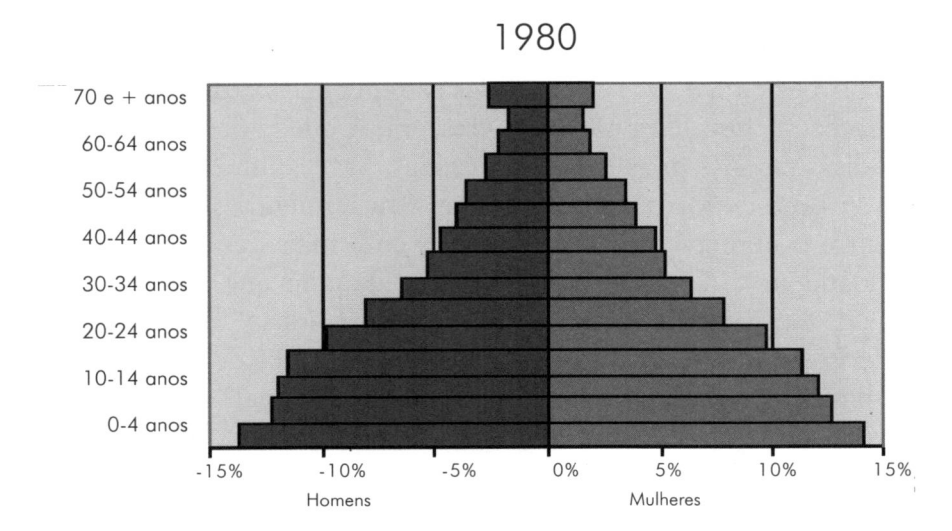

1980

Fonte: Censo/1980 e Contagem populacional/1996 do IBGE e Projeções Demográficas 1995/2020 do IPEA.

ESTRUTURA ETÁRIA DA POPULAÇÃO BRASILEIRA – TRANSIÇÃO

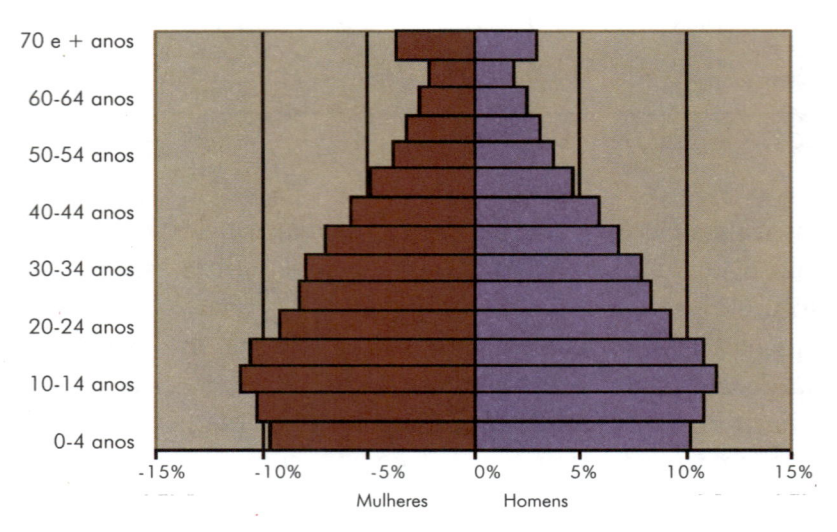

1996

Fonte: Censo/1980 e Contagem populacional/1996 do IBGE e Projeções Demográficas 1995/2020 do IPEA.

colunas como representação da estrutura etária da população brasileira. Nelas, é acentuado o número de pessoas acima de 65 anos.

A taxa de crescimento populacional do Brasil é da ordem de 1,9% (dados do IBGE para 1991) e, mantidas as tendências atuais, daqui a 30 anos a população brasileira não mais crescerá. A queda da taxa de fecundidade indica que, nas próximas três décadas, haverá um rápido envelhecimento da população, o que ocasionará um aumento significativo da relação entre o número de idosos (pessoas com mais de 65 anos) e pessoas em idade ativa (15 a 64 anos), ou seja, daquilo que os demógrafos denominam "taxa de dependência da população idosa". **No Brasil, em termos de Previdência Social, onde o conceito de idosos se aplica com idade bem menor, o índice da taxa de dependência é mais acentuado.**

A taxa de dependência dos idosos em relação à População Economicamente Ativa (PEA) passará de 8% em 1990 para 11% em 2020. No Brasil, o crescimento da taxa de dependência dos idosos é agravado pelo fato de existirem muitos não-idosos dentre os beneficiários da previdência, que já representam cerca de 10% da população total.

BRASIL 2020 – COLUNAS

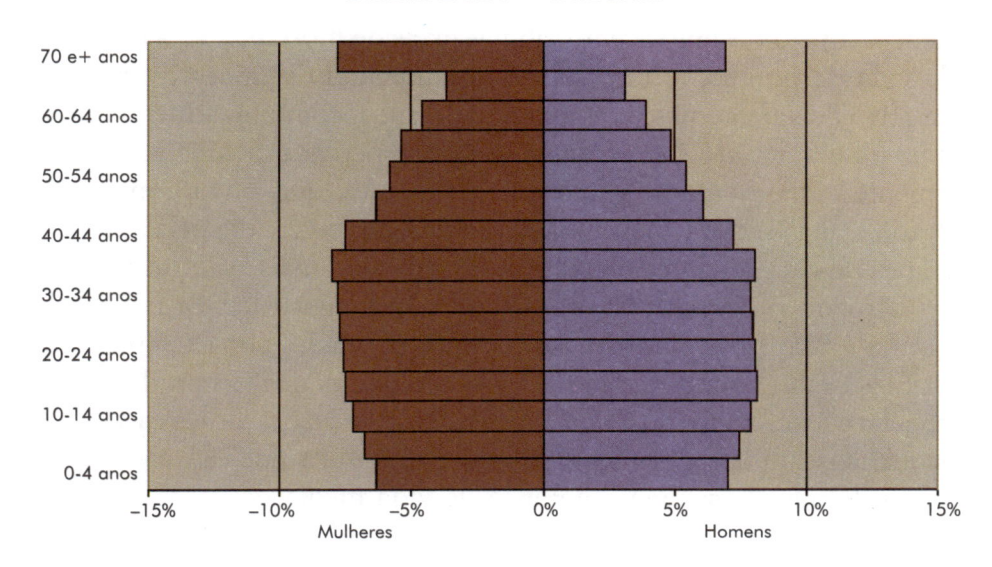

Fonte: Censo/1980 e Contagem populacional/1996 do IBGE e Projeções Demográficas 1995/2020 do IPEA.

PERCENTUAL DE IDOSOS NA POPULAÇÃO – 1970-2020

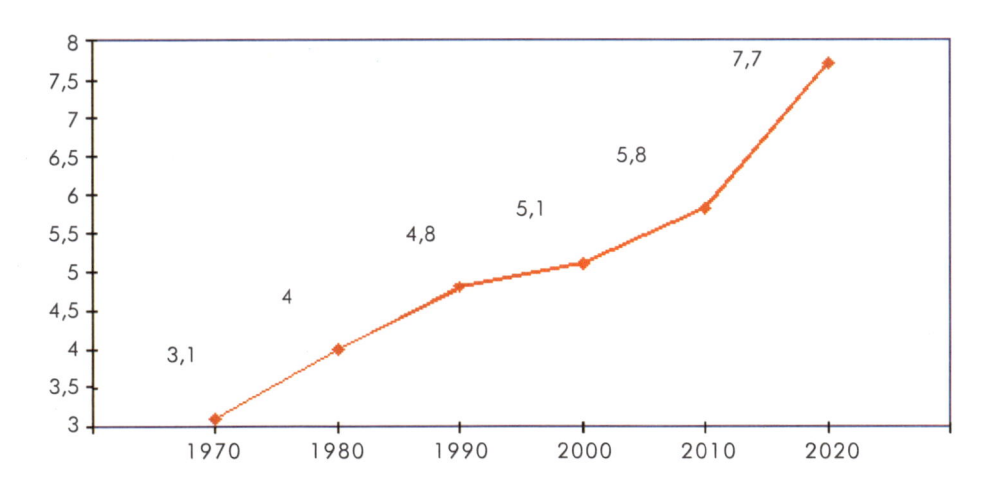

Fonte: IBGE.

Expectativa de vida e sobrevida

Influenciada pelo declínio acentuado nas taxas de mortalidade, a expectativa de vida da população brasileira tem aumentado significativamente. A expectativa de vida ao nascer é, hoje, de 68 anos, com um aumento de 3,5 anos na última década. No entanto, como a esperança de vida ao nascer é fortemente influenciada pela mortalidade infantil, que ainda é muito alta no Brasil, a análise desse indicador deve ser complementada pela análise da esperança de vida adicional ou sobrevida em idades mais avançadas.

Conforme o quadro abaixo, segundo o Instituto Brasileiro de Geografia e Estatística (IBGE), aos 55 anos de idade, por exemplo, onde se verifica a maior concentração de aposentadorias por tempo de serviço, a expectativa de sobrevida dos homens brasileiros é de cerca de 20,3 anos, e a das mulheres de 23,5 anos. Isto significa que, ao alcançar 55 anos, um homem tem uma esperança de vida média de 75 anos; e uma mulher, de 78 anos. Aos 60 anos, a expectativa de sobrevida dos homens é de cerca de 16,9 anos; e a das mulheres, de 19,7 anos, ou seja, espera-se que um homem que alcance a idade de 60 anos viva, em média, até os 76 anos; e uma mulher, até os 79 anos. Finalmente, aos 65 anos, a expectativa de sobrevida dos homens é de cerca de 13,9 anos; e a das mulheres, de 16,2 anos. Ao alcançar os 65 anos, portanto, espera-se que um homem viva pelo menos até os 78 anos; e uma mulher, até os 81 anos.

Esperança de vida por idade – Brasil 1995

Idade	Homens	Mulheres
0	64,5	71,3
1	66,8	73,0
5	63,2	69,5
10	58,4	64,7
15	53,6	59,8
20	48,9	55,0
25	44,6	50,2
30	40,3	45,5
35	36,1	40,9
40	31,9	36,3
45	27,9	31,9
50	24,0	27,6
55	20,3	23,5
60	16,9	19,7
65	13,9	16,2
70+	11,2	13,1

Fonte: IBGE.

Outro dado a ser considerado é que nas idades mencionadas não há grandes diferenças entre ricos e pobres no que diz respeito à expectativa de sobrevida (ver gráfico abaixo). Observamos também que a expectativa de sobrevida da mulher é superior à dos homens. O aumento da sobrevida média nas idades mais avançadas (que coincidem com o momento das aposentadorias) representa importante avanço social, mas provoca a dilatação do período de duração dos benefícios, com reflexos negativos sobre as contas previdenciárias.

EXPECTATIVA DE VIDA, RENDA E IDADE

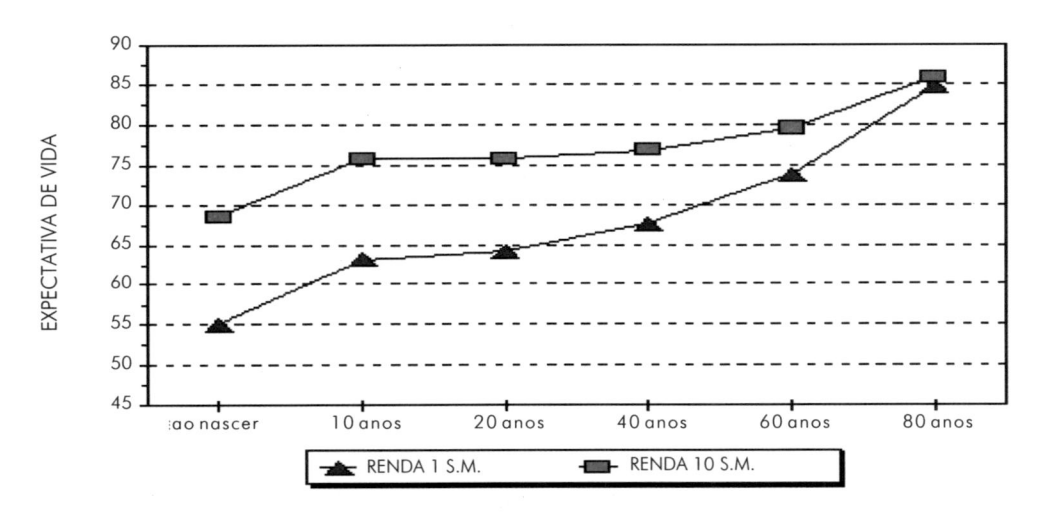

Fonte: IBGE.
Elaboração: MPAS – Secretaria de Previdência Social – 1995, IBGE.

Verifica-se pelo gráfico a seguir, elaborado pela técnica da Dataprev Márcia Caldas de Castro, aplicado ao universo de aposentadorias do regime INSS, uma sobrevida superior ao quadro anterior feito pelo IBGE. Esses dados ainda devem ser vistos com certa reserva, já que merecem maior investigação. Por exemplo, por que a sobrevida na clientela rural é sempre superior à urbana? Em princípio, duas explicações podem ser dadas: predomínio feminino no estoque de benefícios, e/ou a grande incidência de registros de nascimento incorretos.

BRASIL: ESPERANÇA DE VIDA PARA APOSENTADOS POR IDADE
(SEGUNDO A CLIENTELA E IDADES SELECIONADAS – 1995)

Idades	Urbana		Rural
	Homens	Mulheres	
55	23,86	30,05	28,82
60	20,75	26,66	25,66
65	17,13	22,50	21,89
70	13,86	18,48	18,37
75	10,97	14,69	15,13
80	8,48	11,25	12,22

Fonte: Márcia Caldas de Castro. *Entradas e saídas do sistema previdenciário: uma aplicação de tábuas de mortalidade.* Belo Horizonte: UFMG/Cedeplar, 1997. Dissertação de mestrado em demografia, p. 90.

BRASIL: REPRESENTATIVIDADE DOS BENEFICIÁRIOS DE APOSENTADORIAS
E DE RENDAS MENSAIS VITALÍCIAS NA POPULAÇÃO TOTAL – 1995

Idades	População total	Beneficiários	% de beneficiários em relação população total
15 a 19	15.778.383	508	0,00
20 a 24	13.005.748	4.120	0,03
25 a 29	12.237.223	19.953	0,16
30 a 34	11.820.490	49.815	0,421
35 a 39	10.578.513	92.461	0,874
40 a 44	8.998.731	163.923	1,822
45 a 49	7.361.836	375.879	5,106
50 a 54	5.834.241	614.709	10,536
55 a 59	4.992.047	1.141.643	22,869
60 a 64	4.022.876	1.829.514	45,478
65 a 69	3.427.590	2.048.903	59,777
70 e +	5.268.732	4.496.813	85,349

Fonte: IBGE, PNAD 1995 e Dataprev.

Podemos notar que até os 44 anos de idade a participação percentual é residual e devida apenas às aposentadorias e rendas mensais por invalidez. Nas idades mais elevadas, onde se encontra o contingente de aposentados por velhice, a representatividade é maior, alcançando 85% aos 70 anos e mais. No grupo etário de 60 a 64 anos, o percentual de aposentados é de 45%, ou seja, nem metade da população desse grupo etário está amparada financeiramente pelo sistema previdenciário. Em parte, isso se deve ao fato de ficarem sempre na informalidade e, portanto, sem contribuir para um regime, embora saibamos que essas pessoas vão se aposentar por idade ou por velhice (nesse caso, recebendo uma renda mensal).

No que diz respeito à Previdência Social, os impactos da dinâmica demográfica refletem-se tanto nas despesas com benefícios quanto no lado das receitas. Em um sistema de repartição simples como o brasileiro, o elemento fundamental para manter seu equilíbrio, considerando-se somente as variáveis demográficas, é a estrutura etária da população em cada momento, pois é ela que define a relação entre beneficiários (população idosa) e contribuintes (população em idade ativa).

3.4 O DÉFICIT ATUARIAL E AS PROJEÇÕES FUTURAS

A análise do equilíbrio financeiro deve ser feita observando o conjunto de regimes: o do INSS, o dos servidores públicos e o complementar. Neste capítulo, será aprofundada a análise do déficit no regime INSS, cuja fragilidade financeira é antiga. As dificuldades, em relação aos demais regimes, já foram demonstradas no capítulo anterior. É preciso considerar que, até 1976, a atividade de assistência médica para os associados ao regime fazia parte do Plano de Custeio e que, até 1992, os legisladores tentaram seguir o princípio da universalização para os não-associados. Assim, a diferença entre a despesa e a receita era atenuada normalmente achatando-se os benefícios; uma atitude consciente ou amparada pela inflação. Evidentemente, nos últimos anos, esse tipo de recurso desapareceu, e o déficit, a questão real, tornou-se transparente.

A Previdência Social vem tentando administrar uma realidade deficitária: em 1997, fechou o ano com um desequilíbrio de R$ 2,5 bilhões, e as projeções para 1998, caso as reformas não se concretizassem, nem outras medidas possam ser adotadas, indicam que o déficit deverá situar-se na casa dos R$ 5 bilhões.

Além dos fatores de pressão atuarial e em curto prazo, outras variáveis definiram o cenário futuro. Projeções atuariais, em relação ao INSS,

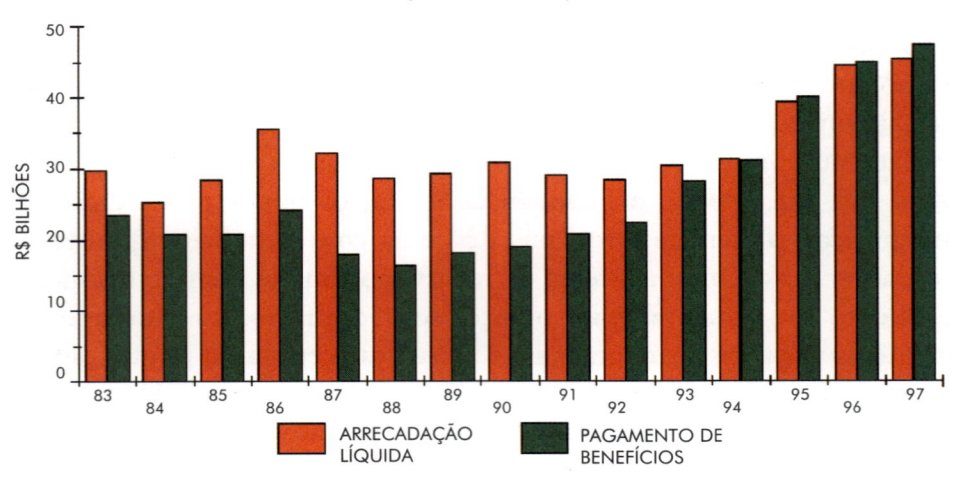

PREVIDÊNCIA: ARRECADAÇÃO LÍQUIDA X BENEFÍCIOS
(1983-1997)

Fonte: MPAS – Subsecretaria de Planejamento e Orçamento/jan. 98.
Obs.: Anteriormente, no capítulo 2 esse gráfico foi mostrado com outra formatação.

realizadas pelo IPEA, em 1995, com base em parâmetros de 1994, demonstram que as perspectivas são preocupantes. Conforme o trabalho *Seguridade Social no Brasil: Histórico e Perspectivas*, do IPEA, em um cenário macroeconômico otimista, com o PIB crescendo a 5,4% ao ano; o salário médio, a 4,1% ao ano e mantidas as regras atuais de concessão e de teto de benefícios, o déficit projetado alcançará cerca de 2,5% do PIB em 2020, o que equivaleria hoje a R$ 18 bilhões. O resultado decorre de projeções feitas a partir de modelo de consistência de variáveis macroeconômicas e de modelo demográfico que considera a dinâmica populacional com declínio acentuado da natalidade e da taxa de crescimento da população e aumento da longevidade.

Em síntese, temos pressões deficitárias, em função de deficiências estruturais na construção dos regimes de previdência, em conseqüência da estabilização da moeda, do crescimento do número de aposentadorias face ao amadurecimento do sistema e as "ondas de entradas", além das questões demográficas. Também devem ser consideradas as alterações no

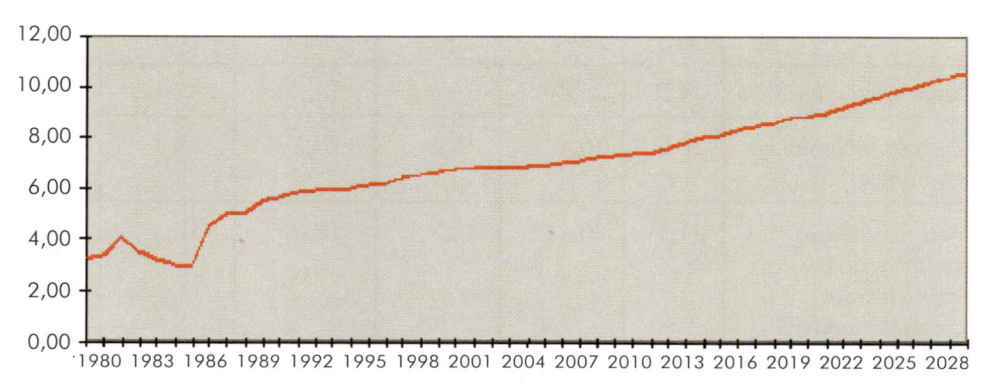

PROJEÇÃO DE EVOLUÇÃO DA DESPESA COM BENEFÍCIOS
(EM % DO PIB)

Fonte: Seguridade Social no Brasil: Histórico e Perspectivas. Médici, A.C.; Oliveira, F. & Beltrão, K. IPEA, mimeo., 1995.

mercado de trabalho, a crescente informalização e flexibilização das relações trabalhistas e ainda a deficiência gerencial, embora em menor grau.

Em 1993, técnicos do Fundo Monetário Internacional apresentaram uma série de estimativas de comportamento futuro do sistema previdenciário brasileiro, caso fossem adotadas diferentes medidas de gestão e de reestruturação do modelo, presumindo-se uma taxa constante de repartição da força de trabalho no setor informal. O resultado está no quadro a seguir. É importante salientar que, no tocante ao setor informal, a legislação já prevê a condição de segurado aos trabalhadores do mercado informal de duas formas: ou como segurado autônomo ou como empregado não registrado. Neste caso, o que existe são dificuldades operacionais de colocar estas questões em prática.

O quadro mostra que, mantido o cenário de referência de 1993, no ano 2000 a alíquota de contribuição dos empregadores subiria para 25,9%, já em 2010 iria situar-se em 29,7% e assim por diante. Porém, adotadas medidas gerenciais e administrativas adequadas, essa alíquota poderia ficar em 18,8 e 20,2%, respectivamente. Além disso, leva em consideração outras questões, conforme o especificado.

A reforma da Constituição trará como conseqüência resultados maiores, a médio e longo prazos e, mesmo assim, depende do rigor técnico

BRASIL: TAXA DE CONTRIBUIÇÃO EM REGIME DE HEPARTIÇÃO – CENÁRIOS ALTERNATIVOS 1993-2030 (EM PERCENTAGEM DA MÉDIA SALARIAL)

	1993	1995	2000	2010	2020	2030
Cenário de referência	24,9	25,0	25,9	29,7	37,2	47,4
Melhorias Gerenciais e Administrativas*	21,5	20,5	18,8	20,2	25,3	32,3
Mais eliminação gradativa dos benefícios por tempo de serviço**	21,5	20,5	18,8	18,0	17,5	19,8
Mais aumento da idade de aposentadoria para mulheres***	21,2	20,3	18,8	17,8	17,3	19,5

Fonte: Estimativas do corpo técnico do FMI. Relatório Brasil: Opções para Reforma da Seguridade Social.
*Redução dos custos, da evasão de contribuições e de benefícios fraudulentos.
**Eliminação total da concessão a partir de 2007.
***Aumento gradual da idade inicial de aposentadoria de mulheres para 65 anos, entre 1995-2010.

com que for aprovada a legislação complementar. Já a curto prazo, além de manter a melhoria na eficiência e na gestão, que trará possibilidade apenas de pequenos ganhos adicionais, há necessidade de adotar algumas decisões que política e tecnicamente são difíceis, porém imprescindíveis. Dentre elas, destacam-se: a decisão sobre a contribuição das instituições filantrópicas, a inclusão de parcelas do mercado informal no sistema e a melhor conceituação de cooperativas de produção e prestação de serviços, em relação à Previdência Social e outros pontos que estão relacionados na Agenda Futura, tratados no capítulo 5.

CAPÍTULO 4

As Propostas

- *Três modelos*
- *Outras sugestões*
- *A proposta em votação*
- *Pontos Específicos*

CAPÍTULO 4

As Propostas

Pelo que foi visto até aqui, a reforma ou o ajuste do sistema previdenciário faz-se necessário quer por razões éticas, para corrigir privilégios e grandes distorções, quer para introduzir os conceitos e fundamentos básicos que compõem a doutrina universal, ou mesmo para reestruturá-lo com vistas a um cenário futuro. E sendo um tema de grande complexidade para a maioria da população, o longo período de debate no Congresso Nacional permitiu a difusão desses motivos e suscitou a formulação de contrapropostas e opiniões de várias correntes de pensamento. Alguns setores divergiram mais com intuito de obstruir a reforma, não querendo, por falta de argumentos técnicos, ir frontalmente contra. Por isso, usavam artifícios e proposições de difícil aprovação ou até mesmo inviáveis.

A proposta encaminhada pelo Governo teve como principal objetivo resgatar para o sistema algumas características fundamentais, com a adoção de princípios doutrinários básicos, como a justiça, o equilíbrio, a segurança, a eqüidade e a poupança.

Justiça – promover a justiça social, com eliminação de privilégios e distorções. Uniformizar os critérios e requisitos dos regimes de previdência, diminuindo as diferenças entre os trabalhadores e evitando que os mais pobres continuem financiando as aposentadorias dos mais ricos;

Equilíbrio – alcançar o equilíbrio financeiro e atuarial necessário para viabilizar o sistema a médio e longo prazos. As medidas apresentadas permitirão que a Previdência Social saia de uma situação de desequilíbrio para uma situação de equilíbrio sustentado. A atual defasagem entre as despesas previdenciárias e as contribuições tende a aumentar, podendo atingir cerca de 7% do PIB no espaço de uma geração;

Segurança – dar segurança àqueles que estão aposentados e a quem contribui e espera usufruir de seus benefícios no futuro, cumprindo o chamado "contrato entre gerações", no caso do regime INSS. Sem a reforma, os demais regimes que compõem o atual sistema chegarão ao ponto em que não será possível respeitar direitos de espécie alguma, pois, cedo ou tarde, os recursos orçamentários ou capitalizados tornar-se-ão insuficientes para pagar as aposentadorias e pensões;

Eqüidade – estabelecer uma relação mais próxima entre a contribuição e o benefício, baseada na capacidade de cada indivíduo;

Fomentar a poupança interna – desenvolver, por intermédio da previdência complementar, instrumentos de poupança indispensáveis ao desenvolvimento. Por meio desse mecanismo, a sociedade organiza-se fortemente em torno do objetivo da garantia do padrão futuro de vida, o que adicionalmente contribui para agregar à poupança interna algo previsto em torno de 10% do PIB, a curto prazo. Como se sabe, nenhum outro setor da economia pode oferecer tal disponibilidade para investimentos indispensáveis ao desenvolvimento da nação.

A reforma irá recuperar para União, estados e municípios a capacidade de investir e programar suas finanças a fim de atender as necessidades do cidadão. As projeções para os próximos anos mostram que a maior parte dos estados estará gastando em torno da metade ou mais do valor da folha de pagamento apenas para pagar inativos. E considerando ainda que esses mesmos estados estarão gastando 100% da receita apenas com a folha, o que sobrará para ser aplicado em benefício da população?

4.1 Três modelos

Desde o início da discussão sobre a necessidade de introduzir alterações na Previdência Social, em 1992, com a criação da Comissão Nelson Jobim, que tratou da Revisão Constitucional, prevista na Constituição de 1988, diversas idéias e sugestões foram apresentadas para reestruturar o sistema previdenciário. Aqui, elas foram resumidas em três modelos:

1º) o modelo do Instituto Liberal, marcadamente privatizante, de capitalização individual;
2º) o do Partido dos Trabalhadores, estabelecendo um regime único estatal;
3º) a proposta do Governo.

Cada um deles apresenta uma alternativa para a proteção previdenciária e merece uma análise por sua representatividade.

a) Instituto Liberal

Notadamente influenciada pela experiência chilena, a proposta do Instituto Liberal, embora não tenha sido transformada em emenda constitucional, estabelece um sistema privado, com regime de capitalização, criando uma relação estreita entre o benefício e a contribuição. Nele, cabe ao Estado a função assistencial e garantidora de renda mínima aos que, mesmo vinculando-se ao novo sistema, não consigam contribuir de forma suficiente para dele usufruir ou, conseguindo, o fundo de pensão ao qual esteja vinculado não obtenha rendimentos necessários a essa cobertura.

Suas características básicas:

- sistema universal, com tratamento igual para todos os trabalhadores, sem distinção de categorias;
- estabelece a aposentadoria por idade: 65 anos para o homem e 60 para a mulher;
- segue a linha de que cada um deve pagar a própria conta: a contribuição é definida, compulsória e exclusiva do trabalhador;

- o trabalhador também contribuiria para um fundo específico para a saúde;
- a contribuição da empresa seria eliminada: parte dela se incorporaria ao salário do trabalhador e a incentivos para aumentar o nível de emprego e redução de custos de mão-de-obra;
- os benefícios são variáveis, não garantidos, pois depende da participação de cada cotista no fundo de capitalização e da performance de suas aplicações;
- permite ao cotista a opção de uma aposentadoria antecipada, a partir de um certo número de anos de contribuição para o fundo, desde que o total de cotas acumuladas seja mais do que o necessário para a aquisição de renda de aposentadoria;
- o trabalhador poderá fazer um seguro complementar, mediante contribuições adicionais.

Os custos de transição do atual sistema para o modelo proposto pelo Instituto Liberal seriam assumidos pelo Estado, que responderia pelo estoque de benefícios já concedidos e garantiria uma renda mínima aos contribuintes do novo sistema que não conseguirem acumular, durante sua vida laboral, poupança suficiente. Para isto, propõe a criação de um fundo de financiamento da Previdência Social a ser constituído pelo patrimônio do INSS, exceto o que estiver ligado ao serviço de saúde; créditos devidos ao INSS; ativos estatais e dotação orçamentária definida em lei.

Para implantação desse modelo existiam à época da proposta – em 1992 – algumas dificuldades políticas e ideológicas. Além disso, os custos de transição mostram-se extremamente elevados, sem mencionar que o setor público apresenta suas contas em desequilíbrio, nas quais grande parte dos ativos já está comprometida com a amortização da dívida pública. No caso do Chile, que sempre tem inspirado os autores, cabe considerar que a transição foi possível pela pequena dimensão do sistema, as condições favoráveis para o crescimento contínuo da economia e o equilíbrio das contas públicas. Um quadro totalmente diferente do nosso. De qualquer forma, esse modelo deverá retornar ao debate nos próximos anos.

b) Partido dos Trabalhadores

A proposta do Partido dos Trabalhadores (PT), derivada da proposta do deputado federal Eduardo Jorge, também do PT, defende a instituição de um regime básico universal, compulsório, de repartição simples, mais um regime complementar, facultativo, de capitalização individual, administrado pela União. Eis algumas de suas características:

- vinculação dos tetos de contribuição e de benefício, bem como o reajuste dos benefícios, ao salário mínimo (a experiência mostra que a vinculação ao salário mínimo, neste caso, não propiciou ganhos, além de criar expectativas nos segurados incompatíveis com a possibilidade do sistema, e dificultar a indispensável elevação do salário mínimo em termos reais);
- redução da idade para a aposentadoria do homem para 60 anos, igualando-a à da mulher (neste último aspecto, de acordo com a tendência universal, embora a redução de idade para o homem seja completamente fora de propósito);
- criação da aposentadoria por tempo de trabalho (outro nome para a aposentadoria por tempo de serviço).

Convém destacar que o PT propõe a implementação dessas regras para os que ingressarem no mercado de trabalho após a aprovação da reforma, ou seja, seus efeitos somente seriam sentidos plenamente passados, pelo menos, 35 anos, o que não faz qualquer sentido diante do quadro em que se encontra o sistema brasileiro. Afinal, todas as atuais distorções e as respectivas conseqüências seriam mantidas por esse período.

c) Proposta do Governo

O objetivo do Governo, antes de tudo, era aprimorar o sistema existente, mantendo o modelo clássico de repartição, mas resgatando princípios doutrinários elementares. Mesmo assim, a proposta enfrentou resistências de segmentos sociais organizados, com forte representatividade no Congresso Nacional e no Poder Judiciário, e de outras grandes corporações. Afinal, qualquer proposta de modificação do sistema terá de, no mínimo, reduzir expectativas de direitos ou privilégios detidos por minorias, mas influentes parcelas da população.

Em março de 1995, a opção adotada pelo Governo compreendia fundamentalmente a desconstitucionalização das regras previdenciárias, seguindo uma tendência da quase totalidade dos países. Seria mantido o Regime dos Militares; igualados os critérios dos regimes do setor público, nas três esferas de governo, ao regime INSS, mediante lei complementar; e constitucionalizada a previdência complementar. No Congresso Nacional, entretanto, o Governo atenuou a proposta, mantendo o Regime dos Militares, o Regime Geral de Previdência Social e o Regime para o Setor Público, adotando os mesmos critérios de concessão de benefícios para toda a área pública, nos três níveis de governo e nas três esferas de poder, e criando o fundo de pensão complementar facultativo, capitalizado, organizado de forma autônoma, no caso do serviço público.

Vale observar que a tentativa de desconstitucionalização baseou-se na experiência universal, que mostra que a maior parte dos países destina dois ou três itens em suas Constituições para a matéria previdenciária, deixando o detalhamento para a lei. No Brasil, contudo, a Constituição de 1988 contempla mais de 80 itens, muitos dos quais poderiam ser definidos em leis, decretos e mesmo em normas internas. Apesar disso, a nova proposta, com as alterações sofridas durante a sua tramitação, ainda é mais constitucionalizada do que a anterior. E, se por um lado, desejava-se dar maior garantia à população, por outro, criou-se uma dificuldade de adaptação do sistema a cenários futuros, ou seja, qualquer ajuste dependerá de nova Emenda Constitucional.

Outras características do modelo proposto pelo Governo:

- idade mínima para a aposentadoria (60 anos para homens e 55 para mulheres), com exigência cumulativa de tempo de contribuição (35 anos para homens e 30 para mulheres), em substituição ao tempo de serviço;
- facultou ao setor público, nos três níveis do Governo, instituírem regimes complementares, com a condição de adotarem para seus servidores o mesmo teto de benefícios do regime geral;

– autorizou a criação de fundos integrados por recursos provenientes de contribuições, bens, direitos e ativos de qualquer natureza, com objetivo de assegurar receitas para o pagamento de benefícios.

Por ora, optou-se pelo ajuste do sistema dentro de uma visão de um modelo clássico, corrigindo erros e distorções e procurando introduzir conceitos doutrinários. Mas, essas medidas só terão efeitos significativos durante determinado período, pois o Governo adotou uma alternativa que preserva os direitos adquiridos e, no caso das expectativas de direito, seguiu uma fórmula bastante generosa, tanto que serão concedidas aposentadorias precoces, ou seja, antes dos 50 anos de idade, durante muitos anos. A estratégia escolhida é a de promover ajustes graduais e contínuos, com ênfase nos princípios universais que devem reger os sistemas previdenciários.

A idade mínima proposta, e derrubada pela Câmara dos Deputados, seria adotada para os novos entrantes no mercado de trabalho e seus efeitos somente surtiriam resultados plenamente dentro de 30 e 35 anos. Mesmo assim, ela foi rejeitada sob a argumentação de que prejudicaria os trabalhadores mais pobres e com menor expectativa de vida. Ora, a justificativa serve apenas como discurso ou exercício acadêmico, pois à luz dos fatos não encontra sustentação, principalmente porque, ainda sem a existência da idade mínima, os mais pobres já estão se aposentando em torno de 60 anos ou mais.

Assim, em uma visão de curto prazo, será fundamental repensar o modelo, pois há espaço para aperfeiçoar o sistema em praticamente todos os aspectos, destacando-se, especialmente, a implantação de idade mínima para a aposentadoria e a necessidade de unificação dos múltiplos regimes. A unificação, em particular, resolveria as atuais iniquidades, mantendo a possibilidade de complementação, através da previdência facultativa capitalizada. No caso da idade mínima, há possibilidade concreta de que o limite venha a ser no futuro superior àquele proposto agora.

As três propostas

INSTITUTO LIBERAL	PARTIDO DOS TRABALHADORES	GOVERNO
Sistema universal, privado, com regime de capitalização e tratamento igual para todos os trabalhadores.	Regime básico universal, compulsório, de repartição simples.	Mantém modelo clássico de repartição simples, universal; o Regime dos Militares; o Regime Geral de Previdência Social e o Regime do Setor Público, com uniformização de regras.
Aposentadoria por idade: 65 anos para homens e 60 para mulheres.	A aposentadoria do homem é reduzida para 60 anos, igualando-a à da mulher	
Contribuição definida, compulsória e exclusiva do trabalhador, que também contribui para um fundo específico para a saúde		
	Vinculação dos tetos de contribuição e de benefício, bem como o reajuste dos benefícios, ao salário mínimo.	Idade mínima para a aposentadoria (60 anos para homens e 55 para mulheres), com exigência cumulativa de tempo de contribuição (35 anos), em substituição ao tempo de serviço.
Elimina a contribuição da empresa, cuja parte será destinada a melhorar o salário do trabalhador e a incentivar o aumento do nível de emprego e a redução de custos de mão-de-obra.		
Aposentadoria antecipada, a partir de um certo número de anos de contribuição para o fundo, desde que o total de cotas acumuladas seja mais do que o necessário para a aquisição de renda de aposentadoria.	Criação da aposentadoria por tempo de trabalho (outro nome para a aposentadoria por tempo de serviço).	
O trabalhador poderá fazer um seguro complementar, mediante contribuições adicionais.	Um regime complementar, facultativo, de capitalização individual, administrado pela União.	Um regime complementar, facultativo, capitalizado, organizado de forma autônoma, onde o setor público pode instituir regimes complementares, com a condição de adotarem para seus servidores o mesmo teto de benefícios do regime geral.
O Estado arca com o estoque de benefícios já concedidos e garante uma renda mínima aos contribuintes.	As regras valem somente para os que ingressarem no mercado de trabalho após a aprovação da reforma.	Regras de transição para os que ainda não implementaram as condições para a aposentadoria.

4.2 Outras Sugestões

Nos últimos anos, economistas, demógrafos, sociólogos, juristas e renomados especialistas buscaram identificar as deficiências do sistema previdenciário brasileiro e apresentar opiniões, conceitos e alternativas para reestruturá-lo. O Ministério da Previdência e Assistência Social, em convênio com a Comissão Econômica para América Latina e Caribe (Cepal), realizou trabalho de pesquisa[1] sobre essas várias idéias e propostas e dentre elas alguns pontos valem ser destacados.

De maneira geral, os estudos diferem apenas em certos aspectos, já que a maioria das propostas segue os mesmos critérios para avaliar as distorções do sistema brasileiro. No entanto, determinadas sugestões apresentadas sobressaem-se pela inovação. Deve-se considerar ainda que as propostas foram feitas em um período de alta inflação e talvez hoje – com a estabilização – o pensamento de seus autores tenha mudado.

No conjunto, três trabalhos merecem destaque: o da Comissão Executiva de Reforma Fiscal do Governo, de 1991; o do economista Roberto Macedo (com a colaboração do professor Celso Barroso Leite); e o do professor Wladimir Novaes Martinez. Em comum, os três pregam a adoção de um Regime Universal, Básico e Complementar. O Regime Básico pode ser de repartição simples, e o Complementar somente de capitalização ou mesclar as duas formas. A novidade é que, além desses, Macedo e Martinez sugerem a criação de um Regime Suplementar, sendo que o primeiro limita a contribuição das empresas estatais à maior taxa observada nas empresas privadas de grande porte operando no mesmo setor.

Indexador

Nos três trabalhos, está prevista a criação de um indexador próprio para corrigir os benefícios, ora chamado de cesta previdenciária, ora de cesta básica, mas desvinculado da variação do salário mínimo. No modelo proposto por Roberto Macedo, o indexador é a Renda Mínima Social (RMS), igual a um salário mínimo na data da reforma, passando a ser reajustado pela variação de uma cesta básica própria ou acima dele, se as disponibilidades de recursos permitirem. O teto máximo dos benefícios no

---

[1] *A Previdência Social e a Revisão Constitucional*. Pesquisas, vol. I, Brasília, 1993.

Regime Básico cobriria rendimentos de até três RMS; o Complementar, de três a dez; e para rendimentos maiores, o Suplementar. No Regime Universal, o benefício ficou fixado em um RMS.

Para a Comissão Executiva de Reforma Fiscal do Governo, o indexador utilizado para reajustar os benefícios seria a cesta previdenciária: no Regime Universal, o benefício mínimo corresponderia a uma cesta previdenciária; no Regime Básico, o teto seria de até cinco cestas. O professor Wladimir Novaes Martinez também propõe um indexador próprio para a previdência.

Fórmula 95

A preocupação com a precocidade das aposentadorias está presente em todos os trabalhos, mas a solução dada pelo professor Martinez foi a mais original. Ele criou uma combinação – batizada de Fórmula 95 – entre a idade e o tempo de serviço (os dois somados devem totalizar 95 anos), e redutores para compensar a precocidade laboral e outras desigualdades, como sexo, região e profissão. O benefício seria concedido obedecendo à seguinte fórmula: $TS = ((X+Y)/Z)*K1*K2*K3 = 95$ anos; onde X = tempo de serviço ou contribuição; Y = idade; Z = salário médio; $K1$ = índice para mulheres; $K2$ = índice para profissões diferenciadas; $K3$ = índice para implantação gradual. O trabalho analisado não prevê os coeficientes a serem atribuídos aos redutores. E, embora se trata de uma fórmula original e mais justa socialmente, na prática seria difícil viabilizá-la.

A Comissão Executiva da Reforma Fiscal estabeleceu que, em todos os regimes, o beneficiário só poderá aposentar-se por idade aos 65 anos, por invalidez ou por interesse do serviço público. A proposta do economista Roberto Macedo fixa essa mesma idade, igualando-a para homens e mulheres, com regras de transição para os que se encontram próximos à aposentadoria pelas regras atuais. No entanto, permite a aposentadoria com uma idade inferior nos regimes Complementar e Suplementar, mas sem a garantia de reposição integral e vinculada atuarialmente às contribuições realizadas.

Setor Público

Com relação aos servidores públicos, a Comissão Executiva propõe a unificação dos regimes de previdência e que a aposentadoria complementar dessa categoria passe a ser formada por fundos fechados, cujas carteiras serão geridas por administradores privados sujeitos a um conselho curador, composto por servidores ativos e inativos. Os benefícios não corresponderão ao salário da ativa, mas o suficiente para que, em termos líquidos, se mantenha inalterado o bem-estar do servidor.

Para Wladimir Martinez, os conceitos básicos devem ser iguais para todos os regimes, mas certas categorias devem ser preservadas, como a dos militares, magistrados, parlamentares, servidores, trabalhadores rurais, empregados domésticos e aqueles que exercem atividades especiais. Isso não impede, contudo, a aplicação da Fórmula 95 também para os servidores públicos civis, militares, magistrados e parlamentares.

Roberto Macedo também é favorável à unificação dos regimes dos servidores públicos, em todos os níveis, mas, prevendo a resistência tanto de civis quanto de militares, deixa aberta a possibilidade de opção apenas para os novos entrantes no sistema.

No quadro a seguir, são mostradas algumas das idéias apresentadas:

Comissão Executiva da Reforma Fiscal	Wladimir Novaes Martinez	Roberto Macedo
Regimes previdenciários		
Universal (renda mínima), Básico (público) e Complementar, supervisionado pelo setor público.	Básico (nacional), Complementar (público ou privado) e Suplementar.	Universal (para assistência social), Básico (público), Complementar e suplementar (privados).
Valor mínimo		
Universal e Básico: uma cesta previdenciária, cujo valor seria desvinculado do salário mínimo	Fica assegurada importância mínima não subordinada ao salário mínimo.	Cria Renda Mínima Social (RMS) igual a um salário mínimo na data da reforma, sendo reajustada pela variação de uma cesta básica própria ou acima dele.

(Continuação)

Comissão Executiva da Reforma Fiscal	Wladimir Novaes Martinez	Roberto Macedo
\multicolumn{3}{c}{Teto de benefícios}
Regime Universal: uma cesta previdenciária. Regime Básico: teto de até cinco cestas previdenciárias.	Básico e Complementar: sujeitos a teto; Suplementar, não.	Universal: 1 RMS; Básico: 3 RMS; Complementar, entre 3 e 10 salários mínimos; para rendimentos maiores, o suplementar.
\multicolumn{3}{c}{Reajuste de benefícios}
Cesta previdenciária, que seria um índice desvinculado da variação do salário mínimo.	Indexador próprio desvinculado da variação do salário mínimo.	Universal e Básico pela variação de uma cesta básica própria.
\multicolumn{3}{c}{Aposentadoria por tempo de serviço}
Eliminada, mas respeitados os direitos adquiridos.	Mantém, mas será concedida quando a idade e o tempo de serviço do segurado somarem 95 anos (Fórmula 95).	Exigência geral de idade mínima (65 anos), respeitados os direitos adquiridos e a expectativa de direito, com regras de transição.

Assim, há poucas diferenças no conteúdo dos trabalhos apresentados com o objetivo de reformar o sistema previdenciário. No entanto, a contribuição deles transcende a esse aspecto prático, já que seus autores, ao se sentirem instados a participar do processo, também admitiram a necessidade de mudança. Vale considerar, contudo, que o debate favoreceu o amadurecimento de certas proposições e que o consenso ainda é o melhor caminho para as transformações.

4.3 A PROPOSTA EM VOTAÇÃO

Longo foi o caminho percorrido para levar o projeto de reforma ao plenário da Câmara dos Deputados, por duas vezes, e ao do Senado. A primeira etapa – talvez a mais difícil – consistiu em os parlamentares esclarecem os motivos urgentes da mudança. Num único mês, cheguei a receber 83 deputados federais, percorri inúmeros estados, participei de palestras, mantive encontros com confederações de trabalhadores e representantes da sociedade organizada. E esta rotina repetiu-se por três anos. Não se tratava de negociar, e sim de arregimentar aliados ao projeto, sensibilizando-os para a situação do sistema.

Depois de uma tumultuada passagem pela Câmara dos Deputados, quando suprimiram pontos indispensáveis do projeto (como idade mínima), finalmente o Senado Federal aprovou o "substitutivo" apresentado pelo senador Beni Veras, relator da Emenda Constitucional. Nele, o relator alterou vários pontos da proposta que saiu da Câmara, restabelecendo em grande parte o projeto inicial do Governo. Este "substitutivo", na verdade, pode ser considerado um bom ajuste, pois representou um avanço em relação às regras existentes. No entanto, em uma análise mais ampla e sempre com vistas ao futuro, seus resultados ainda são insuficientes.

O próprio senador Beni Veras previu que novas alterações ou até mesmo a possibilidade de reforma do modelo precisariam ser feitas num horizonte de cinco anos, opinião compartilhada pelo embaixador e deputado federal Roberto Campos e que coincide com o pensamento da maioria dos especialistas. "Uma Reforma Tímida[2]", resumiu Roberto Campos, em artigo publicado na *Veja* e do qual destaco o seguinte trecho:

> *"O Brasil é o país mais atrasado e tímido em suas reformas. A proposta que a duras penas o governo conseguiu aprovar no Senado e procura aprovar na Câmara é apenas um remendo que corrige algumas das mais escandalosas distorções e injustiças do atual sistema. E não lhe garante mais que uma sobrevida de três a cinco anos."*

Não obstante, entre as virtudes das alterações introduzidas no "substitutivo", alguns defeitos merecem ser considerados. Dentre eles, as regras de transição, a idade mínima, a manutenção de imunidades às instituições filantrópicas, o teto de benefício para o setor público e a aposentadoria especial de professores até o segundo grau. A proposta, contudo, ainda está em tramitação, pois mesmo tendo sido votada em dois turnos no Senado e na Câmara, dois itens retornaram ao Senado e três destaques ainda dependem de uma última votação na Câmara. Todos estão sendo abordados no final do livro.

a) Regra de transição

Durante todo o processo, houve sempre uma preocupação em preservar os direitos adquiridos, não só dos que estavam aposentados mas tam-

---

[2] *Veja*, 18/2/98.

bém dos que já reuniam condições para fazê-lo, mas se mantinham em atividade. Tanto que, a partir da promulgação da reforma, os que tiverem completado o tempo para se aposentar integral ou proporcionalmente não estarão sujeitos ao limite de idade. Por outro lado, procuramos considerar as expectativas de direito e, portanto, estabeleceu-se para os demais uma regra de transição dentro do critério da proporcionalidade.

Assim, para os trabalhadores e servidores que já contribuem para a Previdência Social, as regras de transição estabelecem a redução da idade mínima para se aposentar. Em relação ao tempo de serviço que ainda faltaria para a aposentadoria pelas regras anteriores, há um acréscimo de 20%, no caso de aposentadoria integral; e de 40%, para a aposentadoria proporcional. A idade mínima para trabalhadores e servidores que ainda não estão em condições de requerer aposentadoria integral ou proporcional será de 53 anos para homens e de 48 anos para mulheres. Esclarecemos que estas regras são cumulativas. No caso do servidor público, além dessa exigência, pede-se também cinco anos de exercício no cargo.

Embora a Câmara dos Deputados tenha rejeitado a idade mínima de 60 anos para homens e 55 para mulheres, essa decisão não descartou a aplicação da opção pela regra permanente. O artigo 9º do projeto aprovado no Senado, e que foi mantido, permite essa opção, se forma mais vantajosa para os segurados. Contudo, tal possibilidade não atinge os servidores públicos, que seguem totalmente as regras de transição. Já os segurados do regime geral poderão requerer a aposentadoria sem ter alcançado a idade mínima estabelecida na transição, mas desde que tenham completado o tempo de contribuição necessário, ou seja, 35 anos para homens e 30 anos para mulheres. Isso significa que somente as aposentadorias proporcionais não poderão optar pelas regras permanentes. Dessa forma, cria-se a possibilidade de trabalhadores continuarem aposentando-se, ainda por muitos anos, cumprindo o tempo integral com menos de 48 anos de idade, no caso de mulher, e menos de 53 anos, no caso de homem. Esse também é mais um dos motivos para que seja encaminhada o mais rápido possível uma nova emenda que restabeleça a idade mínima.

Para quem ingressar no serviço público após a reforma, passou a ser necessário comprovar 35 anos de contribuição (homens) ou 30 anos (mulheres), ter 10 anos de efetivo exercício no serviço público e 5 anos de permanência no último cargo.

Vejamos alguns exemplos de como aplicar as regras de transição:

- pela regra antiga, um homem com 20 anos de contribuição teria que contribuir por mais 15 anos para se aposentar na modalidade integral e 10 anos para se aposentar na modalidade proporcional. De acordo com a regra de transição, além de ter idade mínima de 53 anos, ele terá que contribuir por 18 anos para se aposentar com proventos integrais e 14 anos para se aposentar na modalidade proporcional, pagando um "pedágio" de 3 anos para a aposentadoria integral e 4 anos para a proporcional;
- conforme a regra anterior à reforma, uma mulher com dez anos de contribuição teria de contribuir por mais 20 anos para conseguir a aposentadoria integral e 15 anos para a aposentadoria proporcional. Pela regra de transição, depois de mais 24 anos de contribuição ela terá direito à aposentadoria integral e de 21 anos para aposentadoria proporcional. Neste caso, o "pedágio" é, respectivamente, de 4 e 6 anos, obedecida a idade de 48 anos;
- um homem com 32 anos de serviço pode requerer a aposentadoria proporcional, à qual faz jus, de 82% do salário de benefício. Se ele quiser se aposentar com proventos integrais, além de cumprir o limite de idade de 53 anos, terá de trabalhar mais três anos e sete meses, pagando um "pedágio" de apenas sete meses em relação à regra anterior. Se ele quiser se aposentar mais tarde na modalidade proporcional, a cada ano ele incorporará 5% do salário de benefício, até o máximo de 100%.

Convém observar que os professores, antes de converterem o tempo de serviço de magistério às mesmas regras de transição aplicadas para os servidores públicos e os segurados do regime INSS, passarão por outro processo de cálculo. Nele, homens e mulheres terão um bônus de 20 e 17%, respectivamente, aplicados ao tempo exercido até a aprovação da reforma. Este cálculo[3] fica claro nos exemplos utilizados pelo senador Beni Veras, no trabalho explicativo sobre a reforma publicado recentemente:

"*No caso específico do professor, o tempo já contado de tempo de serviço é valorizado, antes de ser comparável ao tempo usual para acesso à aposentadoria. Como com 30 anos o professor tinha acesso ao que exigia 35 anos na regra geral, seu tempo de serviço já exercido vale mais, tendo*

---
[3] Esta fórmula não fazia parte do projeto original e foi introduzida no Senado.

de ser acrescido em 17% para ser enquadrado nas regras gerais, válidas para aqueles que necessitam 35 anos para ter acesso à aposentadoria. A origem dos 17% resulta do arredondamento, a maior, da razão entre 35/30, ou 1,16666%. A origem dos 20% da razão entre 30/35 ou 1,20%.

Exemplo ilustrativo: um professor do ensino superior com 25 anos de efetivo exercício das atividades de magistério em sala de aula poderia se aposentar com mais 5 anos de atividade, ou seja, aos 30 anos.

Como foi extinta esta aposentadoria, com proventos integrais, este professor poderá se aposentar pela regra geral de aposentadoria, com uma simples adaptação de seu tempo de serviço. Neste caso, seu período de atividade, 25 anos, deve ser acrescido em 17%, ou seja, 4,25 anos, de modo a ser convertido em tempo normal de atividades.

Este professor passa então a ter o equivalente a 29,25 anos de serviço. Para completar os 35 anos necessários ao acesso à aposentadoria com proventos integrais, faltam apenas 5,75 anos. Calculando 20% deste tempo remanescente, ou seja, 1,15 ano, chega-se ao total de tempo de serviço que o professor tem de cumprir pelas regras de transição: 35 anos mais 1,15 ano, ou 36,15 anos."

Resumindo: este professor terá um pedágio de 1,15 a mais no total.

Dessa forma, por muitos anos, milhares de pessoas estarão se aposentando antes dos 50 anos de idade, se mulher, e antes dos 55 anos, se homem. Portanto, trata-se de uma regra de transição bastante generosa e que raramente encontra precedentes em outros países que realizaram uma reforma previdenciária. Além disso, quando se trata de considerar a expectativa de direito, é interessante determinar quais são as pessoas ou os grupos sociais que tinham essa expectativa. Observa-se que o trabalhador rural não está enquadrado nela porque se aposenta atualmente com o requisito da idade mínima. O mesmo acontece com o trabalhador de rendimentos até cinco salários mínimos, que em 95% dos casos só se aposenta após os 60 anos. Isso ocorre porque esse trabalhador, normalmente, tem emprego formal (com carteira assinada) ao redor dos 20 anos; então ao completar 35 anos de contribuição, estará com 55 anos de idade, sendo que, em regra, durante esse período, ele fica 5 anos na informalidade. Portanto, raramente esse trabalhador aposenta-se antes dos 60 anos.

Em síntese, no Brasil, somente alguns grupos têm expectativa de direito a se aposentar precocemente. São os militares, os servidores públicos, os trabalhadores de empresas e bancos estatais, os professores, os profissionais liberais e, eventualmente, alguma outra categoria mais organiza-

da. E trata-se sempre de pessoas mais bem situadas na escala social, comprovando que a regra de transição beneficiou ou vai beneficiar as pessoas de melhor renda e melhor qualidade de vida. Cabe questionar ainda quem paga a conta da transição. E, mais uma vez, a conta será paga exatamente por aqueles que não se beneficiarão dela, porque continuarão contribuindo para o sistema e se aposentando mais tarde.

Por tudo isso, o Brasil vai demorar alguns anos para abolir de vez a aposentadoria precoce, ao contrário do que aconteceu nos demais países da América do Sul. No entanto, em função do alto custo que ela representa, essa situação terá de ser alterada nos próximos anos.

b) Limite de idade

Os opositores à reforma reagiram à fixação de uma idade mínima com o argumento de que ela prejudicaria os trabalhadores mais pobres e com menor expectativa de vida. Segundo eles, após a reforma, aqueles que ingressam cedo no mercado terão de trabalhar e contribuir por muito mais tempo. Além disso, não conseguirão encontrar colocação entre 40 e 50 anos de idade. É bom lembrar que a Constituição de 1988 limitava o ingresso no mercado de trabalho aos 14 anos e, agora, a própria reforma proíbe o trabalho antes dos 16 anos de idade.

A argumentação não é viável, sob o ponto de vista previdenciário, porque atualmente, mesmo sem a existência da idade mínima, os mais pobres já estão se aposentando em torno de 60 anos ou mais. Na prática, aqueles que se aposentam cedo são os melhores situados e qualificados e quase sempre retornam ao mercado de trabalho. As estatísticas – em torno de 0,5% – mostram ainda que é inexpressivo o número de pessoas que começaram a trabalhar aos 14 anos com carteira assinada, na área urbana, e que contribuíram durante 35 anos ininterruptos (sem intervalos).

A aposentadoria não pode ser o instrumento de proteção dos que estão entre 40 e 50 anos de idade e que não conseguem colocação no mercado de trabalho. A saída é criar melhores condições de emprego ou ainda reforçar as políticas de proteção contra o desemprego. Nenhum argumento – mesmo político – encontra respaldo quando ataca as conseqüências em vez das causas.

A realidade também põe abaixo o argumento de que os mais idosos têm maior dificuldade de inserção no mercado de trabalho. De acordo com pes-

DESEMPREGO ABERTO SEGUNDO FAIXA ETÁRIA
TOTAL DAS SEIS ÁREAS METROPOLITANAS

	15-17	18-24	25-30	30-39	40-49	50-59	60-64	≥ 65	Total
Média/91	11,73	9,18	5,50	3,62	2,21	1,32	0,93	0,59	4,84
Média/92*	14,10	11,00	6,80	4,24	2,73	1,81	1,31	1,01	5,78
Média/93	12,38	10,44	6,21	3,96	2,55	1,85	0,96	0,76	5,32
Média/94	12,01	9,72	6,18	3,77	2,45	1,60	0,89	0,82	5,06
Média/95	10,88	9,23	5,44	3,60	2,13	1,64	1,25	0,91	4,65
Média/96	13,09	10,49	6,20	4,29	2,78	1,87	1,25	1,23	5,43
Média/97	13,90	10,94	6,64	4,49	3,04	2,24	1,23	1,23	5,66

Fonte: PME/IBGE.
*Estão excluídas as informações relativas aos meses de junho e julho deste ano.

quisa sobre desemprego aberto[4], realizada pelo IBGE, a dificuldade é maior na faixa até os 30 anos de idade, conforme mostra o quadro acima.

De forma geral, a idade mínima que os demais países adotaram sempre se situa acima de 60 anos, ficando entre 60 e 67 anos e com maior concentração na faixa de 65 anos. São raros os países que adotam uma idade mínima para aposentadoria abaixo de 60 anos, inclusive os que integram o Cone Sul, como a Argentina, o Chile e o Uruguai. Da mesma forma que, sendo a aposentadoria concedida por idade avançada, na quase totalidade dos países, não é permitido o retorno ao trabalho. O Brasil também não adota a tendência universal em igualar as idades entre homens e mulheres, nem suprime a redução de idade para a aposentadoria rural.

É importante destacar ainda que a reforma deveria considerar os cenários futuros. Hoje a média de idade daqueles que chegam à aposentadoria é de 76 anos, sendo que já há uma expectativa adicional de vinte anos após a aposentadoria. Com a população vivendo mais, não é possível imaginar que um trabalhador continue a aposentar-se com 50 anos no futuro. Dessa forma, em 2030 quando a nova regra entrasse em vigor, a expectativa de vida dos aposentados deveria estar acima de 80 anos de idade.

Assim, a tentativa de fixar a idade mínima em 55 anos para mulheres e 60 para homens, certamente, terá de ser repetida mais a frente. Talvez, até de forma mais rigorosa do que a proposta agora.

---

[4] São entrevistadas pessoas que estão procurando emprego nas duas semanas anteriores à divulgação da pesquisa.

c) Instituições filantrópicas

A isenção às instituições filantrópicas de assistência social (imunidade constitucional), assistência médica e educacional (estas isentas por lei) atinge milhares de instituições e um universo de pessoas estimadas em mais de 1,5 milhão de segurados. Como resultado, a renúncia da contribuição dos empregadores à Previdência Social é muito alta, sendo que representou somente em 1997 mais de R$ 2 bilhões. Esta isenção ou imunidade, além de não ter precedentes em outros países, também não encontra amparo na boa técnica e na doutrina.

A forma de reconhecer a importância das instituições filantrópicas não pode ser a renúncia de contribuição previdenciária. Essa distorção não faz sentido porque muitas instituições que têm esse privilégio, principalmente as que atuam na área da educação e saúde, praticam todas as regras normais de mercado. A maior parte não presta um serviço gratuito e, no entanto, goza da isenção competindo com outras empresas. É possível que a melhor maneira seja a contrapartida que o Estado poderia dar em função do tipo e da qualidade dos serviços prestados. Assim sendo, é urgente a revisão dessa posição. Ademais, os trabalhadores dessas entidades vão se aposentar, ficando a conta de seus benefícios a cargo da sociedade.

d) Valor Máximo/Serviço Público

A definição de um teto de benefício nos regimes do setor público em R$ 12.720, que representa a remuneração máxima de ministro do Supremo Tribunal Federal, é outro ponto que precisa ser revisto. Ela se baseia no texto aprovado pelo Congresso na Reforma Administrativa, que altera o artigo 37 da Constituição Federal, no inciso XI:

> *"A remuneração e o subsídio dos ocupantes de cargos, funções e empregos públicos da administração direta autárquica e fundacional dos membros de qualquer um dos Poderes da União, dos Estados, do Distrito Federal e dos Municípios, dos detentores de mandato eletivo e dos demais agentes políticos e os proventos, pensões ou outra espécie remuneratória, percebidos cumulativamente ou não, incluídas as vantagens pessoais ou de qualquer natureza, não poderão exceder o subsídio mensal, em espécie, dos ministros do Supremo Tribunal Federal."*

Na realidade, o vencimento de um ministro do STF era R$8 mil em 1997. No entanto, a ele somavam-se 35% relativos a sete qüinqüênios acumulados (ou R$ 2.800). Além disso, três dos ministros do STF também são ministros do Tribunal Superior Eleitoral, ao qual comparecem a oito sessões mensais e, por isso, fazem jus a R$ 1.920 (ou seja R$ 240 por sessão). Portanto, no somatório, a maior remuneração chega a R$ 12.720. Assim, se o TSE decidir reajustar o valor pago por sessão, automaticamente estará puxando para cima o teto de todo o serviço público, o que, convenhamos, é fácil de acontecer! Quer dizer que sempre que houver uma modificação para este segmento haverá repercussão para todos os outros aposentados e pensionistas cujos benefícios "batem" no teto.

É importante ressaltar que não existe consenso em relação ao limite de R$ 12.720. Há os que defendem, por exemplo, a interpretação de que o teto máximo corresponde ao maior salário do Supremo Tribunal Federal (R$ 10.800), sem os acréscimos resultantes do exercício de funções simultâneas de ministro do Tribunal Superior Eleitoral. Por enquanto, temos de raciocinar com duas possibilidades: ou o teto ficará em R$ 10.800, ou em R$ 12.700.

O valor estipulado – R$ 12.700 – também é muito alto em comparação ao que os demais países pagam e em relação ao ganho dos aposentados de forma geral. Esses aposentados e pensionistas do setor público continuarão recebendo benefícios que não são pagos nem em países altamente industrializados como Japão, Estados Unidos, Alemanha, Inglaterra e Suíça. De fato, esse limite atende apenas a pequenos segmentos da sociedade muito bem situados. No setor privado, por exemplo, onde estão quase 86% da população previdenciária, o teto foi estabelecido em R$ 1.200.

Embora a maioria dos países estabeleça um teto de benefício igual para os trabalhadores, devemos considerar que fora da Previdência Social a pessoa que ganha mais também tem a opção do sistema complementar. Só que, neste caso, ela estará pagando sua própria conta por meio do sistema de capitalização. No caso dos servidores públicos, o teto estipulado ainda será pago por toda a sociedade.

e) Valor Máximo/Regime Geral

Durante a tramitação da proposta de reforma no Congresso Nacional, acrescentou-se o artigo 14 estabelecendo o teto de benefício do Regime Geral de Previdência Social em R$ 1.200,00, correspondentes a dez vezes o salário mínimo em vigor à época. A partir da data da publicação da Emenda, o teto será reajustado de forma a preservar, em caráter permanente, seu valor real, atualizado pelos mesmos índices aplicados aos demais benefícios. Ora, teria sido mais lógico desvincular o teto de um valor numérico, já que este sofre os efeitos do tempo e de conjunturas econômicas. Aliás, a idéia original, abandonada pelos parlamentares ao longo do processo, era seguir a tradição histórica de um teto equivalente a dez salários mínimos, que seria definido em lei.

É impossível tratar de valores ou índices para o teto de benefício sem observar naturalmente o limite máximo de contribuição, cujas sucessivas alterações geraram muita discussão[5], no âmbito doutrinário e jurisprudencial, nas últimas duas décadas. O teto de contribuição, que historicamente era de equivalente a dez salários mínimos, foi elevado em 1973 para vinte salários mínimos, tendo involuído para dez no período compreendido até 1989. O cerne da questão refere-se ao afastamento do valor do benefício e o número de salários mínimos da época da concessão ou que serviriam de base para o cálculo das contribuições.

No passado, o teto de contribuição chegou a ser indexado várias vezes, condicionando-o a Valores de Referência, ao Maior Valor de Referência, a Unidade Salarial ou Salário-Base, Unidade Salário-Base e Salário Mínimo de Referência. Na verdade, esses índices mantinham alguma relação com o salário mínimo vigente, mas não compunham sua integralidade. Em janeiro de 1989, por exemplo, a diferença entre o Salário Mínimo de Referência, adotado no Regime Geral e o Piso Nacional de Salário (nomenclatura então dada ao salário mínimo) chegou a 41,39%; ou seja, o piso era de Cr$ 54.374,00 e o de referência, Cr$ 31.865,00. É óbvio que a defasagem gerou polêmica, tanto que, naquele mesmo ano, quando teve início a revisão dos benefícios de prestação continuada concedidos pela previdência, a discussão acentuou-se.

As variações do teto geraram muita confusão entre os segurados, principalmente os que contribuíram até vinte salários mínimos de referência, ou outro índice citado. Eles, além de acreditar que a contribuição guardava relação com o salário mínimo vigente, ainda tinham a ilusão de que este correspondia ao teto. Com a inflação, a situação complicava-se porque o segurado, muitas vezes, acreditava que contribuía pelo valor real de seu salário, mas na verdade isso somente ocorria no dia em que a política salarial restabelecia a perda inflacionária. A discussão, naturalmente, redundou em dezenas de milhares de recursos junto à Previdência Social e à Justiça.

---

[5] *Involução do teto máximo de contribuição de vinte salários mínimos para dez salários mínimos no período compreendido entre 1973 e 1989.* Nayra Benvindo Falcão, agosto de 1997.

A Previdência Social cumpre a determinação constitucional que garante o cálculo do benefício sobre a média dos 36 últimos salários de contribuição do segurado, corrigidos mensalmente, para o mês de requisição da aposentadoria. E não obstante toda a polêmica em torno do assunto, os Tribunais Superiores vêm se inclinando favoravelmente à previdência, tendo como base o cumprimento da Constituição federal, entendendo que, ao garantir o cálculo da aposentadoria, limita-se também o teto máximo de contribuição.

f) Aposentadoria de professores

Ao conduzir o processo de reforma, não só como ministro mas também como técnico da previdência, sentei à mesa com seus maiores adversários. O projeto foi discutido ponto a ponto, com sensibilidade para acolher posições e sugestões concretas. Nesse debate, mesmo atropelando princípios doutrinários, todos concordaram em manter a aposentadoria especial aos 25 anos de contribuição para os professores da pré-escola ao segundo grau, pleiteado pelas centrais sindicais, com o argumento de que esta seria uma compensação para prejuízos profissionais e morais a quem optou por exercer uma atividade mal remunerada e, na maioria dos casos, em precárias condições de trabalho.

Não cedemos, no entanto, na extensão do benefício aos professores universitários. Além de tecnicamente injustificável, a aposentadoria precoce de nossos mestres e doutores, qualificados e mantidos pela sociedade, retira da universidade brasileira os melhores cérebros, em uma fase da vida de intensa produtividade.

No caso específico dos professores primários e secundários, ainda na Câmara dos Deputados, foi proposta manter a aposentadoria especial apenas por mais cinco anos, esperando que nesse período melhorassem as condições do ensino no país. Entretanto, a proposta foi rejeitada. É bom lembrar que a aposentadoria precoce dos professores brasileiros constitui-se em uma condição especial que não encontra respaldo suficiente quando analisada à luz da doutrina universal, ou seja, não tem registro no que foi escrito nos últimos cem anos pelos especialistas sobre previdência. Esta situação não obedece a lógica alguma, até porque a grande maioria reingressa no mercado de trabalho. Mostra também que existem erros básicos na estrutura de ensino do país e que tentam corrigi-los do lado da previdência. Evidentemente, essa é mais uma questão a ser tratada no futuro.

AS PROPOSTAS

Reforma da Previdência

ITEM	CONSTITUIÇÃO DE 1988 (5/10/88)	TEXTO FINAL
1.		Art. 1º A Constituição Federal passa a vigorar com as seguintes alterações:
2.	Art. 7º .... XII– salário-família para os seus dependentes.	Art. 7º .... XII – salário-família pago em razão do dependente do trabalhador de baixa renda nos termos da lei.
3.	XXXIII – proibição de trabalho noturno, perigoso ou insalubre aos menores de dezoito e de qualquer trabalho a menores de quatorze anos, salvo na condição de aprendiz;	XXXIII – proibição de trabalho noturno, perigoso ou insalubre a menores de dezoito e de qualquer trabalho a menores de dezesseis anos, salvo na condição de aprendiz, a partir de quatorze anos.
4.	Art. 37	Art. 37 .... § 7º É vedada a percepção simultânea de proventos de aposentadoria decorrentes do art. 40 ou dos arts. 42 e 142 com a remuneração de cargo, emprego ou função pública, ressalvados os cargos acumuláveis na forma desta Constituição, os cargos eletivos e os cargos em comissão declarados em lei de livre nomeação e exoneração.
5.	Art. 40. O servidor será aposentado:	Art. 40. Aos servidores titulares de cargos efetivos da União, dos Estados, do Distrito Federal e dos Municípios, incluídas suas autarquias e fundações, é assegurado regime de previdência, de caráter contributivo, observados critérios que preservem o equilíbrio financeiro e atuarial e o disposto neste artigo.
6.	§ 6º – As aposentadorias e pensões dos servidores públicos federais serão custeadas com recursos provenientes da União e das contribuições dos servidores, na forma da lei.	Suprimido

Reforma da Previdência (Continuação)

ITEM	CONSTITUIÇÃO DE 1988 (5/10/88)	TEXTO FINAL
7.		§ 1º Os servidores abrangidos pelo regime de previdência de que trata este artigo serão aposentados, calculados os seus proventos a partir dos valores fixados na forma do § 3º:
8.	I – por invalidez permanente, sendo os proventos integrais quando decorrentes de acidente em serviço, moléstia profissional ou doença grave, contagiosa ou incurável, especificadas em lei, e proporcionais nos demais casos;	I – por invalidez permanente, sendo os proventos proporcionais ao tempo de contribuição, exceto se decorrente de acidente em serviço, moléstia profissional ou doença grave, contagiosa ou incurável, especificadas em lei;
9.	II – compulsoriamente, aos setenta anos de idade, com proventos proporcionais, ao tempo de serviço;	II – compulsoriamente, aos setenta anos de idade, com proventos proporcionais ao tempo de contribuição;
10.	III – voluntariamente	III – voluntariamente, desde que cumprido tempo mínimo de dez anos de efetivo exercício no serviço público e cinco anos no cargo efetivo em que se dará a aposentadoria, observadas as seguintes condições:
11.		a) sessenta anos de idade e trinta e cinco anos de contribuição, se homem, e cinqüenta e cinco anos de idade e trinta anos de contribuição, se mulher;
12.	d) aos sessenta e cinco anos de idade, se homem, e aos sessenta, se mulher, com proventos proporcionais ao tempo de serviço.	b) sessenta e cinco anos de idade, se homem, e sessenta anos de idade, se mulher, com proventos proporcionais ao tempo de contribuição.
13.	a) aos trinta e cinco anos de serviço, se homem, e aos trinta, se mulher, com proventos integrais;	
14.	b) aos trinta anos de efetivo exercício em funções de magistério, se professor, e vinte e cinco, se professora, com proventos integrais;	

Reforma da Previdência *(Continuação)*

ITEM	CONSTITUIÇÃO DE 1988 (5/10/88)	TEXTO FINAL
15.	c) aos trinta anos de serviço se homem, e aos vinte e cinco, se mulher, com proventos proporcionais a esse tempo	
16.	inexiste	§ 2º Os proventos de aposentadoria e as pensões, por ocasião de sua concessão, não poderão exceder a remuneração do respectivo servidor, no cargo efetivo em que se deu a aposentadoria ou que serviu de referência para a concessão da pensão.
17.	inexiste	§ 3º Os proventos de aposentadoria, por ocasião de sua concessão, serão calculados com base na remuneração do servidor no cargo efetivo em que se der a aposentadoria e, na forma da lei, corresponderão:
18.	inexiste	I – à totalidade da remuneração, no caso de ser igual ou inferior ao limite máximo estabelecido para os benefícios do regime geral de previdência social de que trata o art. 201;
19.	inexiste	§ 4º É vedada a adoção de requisitos e critérios diferenciados para a concessão de aposentadoria aos abrangidos pelo regime de que trata este artigo, ressalvados os casos de atividades exercidas exclusivamente sob condições especiais que prejudiquem a saúde ou a integridade física, definidos em lei complementar.

Reforma da Previdência *(Continuação)*

ITEM	CONSTITUIÇÃO DE 1988 (5/10/88)	TEXTO FINAL
20.	inexiste	§ 5º Os requisitos de idade e de tempo de contribuição serão reduzidos em cinco anos, em relação ao disposto no § 1º, III, *a*, para o professor que comprove exclusivamente tempo de efetivo exercício das funções de magistério na educação infantil e no ensino fundamental e médio.
21.	inexiste	§ 6º Ressalvadas as aposentadorias decorrentes dos cargos acumuláveis na forma da Constituição, é vedada a percepção de mais de uma aposentadoria à conta do regime de previdência previsto neste artigo.
22.	§ 5º – O benefício da pensão por morte corresponderá à totalidade dos vencimentos ou proventos do servidor falecido, até o limite estabelecido em lei, observado o disposto no parágrafo anterior.	§ 7º Lei disporá sobre a concessão do benefício da pensão por morte, que será igual ao valor dos proventos do servidor falecido ou ao valor dos proventos a que teria direito o servidor em atividade na data de seu falecimento, observado o disposto no § 3º.
23.	§ 4º – Os proventos da aposentadoria serão revistos, na mesma proporção e na mesma data, sempre que se modificar a remuneração dos servidores em atividade, sendo também estendidos aos inativos quaisquer benefícios ou vantagens posteriormente concedidos aos servidores em atividade, inclusive quando decorrentes da transformação ou reclassificação do cargo ou função em que se deu a aposentadoria, na forma da lei.	§ 8º Observado o disposto no art. 37, XI, os proventos de aposentadoria e as pensões serão revistos na mesma proporção e na mesma data, sempre que se modificar a remuneração dos servidores em atividade, sendo também estendidos aos aposentados e aos pensionistas quaisquer benefícios ou vantagens posteriormente concedidos aos servidores em atividade, inclusive quando decorrentes da transformação ou reclassificação do cargo ou função em que se deu a aposentadoria ou que serviu de referência para a concessão da pensão, na forma da lei.

Reforma da Previdência *(Continuação)*

ITEM	CONSTITUIÇÃO DE 1988 (5/10/88)	TEXTO FINAL
24.	§ 3º – O tempo de serviço público federal, estadual ou municipal será computado integralmente para os efeitos de aposentadoria e de disponibilidade.	§ 9º O tempo de contribuição federal, estadual ou municipal será contado para efeito de aposentadoria e o tempo de serviço correspondente para efeito de disponibilidade.
25.	inexiste	§ 10º A lei não poderá estabelecer qualquer forma de contagem de tempo de contribuição fictício.
26.	inexiste	*§ 11º Aplica-se o limite fixado no art. 37, XI, à soma total dos proventos de inatividade, inclusive quando decorrentes da acumulação de cargos ou empregos públicos, bem como de outras atividades sujeitas a contribuição para o regime geral de previdência social, e ao montante resultante da adição de proventos de inatividade com remuneração de cargo acumulável na forma desta Constituição, cargo em comissão declarado em lei de livre nomeação e exoneração, e de cargo eletivo.*
27.	inexiste	§ 12º Além do disposto neste artigo, o regime de previdência dos servidores públicos titulares de cargo efetivo observará, no que couber, os requisitos e critérios fixados para o regime geral de previdência social.
28.	§ 2º A lei disporá sobre a aposentadoria em cargos ou empregos temporários.	§ 13º Ao servidor ocupante, exclusivamente, de cargo em comissão declarado em lei de livre nomeação e exoneração, bem como de outro cargo temporário ou de emprego público, aplica-se o regime geral de previdência social.

Reforma da Previdência (Continuação)

ITEM	CONSTITUIÇÃO DE 1988 (5/10/88)	TEXTO FINAL
29.	inexiste	§ 14º A União, os Estados, o Distrito Federal e os Municípios, desde que instituam regime de previdência complementar para os seus respectivos servidores titulares de cargo efetivo, poderão fixar, para o valor das aposentadorias e pensões a serem concedidas pelo regime de que trata este artigo, o limite máximo estabelecido para os benefícios do regime geral de previdência social de que trata o art. 201. (Ainda depende de uma última votação.)
30.	inexiste	§ 15º Observado o disposto no art. 202, lei complementar disporá sobre as normas gerais para a instituição de regime de previdência complementar pela União, Estados, Distrito Federal e Municípios, para atender aos seus respectivos servidores titulares de cargo efetivo.
31.	inexiste	§ 16º Somente mediante sua prévia e expressa opção, o disposto nos §§ 14º e 15º poderá ser aplicado ao servidor que tiver ingressado no serviço público até a data da publicação do ato de instituição do correspondente regime de previdência complementar.
32.	Art. 42 .... § 9º A lei disporá sobre os limites, a estabilidade e outras condições de transferência do servidor militar para a inatividade.	Art. 42 .... § 1º Aplicam-se aos militares dos Estados, do Distrito Federal e dos Territórios, além do que vier a ser fixado em lei, as disposições do art. 14, § 8º, do art. 40, § 9º, e do art. 142, §§ 2º e 3º, cabendo a lei estadual específica dispor sobre as matérias do art. 142, § 3º, inciso X, sendo as patentes dos oficiais conferidas pelos respectivos governadores.

Reforma da Previdência *(Continuação)*

ITEM	CONSTITUIÇÃO DE 1988 (5/10/88)	TEXTO FINAL
33.	§ 10º Aplica-se aos servidores a que se refere este artigo e a seus pensionistas, o disposto no art. 40, §§ 4º, 5º e 6º.	§ 2º Aos militares dos Estados, do Distrito Federal e dos Territórios e a seus pensionistas, aplica-se o disposto no art. 40, §§ 7º e 8º.
34.	Art. 73 .... § 3º Os Ministros do Tribunal de Contas da União terão as mesmas garantias, prerrogativas, impedimentos, vencimentos e vantagens dos Ministros do Superior Tribunal de Justiça e somente poderão aposentar-se com as vantagens do cargo quando o tiverem exercido efetivamente por mais de cinco anos.	Art. 73 .... § 3º Os Ministros do Tribunal de Contas da União terão as mesmas garantias, prerrogativas, impedimentos, vencimentos e vantagens dos Ministros do Superior Tribunal de Justiça, aplicando-se-lhes, quanto à aposentadoria e pensão, as normas constantes do art. 40.
35.	Art. 93 .... VI – a aposentadoria com proventos integrais é compulsória por invalidez ou aos setenta anos de idade, e facultativa aos trinta anos de serviço, após cinco anos de exercício efetivo na judicatura.	Art. 93 .... VI – A aposentadoria dos magistrados e a pensão de seus dependentes observarão o disposto no art. 40.
36.	Art. 100 .... (inexiste)	Art. 100 .... § 3º O disposto no *caput* deste artigo, relativamente à expedição de precatórios, não se aplica aos pagamentos de obrigações definidas em lei como de pequeno valor que a Fazenda Federal, Estadual ou Municipal deva fazer em virtude de sentença judicial transitada em julgado.
37.	Art. 114 .... (inexiste)	Art.114 .... § 3º Compete ainda à Justiça do Trabalho executar, de ofício, as contribuições sociais previstas no art. 195, I, a, e II, e seus acréscimos legais, decorrentes das sentenças que proferir.
38.	Art. 142 .... § 3º .... IX – Aplica-se aos militares e a seus pensionistas o disposto no art. 40, §§ 4º, 5º e 6º.	Art. 142 .... § 3º .... IX – Aplica-se aos militares e a seus pensionistas o disposto no art. 40, §§ 7º e 8º.

Reforma da Previdência (Continuação)

ITEM	CONSTITUIÇÃO DE 1988 (5/10/88)	TEXTO FINAL
39.	Art. 153 .... § 2º .... II – Não incidirá, nos termos e limites fixados em lei, sobre rendimentos provenientes de aposentadoria e pensão, pagos pela previdência social da União, dos Estados, do Distrito Federal e dos Municípios, a pessoa com idade de sessenta e cinco anos, que a renda seja constituída, exclusivamente, de rendimentos do trabalho.	Art. 153 .... § 2º .... *Suprimido*
40.	Art. 167 .... (inexiste)	Art. 167 .... X – A utilização dos recursos provenientes das contribuições sociais de que trata o art. 195, I, *a*, e II, para a realização de despesas distintas do pagamento de benefícios do regime geral de previdência social de que trata o art. 201.
41.	Art. 194 .... Parágrafo único – Compete ao Poder Público, nos termos da lei, organizar a seguridade social, com base nos seguintes objetivos:	Art. 194 .... Parágrafo único – ....
42.	VII – Caráter democrático e descentralizado da gestão administrativa, com a participação da comunidade, em especial de trabalhadores, empresários e aposentados.	VII – Caráter democrático e descentralizado da administração, mediante gestão quadripartite, com participação dos trabalhadores, dos empregadores, dos aposentados e do Governo, nos órgãos colegiados.
43.	Art. 195 – A seguridade social será financiada por toda a sociedade, de forma direta e indireta, nos termos da lei, mediante recursos provenientes dos orçamentos da União, dos Estados, do Distrito Federal e dos Municípios, e das seguintes contribuições sociais:	Art. 195 ....

Reforma da Previdência *(Continuação)*

ITEM	CONSTITUIÇÃO DE 1988 (5/10/88)	TEXTO FINAL
44.	I – Dos empregadores, incidente sobre a) a folha de salários, o faturamento e o lucro.	I – Do empregador, da empresa e da entidade a ela equiparada na forma da lei, incidentes sobre: a) a folha de salários e demais rendimentos do trabalho pagos ou creditados, a qualquer título, à pessoa física que lhe preste serviço, mesmo sem vínculo empregatício; b) a receita ou o faturamento; c) o lucro;
45.	II – Dos trabalhadores.	II – Do trabalhador e dos demais segurados da previdência social, não incidindo contribuição sobre aposentadoria e pensão concedidas pelo regime geral de previdência social de que trata o art. 201;
46.	III – Sobre a receita de concursos de prognósticos.	III – Sobre a receita de concursos de prognósticos.
47.	§ 8º – O produtor, o parceiro, o meeiro e o arrendatário rurais, o garimpeiro e o pescador artesanal bem como os respectivos cônjuges, que exerçam suas atividades em regime de economia familiar, sem empregados permanentes, contribuirão para a seguridade social mediante a aplicação de uma alíquota sobre o resultado da comercialização da produção e farão jus aos benefícios, nos termos da lei.	§ 8º O produtor, o parceiro, o meeiro e o arrendatário rurais e o pescador artesanal, bem como os respectivos cônjuges, que exerçam suas atividades em regime de economia familiar, sem empregados permanentes, contribuirão para a seguridade social mediante a aplicação de uma alíquota sobre o resultado da comercialização da produção e farão jus aos benefícios nos termos da lei.
48.	inexiste	§ 9º As contribuições sociais previstas no inciso I deste artigo poderão ter alíquotas ou bases de cálculo diferenciadas, em razão da atividade econômica ou da utilização intensiva de mão-de-obra.

Reforma da Previdência *(Continuação)*

ITEM	CONSTITUIÇÃO DE 1988 (5/10/88)	TEXTO FINAL
49.	inexiste	§ 10º A lei definirá os critérios de transferência de recursos para o sistema único de saúde e ações de assistência social da União para os Estados, o Distrito Federal e os Municípios, e dos Estados para os Municípios, observada a respectiva contrapartida de recursos.
50.	inexiste	§ 11º É vedada a concessão de remissão ou anistia das contribuições sociais de que trata os incisos I, *a*, e II deste artigo, para débitos em montante superior ao fixado em lei complementar.
51.	Art. 201 – Os planos de previdência social, mediante contribuição, atenderão, nos termos da lei, a:	Art. 201. A previdência social será organizada sob a forma de regime geral, de caráter contributivo e de filiação obrigatória, observados critérios que preservem o equilíbrio financeiro e atuarial, e atenderá, nos termos da lei, a:
52.	I – Cobertura dos eventos de doença, invalidez, morte, incluídos os resultantes de acidente do trabalho, velhice e reclusão;	I – Cobertura dos eventos de doença, invalidez, morte e idade avançada;
53.	III – Proteção à maternidade, especialmente à gestante;	II – Proteção à maternidade, especialmente à gestante;
54.	IV – Proteção ao trabalhador em situação de desemprego involuntário.	III – Proteção ao trabalhador em situação de desemprego involuntário;
55.	II – Ajuda à manutenção dos dependentes dos segurados de baixa renda;	IV – Salário-família e auxílio-reclusão para os dependentes dos segurados de baixa renda;
56.	V – Pensão por morte de segurado homem ou mulher, ao cônjuge ou companheiro e dependentes, obedecido o disposto no § 5º e art. 202.	V – Pensão por morte do segurado, homem ou mulher, ao cônjuge ou companheiro e dependentes, observado o disposto no § 2º.

Reforma da Previdência *(Continuação)*

ITEM	CONSTITUIÇÃO DE 1988 (5/10/88)	TEXTO FINAL
57.	inexiste	§ 1º É vedada a adoção de requisitos e critérios diferenciados para a concessão de aposentadoria aos beneficiários do regime geral de previdência social, ressalvados os casos de atividades exercidas **exclusivamente** sob condições especiais que prejudiquem a saúde ou a integridade física, definidos em lei complementar. (Ainda depende de uma última votação, mas a retirada do termo exclusivamente não altera o mérito da questão.)
58.	§ 5º Nenhum benefício que substitua o salário de contribuição ou o rendimento do trabalho do segurado terá valor mensal inferior ao do salário mínimo.	§ 2º Nenhum benefício que substitua o salário de contribuição ou o rendimento do trabalho do segurado terá valor mensal inferior ao salário mínimo.
59.	§ 3º Todos os salários de contribuição considerados no cálculo de benefícios serão corrigidos monetariamente.	§ 3º Todos os salários de contribuição considerados para o cálculo de benefício serão devidamente atualizados, na forma da lei.
60.	§ 2º É assegurado o reajuste dos benefícios para preservar-lhes, em caráter permanente, o valor real, conforme critérios definidos em lei.	§ 4º É assegurado o reajustamento dos benefícios para preservar-lhes, em caráter permanente, o valor real, conforme critérios definidos em lei.
61.	inexiste	§ 5º É vedada a filiação ao regime geral de previdência social, na qualidade de segurado facultativo, de pessoa participante de regime próprio de previdência.
62.	§ 6º A gratificação natalina dos aposentados e pensionistas terá por base o valor dos proventos do mês de dezembro de cada ano.	§ 6º A gratificação natalina dos aposentados e pensionistas terá por base o valor dos proventos do mês de dezembro de cada ano.
63.	Art. 202. É assegurada aposentadoria, nos termos da lei, calculando-se o benefício sobre a média dos trinta e seis últimos salários de contribuição, corrigidos monetariamente mês a mês, e comprovada a regularidade dos reajustes dos salários de contribuição de modo a preservar seus valores reais e obedecidas as seguintes condições:	§ 7º É assegurada aposentadoria no regime geral de previdência social, nos termos da lei, obedecidas as seguintes condições:

Reforma da Previdência *(Continuação)*

ITEM	CONSTITUIÇÃO DE 1988 (5/10/88)	TEXTO FINAL
64.	inexiste	I – Trinta e cinco anos de contribuição, se homem, e trinta anos de contribuição, se mulher.
65.	I – Aos sessenta e cinco anos de idade, para o homem, e aos sessenta, para a mulher, reduzido em cinco anos o limite de idade para os trabalhadores rurais de ambos os sexos e para os que exerçam suas atividades em regime de economia familiar, neste incluídos o produtor rural, o garimpeiro e o pescador artesanal;	*II – Sessenta e cinco anos de idade, se homem, e sessenta anos de idade, se mulher, reduzido em cinco anos o limite para os trabalhadores rurais de ambos os sexos e para os que exerçam suas atividades em regime de economia familiar, neste incluídos o produtor rural, o garimpeiro e o pescador artesanal.*
66.	II – Após trinta e cinco anos de trabalho, ao homem, e, após trinta, à mulher, ou em tempo inferior, se sujeitos a trabalho sob condições especiais, que prejudiquem a saúde ou a integridade física, definidas em lei;	
67.	§ 1º *(art. 202)* – É facultada aposentadoria proporcional, após trinta anos de trabalho, ao homem, e após vinte e cinco, à mulher.	
68.	III – após trinta anos, ao professor, e após vinte e cinco, à professora, por efetivo exercício de função de magistério.	
69.	inexiste	§ 8º Os requisitos a que se refere o inciso I do parágrafo anterior serão reduzidos em cinco anos, para o professor que comprove exclusivamente tempo de efetivo exercício das funções de magistério na educação infantil e no ensino fundamental e médio.
70.	§ 2º *(art.202)* – Para efeito de aposentadoria, é assegurada a contagem recíproca do tempo de contribuição na administração pública e na atividade privada, rural e urbana, hipótese em que os diversos sistemas de previdência social se compensarão financeiramente, segundo critérios estabelecidos em lei.	§ 9º Para efeito de aposentadoria, é assegurada a contagem recíproca do tempo de contribuição na administração pública e na atividade privada, rural e urbana, hipótese em que os diversos regimes de previdência social se compensarão financeiramente, segundo critérios estabelecidos em lei.

Reforma da Previdência *(Continuação)*

ITEM	CONSTITUIÇÃO DE 1988 (5/10/88)	TEXTO FINAL
71.	inexiste	§ 10º Lei disciplinará a cobertura do risco de acidente do trabalho, a ser atendida concorrentemente pelo regime geral de previdência social e pelo setor privado.
72.	§ 1º Qualquer pessoa poderá participar dos benefícios da previdência social, mediante contribuição na forma dos planos previdenciários.	
73.	§ 4º Os ganhos habituais do empregado, a qualquer título, serão incorporados ao salário para efeito de contribuição previdenciária e conseqüente repercussão em benefícios, nos casos e na forma da lei.	§ 11º Os ganhos habituais do empregado, a qualquer título, serão incorporados ao salário para efeito de contribuição previdenciária e conseqüente repercussão em benefícios, nos casos e na forma da lei.
74.	§ 7º A Previdência Social manterá seguro coletivo, de caráter complementar e facultativo, custeado por contribuições adicionais.	
75.	Art. 201. Os planos de previdência social, mediante contribuição, atenderão, nos termos da lei, a: .... § 7º A previdência social manterá seguro coletivo, de caráter complementar e facultativo, custeado por contribuições adicionais.	Art. 202. O regime de previdência privada, de caráter complementar e organizado de forma autônoma em relação ao regime geral de previdência social, será facultativo, baseado na constituição de reservas que garantam o benefício contratado, e regulado por lei complementar.
76.	inexiste	§ 1º A lei complementar de que trata este artigo assegurará ao participante de planos de benefícios de entidades de previdência privada o pleno acesso às informações relativas à gestão de seus respectivos planos.

REFORMA DA PREVIDÊNCIA *(CONTINUAÇÃO)*

ITEM	CONSTITUIÇÃO DE 1988 (5/10/88)	TEXTO FINAL
77.	inexiste	§ 2º As contribuições do empregador, os benefícios e as condições contratuais previstas nos estatutos, regulamentos e planos de benefícios das entidades de previdência privada não integram o contrato de trabalho dos participantes, assim como, à exceção dos benefícios concedidos, não integram a remuneração dos participantes, nos termos da lei.
78.	§ 8º É vedado subvenção ou auxílio do poder público às entidades de previdência privada com fins lucrativos.	§ 3º É vedado o aporte de recursos a entidade de previdência privada pela União, Estados, Distrito Federal e Municípios, suas autarquias, fundações, empresas públicas, sociedades de economia mista e outras entidades públicas, salvo na qualidade de patrocinador, situação na qual, em hipótese alguma, sua contribuição normal poderá exceder à do segurado.
79.	inexiste	§ 4º Lei complementar disciplinará a relação entre a União, Estados, Distrito Federal ou Municípios, inclusive suas autarquias, fundações, sociedades de economia mista e empresas controladas direta ou indiretamente, enquanto patrocinadoras de entidades fechadas de previdência privada, e suas respectivas entidades fechadas de previdência privada.
80.	inexiste	§ 5º A lei complementar de que trata o parágrafo anterior aplicar-se-á, no que couber, às empresas privadas permissionárias ou concessionárias de prestação de serviços públicos, quando patrocinadoras de entidades fechadas de previdência privada.

Reforma da Previdência *(Continuação)*

ITEM	CONSTITUIÇÃO DE 1988 (5/10/88)	TEXTO FINAL
81.	inexiste	§ 6º A lei complementar a que se refere o § 4º deste artigo estabelecerá os requisitos para a designação dos membros das diretorias das entidades fechadas de previdência privada e disciplinará a inserção dos participantes nos colegiados e instâncias de decisão em que seus interesses sejam objeto de discussão e deliberação.
82.	inexiste	Art. 2º A Constituição Federal, nas Disposições Constitucionais Gerais, é acrescida dos seguintes artigos:
83.	inexiste	Art. 247. Os benefícios pagos, a qualquer título, pelo órgão responsável pelo regime geral de previdência social, ainda que a conta do Tesouro Nacional, e os não sujeitos ao limite máximo de valor fixado para os benefícios concedidos por esse regime observarão os limites fixados no art. 37, XI.
84.	inexiste	Art. 248. Com o objetivo de assegurar recursos para o pagamento de proventos de aposentadoria e pensões concedidos aos respectivos servidores e seus dependentes, em adição aos recursos dos respectivos tesouros, a União, os Estados, o Distrito Federal e os Municípios poderão constituir fundos integrados pelos recursos provenientes das contribuições e por bens, direitos e ativos de qualquer natureza, mediante lei, que disporá sobre a natureza e administração desses fundos.

REFORMA DA PREVIDÊNCIA *(CONTINUAÇÃO)*

ITEM	CONSTITUIÇÃO DE 1988 (5/10/88)	TEXTO FINAL
85.	inexiste	Art. 249. Com o objetivo de assegurar recursos para o pagamento dos benefícios concedidos pelo regime geral de previdência social, em adição aos recursos de sua arrecadação, a União poderá constituir fundo integrado por bens, direitos e ativos de qualquer natureza, mediante lei, que disporá sobre a natureza e administração desse fundo.
86.		Art. 3º É assegurada a concessão de aposentadoria e pensão, a qualquer tempo, aos servidores públicos e aos segurados do regime geral de previdência social, bem como aos seus dependentes que, até a data da publicação desta Emenda tenham cumprido os requisitos para a obtenção desses benefícios com base nos critérios da legislação então vigente.
87.		§ 1º O servidor de que trata este artigo, que tenha completado as exigências para aposentadoria integral e que opte por permanecer em atividade fará jus a isenção da contribuição previdenciária até completar as exigências para aposentadoria contidas no art. 40, § 1º, III, *a*, da Constituição.
88.		§ 2º Os proventos de aposentadoria a ser concedidos aos servidores referidos no *caput*, em termos integrais ou proporcionais ao tempo de serviço já exercido até a data da publicação desta Emenda, bem como as pensões de seus dependentes, serão calculados de acordo com a legislação em vigor à época em que foram atendidas as prescrições nela estabelecidas para a concessão desses benefícios ou nas condições da legislação vigente.

REFORMA DA PREVIDÊNCIA *(CONTINUAÇÃO)*

ITEM	CONSTITUIÇÃO DE 1988 (5/10/88)	TEXTO FINAL
89.		§ 3º Observado o disposto no art. 40, § 14º, da Constituição, os proventos de aposentadoria e as pensões a serem concedidos aos servidores e seus dependentes que adquirirem o direito ao benefício após publicação desta Emenda serão calculados de acordo com o disposto nos §§ 3º e 7º do mesmo artigo.
90.		*§ 4º São mantidos todos os direitos e garantias assegurados nas disposições constitucionais vigentes à data de publicação desta Emenda aos servidores e militares, inativos e pensionistas, aos anistiados e aos ex-combatentes, assim como àqueles que já cumpriram, até aquela data, os requisitos para usufruírem tais direitos, observado o disposto no art. 37, XI, da Constituição.*
91.		Art. 4º Observado o disposto no art. 40, § 10º, da Constituição, o tempo de serviço considerado pela legislação vigente para efeito de aposentadoria, cumprido até que a lei discipline a matéria, será contado como tempo de contribuição. (Ainda depende de votação. Um destaque tenta suprimir este artigo para manter a contagem do tempo fictício.)
92.		Art. 5º O disposto no art. 202, § 3º, da Constituição, quanto à exigência de paridade entre a contribuição da patrocinadora e a contribuição do segurado, terá vigência no prazo de dois anos a partir da publicação desta Emenda, ou, caso ocorra antes, na data de publicação da lei complementar a que se refere o § 4º do mesmo artigo.

Reforma da Previdência *(Continuação)*

ITEM	CONSTITUIÇÃO DE 1988 (5/10/88)	TEXTO FINAL
93.		Art. 6º As entidades fechadas de previdência privada patrocinadas por entidades públicas, inclusive empresas públicas e sociedades de economia mista, deverão rever, no prazo de dois anos, a contar da publicação desta Emenda, seus planos de benefícios e serviços, de modo a ajustá-los atuarialmente a seus ativos, sob pena de intervenção, sendo seus dirigentes e os de suas respectivas patrocinadoras responsáveis civil e criminalmente pelo descumprimento do disposto neste artigo.
94.		Art. 7º Os projetos das leis complementares previstas no art. 202 da Constituição deverão ser apresentados ao Congresso Nacional no prazo máximo de noventa dias após a publicação desta Emenda.
95.		Art. 8º Observado o disposto no art. 4º desta Emenda e ressalvado o direito de opção à aposentadoria pelas normas por ela estabelecidas, é assegurado o direito à aposentadoria voluntária com proventos calculados de acordo com o art. 40, § 3º, da Constituição, àquele que tenha ingressado regularmente em cargo efetivo na Administração Pública, direta, autárquica e fundacional, até a data de publicação desta Emenda, quando o servidor, cumulativamente:
96.		I – Tiver cinqüenta e três anos de idade, se homem, e quarenta e oito anos de idade, se mulher;
97.		II – Tiver cinco anos de efetivo exercício no cargo em que se dará a aposentadoria;

Reforma da Previdência *(Continuação)*

ITEM	CONSTITUIÇÃO DE 1988 (5/10/88)	TEXTO FINAL
98.		III – Contar tempo de contribuição igual, no mínimo, à soma de: a) trinta e cinco anos, se homem, e trinta anos, se mulher; e b) um período adicional de contribuição equivalente a vinte por cento do tempo que, na data da publicação desta Emenda, faltaria para atingir o limite de tempo constante da alínea anterior.
99.		§ 1º O servidor de que trata este artigo, desde que atendido o disposto em seus incisos I e II, e observado o disposto no art. 4º desta Emenda, pode aposentar-se com proventos proporcionais ao tempo de contribuição, quando atendidas as seguintes condições:
100.		I – Contar tempo de contribuição igual, no mínimo, à soma de: a) trinta anos, se homem, e vinte e cinco anos, se mulher; e b) um período adicional de contribuição equivalente a quarenta por cento do tempo que, na data da publicação desta Emenda, faltaria para atingir o limite de tempo constante da alínea anterior;
101.		II – Os proventos da aposentadoria proporcional serão equivalentes a setenta por cento do valor máximo que o servidor poderia obter de acordo com o *caput*, acrescido de cinco por cento por ano de contribuição que supere a soma a que se refere o inciso anterior, até o limite de cem por cento.
102.		*§ 2º Aplica-se ao magistrado e ao membro do Ministério Público e de Tribunal de Contas o disposto neste artigo.*

Reforma da Previdência (Continuação)

ITEM	CONSTITUIÇÃO DE 1988 (5/10/88)	TEXTO FINAL
103.		§ 3º Na aplicação do disposto no parágrafo anterior, o magistrado ou o membro do Ministério Público ou de Tribunal de Contas, se homem, terá o tempo de serviço exercido até a publicação desta Emenda contado com o acréscimo de dezessete por cento.
104.		§ 4º O professor, servidor da União, dos Estados, do Distrito Federal e dos Municípios, incluídas suas autarquias e fundações, que, até a data da publicação desta Emenda, tenha ingressado, regularmente, em cargo efetivo de magistério e que opte por aposentar-se na forma do disposto no *caput*, terá o tempo de serviço exercido até a publicação desta Emenda contado com o acréscimo de dezessete por cento, se homem, e de vinte por cento, se mulher, desde que se aposente, exclusivamente, com tempo de efetivo exercício das funções de magistério.
105.		§ 5º O servidor de que trata este artigo, que, após completar as exigências para aposentadoria estabelecidas no *caput*, permanecer em atividade, fará jus a isenção da contribuição previdenciária até completar as exigências para aposentadoria contidas no art. 40, § 1º, III, *a*, da Constituição

REFORMA DA PREVIDÊNCIA *(CONTINUAÇÃO)*

ITEM	CONSTITUIÇÃO DE 1988 (5/10/88)	TEXTO FINAL
106.		Art. 9º Observado o disposto no art. 4º desta Emenda e ressalvado o direito de opção à aposentadoria pelas normas por ela estabelecidas para o regime geral de previdência social, é assegurado o direito à aposentadoria ao segurado que se tenha filiado ao regime geral de previdência social, até a data de publicação desta Emenda, quando, cumulativamente, atender aos seguintes requisitos: I – Contar com cinqüenta e três anos de idade, se homem, e quarenta e oito anos de idade, se mulher; e II – contar tempo de contribuição igual, no mínimo, à soma de: a) trinta e cinco anos, se homem, e trinta anos, se mulher; e b) um período adicional de contribuição equivalente a vinte por cento do tempo que, na data da publicação desta Emenda, faltaria para atingir o limite de tempo constante da alínea anterior. § 1º O segurado de que trata este artigo, desde que atendido o disposto no inciso I do *caput*, e observado o disposto no art. 4º desta Emenda, pode aposentar-se com valores proporcionais ao tempo de contribuição, quando atendidas as seguintes condições: I – Contar tempo de contribuição igual, no mínimo, à soma de: a) trinta anos, se homem, e vinte e cinco anos, se mulher; e b) um período adicional de contribuição equivalente a quarenta por cento do tempo que, na data da publicação desta Emenda, faltaria para atingir o limite de tempo

Reforma da Previdência *(Continuação)*

ITEM	CONSTITUIÇÃO DE 1988 (5/10/88)	TEXTO FINAL
106. *(Continuação)*		constante da alínea anterior; II – O valor da aposentadoria proporcional será equivalente a setenta por cento do valor da aposentadoria a que se refere o *caput*, acrescido de cinco por cento por ano de contribuição que supere a soma a que se refere o inciso anterior, até o limite de cem por cento. § 2º O professor que, até a data da publicação desta Emenda, tenha exercido atividade de magistério e que opte por aposentar-se na forma do disposto no *caput*, terá o tempo de serviço exercido até a publicação desta Emenda contado com o acréscimo de dezessete por cento, se homem, e de vinte por cento, se mulher, desde que se aposente, exclusivamente, com tempo de efetivo exercício de atividade de magistério. (Ainda depende da última votação.)
107.		Art. 10. O regime de previdência complementar de que trata o art. 40, §§ 14º, 15º e 16º, da Constituição, somente poderá ser instituído após a publicação da lei complementar prevista no § 15º do mesmo artigo.
108.		Art. 11. A vedação prevista no art. 37, § 7º, da Constituição, não se aplica aos membros de poder e aos inativos, servidores e militares, que, até a publicação desta Emenda, tenham ingressado novamente no serviço público por concurso público de provas ou de provas e títulos, e pelas demais formas previstas na Constituição, sendo-lhes proibida a percepção de mais de uma aposentadoria pelos regimes de previdência a que se refere o art. 40 da Constituição, aplicando-se-lhes, em qualquer hipótese, o limite de que trata o § 11º deste mesmo artigo.

Reforma da Previdência *(Continuação)*

ITEM	CONSTITUIÇÃO DE 1988 (5/10/88)	TEXTO FINAL
109.		Art. 12. Até que produzam efeitos as leis que irão dispor sobre as contribuições de que trata o art. 195 da Constituição, são exigíveis as estabelecidas em lei, destinadas ao custeio da seguridade social e dos diversos regimes previdenciários.
110.		Art. 13. Até que a lei discipline o acesso ao salário-família e auxílio-reclusão para os servidores, segurados e seus dependentes, esses benefícios serão concedidos apenas àqueles que tenham renda bruta mensal igual ou inferior a R$ 360,00 (trezentos e sessenta reais), que, até a publicação da lei, serão corrigidos pelos mesmos índices aplicados aos benefícios do regime geral de previdência social.
111.		Art. 14. O limite máximo para o valor dos benefícios do regime geral de previdência social de que trata o art. 201 da Constituição é fixado em R$ 1.200,00 (um mil e duzentos reais), devendo, a partir da data da publicação desta Emenda, ser reajustado de forma a preservar, em caráter permanente, seu valor real, atualizado pelos mesmos índices aplicados aos benefícios do regime geral de previdência social.
112.		Art. 15. Até que a Lei Complementar a que se refere o artigo 201, § 1º, da Constituição, seja publicada, permanece em vigor o disposto nos arts. 57 e 58 da Lei nº 8.213, de 24 de julho de 1991, na redação vigente à data da publicação desta Emenda.
113.		Art. 16. Revoga-se o inciso II do § 2º do art. 153 da Constituição.
114.		Art. 17. Esta Emenda entra em vigor na data de sua publicação.

Principais alterações da proposta de reforma

MEDIDA	DESCRIÇÃO
REGRAS COMUNS	
1. Garantia de direitos adquiridos. (art. 3º da Emenda)	Assegurada a concessão de aposentadoria e pensão, nas condições previstas na legislação vigente à data da publicação da Emenda Constitucional, aos que, até essa data, tenham cumprido os requisitos para obtê-las.
2. Adoção dos critérios de tempo de contribuição e limite de idade no serviço público, e no regime geral de previdência apenas tempo de contribuição, em substituição à aposentadoria por tempo de serviço. (art. 40, III, *a* e *b*, e art. 201, § 7º, I e II)	Fica estabelecida a exigência de 60 anos de idade e 35 anos de contribuição, para o homem, e 55 anos de idade e 30 anos de contribuição, para a mulher, para a aposentadoria, em substituição à atual aposentadoria por tempo de serviço, no serviço público. No caso do regime geral, será necessário apenas cumprir o requisito tempo de contribuição, ou seja 35 anos, se homem; e 30 anos, se mulher.
3. Fim da aposentadoria proporcional por tempo de serviço na área pública e no regime geral de previdência social.	Extinta a aposentadoria proporcional por tempo de serviço observadas as regras de transição em razão do estabelecimento da aposentadoria por tempo de contribuição com limite de idade, no caso do serviço público.
4. Fim das aposentadorias especiais no serviço público e na atividade privada. (art. 40, § 4º e art. 201, § 1º)	Fica proibido o estabelecimento de critérios diferenciados para fins de aposentadoria, salvo quando houver efetiva exposição a agente nocivo prejudicial à saúde do trabalhador e do servidor, no caso do serviço público. Já em relação ao regime geral, a redução aplica-se ao tempo de contribuição.
5. Nova regra para a aposentadoria do professor primário, secundário e pré-primário (art. 40, § 5º e art. 201, § 8º)	O professor que efetivamente exercer funções de magistério na educação infantil, no ensino fundamental ou no ensino médio terá que ter 55 anos de idade e 30 anos de contribuição, se homem, e 50 anos de idade e 25 anos de contribuição, se mulher, para se aposentar.
6. Fim da aposentadoria especial do professor universitário. (art. 40, § 6º e art. 201, § 8º)	O professor universitário estará submetido às mesmas regras de aposentadoria válidas para os demais segurados.

AS PROPOSTAS

PRINCIPAIS ALTERAÇÕES DA PROPOSTA DE REFORMA *(CONTINUAÇÃO)*

MEDIDA	DESCRIÇÃO
REGRAS COMUNS	
7. Constituição de fundos destinados a assegurar o pagamento de aposentadorias e pensões do serviço público e de benefícios concedidos pelo regime geral de previdência social. (arts. 248 e 249 do ADCT)	A União, os Estados, o Distrito Federal e os municípios ficam autorizados a constituir fundos integrados por contribuições dos seus servidores, e por bens, direitos e ativos de qualquer natureza, para pagamento de aposentadorias e pensões aos seus servidores e respectivos beneficiários, e a União constituirá fundo integrado por bens, direitos e ativos de qualquer natureza, para assegurar o pagamento de benefícios do regime geral de previdência social.
8. Proibição de trabalho a menores de dezesseis anos, salvo na condição de aprendiz, a partir de quatorze anos. (art. 7º, XXXIII)	Elevação da idade de quatorze anos para dezesseis anos, para início de trabalho de menores. Essa medida protege, à medida que só admite o seu ingresso efetivo no mercado de trabalho a partir dos dezesseis anos.
9. A expedição de precatórios, em virtude de sentença judicial, não se aplica a pagamentos de obrigações definidas em lei como de pequeno valor. (art. 100, § 3º)	Autoriza o procedimento anteriormente adotado pela previdência, no sentido de efetivar pagamento de valores relativos a causas ganhas na Justiça, pelo segurado, desde que de pequeno valor, a ser definido em lei.
REGRAS APLICÁVEIS SOMENTE AO SERVIÇO PÚBLICO	
1. Regras de transição – servidores públicos. (art. 8º da Emenda)	Fica assegurado o direito à aposentadoria voluntária àquele que tenha ingressado regularmente no quadro efetivo da Administração Pública, desde que, cumulativamente: I – Tenha 53 ou 48 anos de idade, se homem ou mulher, respectivamente; II – Tenha cinco anos de efetivo exercício no cargo; III – Conte tempo de contribuição igual, no mínimo, à soma de: a) 35 anos, se homem, 30, se mulher; b) período adicional de contribuição equivalente a 20% do tempo que faltava para atingir o limite da alínea anterior.

Principais alterações da proposta de reforma *(continuação)*

MEDIDA	DESCRIÇÃO
REGRAS APLICÁVEIS SOMENTE AO SERVIÇO PÚBLICO	
2. Aposentadoria proporcional – regras de transição. (art. 8º da Emenda)	O servidor poderá aposentar-se com proventos proporcionais, obedecidas as seguintes condições: I – Conte tempo de contribuição igual, no mínimo, a: a) 30 anos, se homem, 25 anos, se mulher; b) um período adicional de contribuição equivalente a 40% do tempo que faltava para atingir o limite constante da alínea anterior; II – Os proventos corresponderão a 70% do valor máximo, acrescido de 5% por ano adicional.
3. Vedação de tempo de contribuição fictício. (art. 40, § 10º)	Fica vedada a contagem de tempo de contribuição fictício no serviço público para qualquer fim. (Ainda depende de votação.)
4. Proibição de acumulação de aposentadorias no serviço público. (art. 40, § 6º)	Fica proibida a acumulação de aposentadorias no serviço público, à exceção dos cargos que podem ser acumulados na forma da Constituição: professores, médicos e cargos técnicos ou científicos. (art. 37, XVI, *a, b* e *c*)
5. Exceções à vedação de acumulação de cargos. (art. 37, § 7º)	Os inativos que ingressaram no serviço público anteriormente à publicação da Emenda podem acumular proventos com a respectiva remuneração, mas não podem ter outra aposentadoria.
6. Estabelecimento de carência para aposentadoria no serviço público. (art. 40, § 1º, III)	Para se aposentar, o servidor terá que ter um tempo mínimo de dez anos de exercício no serviço público e pelo menos cinco anos no cargo em que se dará a aposentadoria.
7. Fixação de teto para o acúmulo de aposentadoria, inclusive sem acúmulo com remuneração. (art. 40, § 11º)	A soma total dos proventos de inatividade, obtidos a qualquer título, não poderá ultrapassar o valor da remuneração de Ministro do STF (R$ 12.720,00)
8. Isenção de contribuição para servidor que optar por permanecer em atividade. (art. 3º, § 1º, da Emenda)	O servidor público que, contando tempo para aposentar-se integralmente, optar por permanecer em atividade, ficará isento da contribuição previdenciária.

PRINCIPAIS ALTERAÇÕES DA PROPOSTA DE REFORMA *(CONTINUAÇÃO)*

MEDIDA	DESCRIÇÃO
REGRAS APLICÁVEIS SOMENTE AO SERVIÇO PÚBLICO	
9. Autorização ao Poder Público para a instituição de regime de previdência complementar para o servidor público. (art. 40, §§ 14º, 15º e 16º; e art. 10 da Emenda)	Desde que a União, os Estados, o Distrito Federal e os Municípios assegurem para seus servidores regime básico de previdência com o mesmo limite do RGPS (R$ 1.200,00), poderão instituir fundos complementares. (Ainda depende de votação.)
10. Contribuição previdenciária do patrocinador público e do participante. (art. 202, § 3º)	A contribuição normal do ente público, quando patrocinador, não pode superar a do participante.
11. Critérios atuais de cálculo das aposentadorias e pensões do serviço público. (art. 3º da Emenda)	Ficam mantidos os atuais critérios de cálculo de aposentadorias e pensões no serviço público, até a entrada em vigor da lei que disciplinará o assunto, nos casos em que já foram cumpridos todos os requisitos com base na legislação atual.
12. Ajuste dos planos de benefícios e serviços das entidades fechadas de previdência complementar patrocinadas por entes estatais. (art. 6º da Emenda)	As entidades fechadas de previdência complementar patrocinadas por entes estatais deverão rever seus planos de benefícios e serviços, de modo a ajustá-los atuarialmente aos seus ativos, no prazo de dois anos, sob pena de intervenção.
13. Aplicação a juízes, promotores e membros de Tribunal de Contas das regras da previdência no serviço público. (art. 73, § 3º, e art. 93, VI)	Os membros do Judiciário, do Ministério Público e dos Tribunais de Contas vão se aposentar observando as mesmas regras válidas para o serviço público em geral, nos termos do novo art. 40 da CF.
14. O valor da aposentadoria não será superior ao da última remuneração. (art. 40, §§ 2º e 3º)	O valor da aposentadoria não poderá ser superior no momento da concessão ao da remuneração do cargo efetivo do servidor em atividade.
REGRAS APLICÁVEIS SOMENTE À INICIATIVA PRIVADA	
1. Seletividade do salário-família e auxílio-reclusão. (arts. 7º e 201, IV, e art. 13 da Emenda)	Será pago apenas a quem tenha uma renda mensal igual ou inferior a R$ 360,00.

REFORMA DA PREVIDÊNCIA

PRINCIPAIS ALTERAÇÕES DA PROPOSTA DE REFORMA *(CONTINUAÇÃO)*

MEDIDA	DESCRIÇÃO
REGRAS APLICÁVEIS SOMENTE À INICIATIVA PRIVADA	
2. Fixação de competência para a Justiça do Trabalho cobrar contribuições sociais sobre a folha de salários. (art. 114, § 3º da Emenda)	Compete à Justiça do Trabalho executar, de ofício, contribuições sociais e os respectivos acréscimos decorrentes das sentenças que proferir.
3. Gestão quadripartite da Previdência Social. (art. 194, VII)	Previsão de criação de um órgão colegiado de gestão da previdência, com a participação do Governo, dos trabalhadores, dos empregadores e dos aposentados.
4. Previsão de contribuições diferenciadas por setor, conforme o grau de utilização de mão-de-obra. (art. 195, § 9º)	Previsão de alíquotas ou base de cálculo diferenciadas para as contribuições do empregador conforme o ramo de atividade econômica ou a utilização de mão-de-obra.
5. Regime Geral de Previdência Social – regras de transição. (art. 9º da Emenda)	São aplicados os mesmos critérios estabelecidos para o servidor público como regra de transição para os segurados do regime geral de previdência social, inclusive professores. (Ainda depende de votação.)
6. As contribuições sociais a cargo do empregador (Folha, Cofins e Lucro) poderão ter alíquotas ou bases de cálculo diferenciadas, em razão da atividade econômica ou da utilização intensiva de mão-de-obra. (art. 195, § 9º)	Permite a aplicação efetiva do princípio da eqüidade contributiva, tornando mais justa a arrecadação das contribuições sociais.

4.4 Pontos específicos

Direito Adquirido

A discussão sobre Direito Adquirido e Expectativa de Direito acompanhou de forma marcante todas as etapas da votação do projeto de reforma da previdência, e sua defesa sempre foi um argumento muito forte para evitar qualquer mudança. Uma corrente política chegou a defender que o simples fato de uma pessoa ter ingressado em uma atividade significava um contrato com garantia de direitos futuros. Na verdade, propunham que a reforma só poderia atingir aqueles que viessem a ingressar após a promulgação, o que, na prática, representava que seus efeitos apenas entrariam plenamente em vigor após 35 anos.

De maneira geral, o debate em torno do Direito Adquirido foi mais emocional e político, mesmo que, muitas vezes, este tenha sido defendido por parlamentares com sólida formação jurídica e apoiado por juristas. Em contrapartida, registraram-se colocações muito simples, mas de grande efeito porque foram feitas por administradores e governadores. Uma delas – *"Os direitos adquiridos irão matar todos nós"* –, dita por um governador de partido contrário à reforma, caracteriza bem o quadro de dificuldade que enfrentavam e o absurdo do raciocínio anterior. Outro governador chegou a afirmar que *"se distribuirmos todos os direitos no presente, não deixaremos direito algum para os que vão nascer"*. Sem dúvida, é uma expressão forte, mas demonstra a realidade, porque se todo o "bolo" já está distribuído, aqueles que pagarão a conta no futuro não participam dessa discussão.

Na verdade, do embate ideológico infere-se também que a incompreensão demonstrada por alguns segmentos tem um aspecto cultural, fruto de uma época em que o Estado era o tutor de todas as causas. Até porque em diversos países que realizaram reformas esse assunto foi considerado em uma simples questão matemática: quem ganha os benefícios, quem paga por eles e as possibilidades envolvidas.

Agora, trazendo o assunto à racionalidade, deve-se analisá-lo de acordo com a doutrina clássica[6]. Nela, temos o **Direito Adquirido,** a **Expectativa de Direito** e a **Faculdade,** onde Direito Adquirido é aquele que se origina de um fato idôneo a produzi-lo, em virtude da lei então em vigor e que, antes

---

[6] João Fanzer de Lima, tomo I, volume I.

da vigência da lei nova, entrou para o patrimônio da pessoa a quem pertence; Expectativa é a esperança que as pessoas têm de vir a possuir um direito, caso não se revogue a lei vigente; e Faculdade é o poder que a lei confere às pessoas e que estas, por qualquer motivo, ainda não quiseram exercitá-lo.

Sobre o conceito de Direito Adquirido, De Plácido e Silva[7] ensina que é o direito que se incorporou ao patrimônio da pessoa, sendo de sua propriedade e já constitui um bem que deve ser protegido contra qualquer ataque exterior que ouse ofendê-lo ou turbá-lo. Dessa forma, verifica-se logo que as simples faculdades, como as expectativas oriundas da lei antiga, poderão desaparecer por efeito de lei nova, sem que isso provoque qualquer prejuízo ou perturbação da ordem social ou da estabilidade dos direitos. Ao contrário, porém, a lei nova deve respeitar o Direito Adquirido, porque assim o exige também o interesse social, que se traduz, no caso, na necessidade da estabilidade dos direitos.

O Supremo Tribunal Federal sumulou entendimento sobre quais seriam as condições para que fosse reconhecido o direito à aposentadoria, a saber:

Súmula 359

*Ressalvada a revisão prevista em lei, os proventos da inatividade regulam-se pela lei vigente ao tempo em que o militar, ou servidor civil, reuniu os requisitos necessários, **inclusive a apresentação do requerimento** quando a inatividade for voluntária (destaquei).*

Posteriormente, em Embargos no Recurso Extraordinário nº 72.509 PR, o STF decidiu:

Aposentadoria.
Direito Adquirido.
Se, na vigência da Lei anterior, o funcionário preenchera todos os requisitos exigidos, o fato de, na sua vigência, não haver requerido a aposentadoria não o faz perder o seu direito, que já havia adquirido.

Embargos recebidos.
Alteração da Súmula 359, para se suprimirem as palavras "inclusive a apresentação do requerimento, quando a inatividade for voluntária".

(Acórdão publicado na RTJ 64/408)

---

[7] *In Vocabulário Jurídico.*

Verifica-se que a Suprema Corte foi além do que estabelece a doutrina clássica: decidiu que há Direito Adquirido para quem reuniu todas as condições para se aposentar, sendo desnecessária a apresentação do requerimento de aposentadoria. Como já visto, o indivíduo, quando reúne todos os requisitos na vigência anterior, possui o direito de requerer a aposentadoria, ou seja, deixa de ter a mera expectativa e adquire o direito à aposentadoria. E, na análise do texto da proposta de Emenda Constitucional, isso foi claramente respeitado em seu Artigo 3º:

> *"É assegurada a concessão de aposentadoria e pensão, a qualquer tempo, nas condições previstas na legislação vigente à data da publicação desta Emenda, aos servidores públicos e aos segurados do Regime Geral de Previdência Social que, até essa data, tenham cumprido os requisitos para obtê-las."*

Por outro lado, mesmo considerando que a Expectativa não pode ser tida como Direito Adquirido, a proposta de reforma reconhece a expectativa daqueles que já haviam ingressado no sistema, apresentando uma Regra de Transição. Uma decisão, por conseguinte, muito mais política do que técnica.

SEGURIDADE SOCIAL – FINANCIAMENTO

Com certeza, a criação da CPMF (Contribuição Provisória sobre Movimentação Financeira) e a inclusão do inciso X no artigo 167 na proposta de reforma da previdência são dois exemplos de como modificaram o propósito daqueles que fizeram a Constituição de 1988, com relação ao financiamento da Seguridade Social. E se na Assembléia Constituinte o tema causou muita polêmica, na discussão sobre a reforma acabou passando despercebido pela maioria. Os constituintes defenderam o argumento de que a proteção social, antes dispersas em atividades de Previdência Social, Assistência Médica e Assistência Social, ficassem englobadas no conceito de Seguridade Social, promovendo uma integração dessas três áreas. E, embora não tenha sido constitucionalizado, defendia-se à época a existência de um Ministério de Seguridade Social. Essa idéia de unidade pode ser observada claramente no artigo 194:

"Seguridade Social compreende um conjunto integrado de ações de iniciativa dos poderes públicos e da sociedade, destinados a assegurar os direitos relativos à saúde, previdência e assistência social."

No artigo 195, que trata do financiamento, destaca-se o parágrafo 2º, que determina a elaboração de um orçamento de Seguridade Social de forma integrada e prevê ainda a necessidade de estabelecer prioridades para esse conjunto de atividades. Os argumentos contrários a essa proposição – e que prevaleceram – pregam que são três atividades diferentes, com características próprias e com órgãos gestores distintos, e, portanto, seria difícil colocar tudo sob um mesmo manto. Ou seja, embora todos concordem com a necessidade do conjunto de atividades como forma de proteção social, isso não significa que necessariamente devam estar unidas.

De fato, a concepção constituinte não foi implementada. Se, por um lado, estavam previstas atividades de Previdência Social, Assistência Médica e Assistência Social, e por outro lado, foram definidas fontes de financiamento correspondentes a este conjunto, sem vinculação (sendo principalmente a contribuição sobre a folha e salários e sobre faturamento e lucro), na verdade, a previdência manteve-se, desde então, financiada de forma vinculada à contribuição sobre a folha e salários. Por sua vez, a Saúde e a Assistência Social passaram a contar com a contribuição sobre faturamento e o lucro, sendo que esta última fonte também é usada para financiar parte dos encargos previdenciários da União (em 1997 atingiu R$ 8 bilhões).

Se as vinculações aconteciam apenas sobre o ponto de vista prático e de acordo com a lei orçamentária, elas começaram a ser regulamentadas em 1996, quando se criou a CPMF[8], pois o artigo 74, em seu parágrafo 3º, passou a direcionar essa contribuição exclusivamente para o financiamento das ações e serviços de saúde. Outro exemplo veio mais recente no próprio texto da reforma da previdência, que estabelece, por meio de artigo 167, inciso X, a utilização dos recursos advindos da contribuição sobre a folha e salários, exclusivamente para o pagamento dos benefícios do Regime Geral de Previdência Social. Conclui-se então que essas alterações mudaram a "decisão constituinte" e, sem dúvida, materializam uma situação que precisa ser melhor definida.

---

[8] Emenda Constitucional nº 12, de 1996.

AS PROPOSTAS

Contribuição de inativos do serviço público

A adoção da contribuição dos inativos do serviço público gerou muito polêmica e acabou revelando o pouco (ou mesmo nenhum) conhecimento sobre o que é praticado nos regimes previdenciários existentes no Brasil. E, estando o Congresso Nacional mais próximo dos servidores públicos federais, cujas contribuições inexistiam até 1993, acabaram influenciando-o no sentido de não adotá-la. É interessante observar que no debate para retirar a contribuição, que seria o parágrafo 1º do artigo 40, os parlamentares não levaram em conta que ela já era praticada por alguns municípios e quase todos os Estados, embora com alíquotas irreais, pelo menos em seus Institutos de Pensão.

De fato, a cobrança da contribuição dos servidores ativos e inativos não é novidade constitucional. Ela estava prevista na Constituição de 1988, artigo 40, parágrafo 6º. Contudo, esse dispositivo não contemplava explicitamente a contribuição dos pensionistas. Além disso, a condição de ser um regime contributivo, portanto, financiado por seus participantes, permanece bem clara no artigo 149 da Constituição Federal, em seu parágrafo único:

"Os Estados, o Distrito Federal e os Municípios poderão instituir contribuição, cobrada de seus servidores, para o custeio, em benefício destes, de sistemas de previdência e assistência social."

Ora, em função dessa garantia legal, o Supremo Tribunal Federal já havia se decidido favoravelmente à cobrança, em duas ocasiões, negando provimento às ações diretas de inconstitucionalidade impetradas pelo Partido dos Trabalhadores contra a União e pelo Partido Comunista do Brasil, contra o Governo do estado da Bahia, ambas em 1996. Eis um trecho do parecer emitido pelo ministro Sepúlveda Pertence, favorável à contribuição dos pensionistas, na ação impetrada pelo PT:

"(...) Contribuição social é um tributo fundado na solidariedade social de todos para financiar uma atividade estatal complexa e universal, como é o da Seguridade. (...)". (ADIN – nº 1.441-2)

O mesmo raciocínio foi utilizado pelo o ministro Moreira Alves, ao indeferir a ação contra o Governo da Bahia:

"(...) A essa fundamentação, acrescento apenas que a contribuição exigida dos pensionistas abarca também, como sucede com os servidores inativos, a assistência social, como se vê do artigo 13, III, da lei estadual ora impugnada, e que a alusão, no artigo 149, parágrafo único, da Constituição, a servidores pode abranger, pelos elementos sistemático e teleológico da interpretação lógica, seus pensionistas, por terem em vida os benefícios que têm os servidores inativos, além de, à semelhança destes, terem também o benefício de receber a título de pensão a totalidade dos seus proventos com as revisões que estes teriam se vivos fossem (...)". (ADIN nº 1.430-7)

No argumento dos favoráveis à cobrança da contribuição dos inativos do serviço público, destaca-se, além da inquestionável justiça com a adoção do princípio da eqüidade contributiva, a necessidade de equilibrar a conta dos Encargos Previdenciários da União, já que o gasto previsto para 1998 será de R$ 19,9 bilhões, e a arrecadação somente do servidor ficará em torno de apenas R$ 3,8 bilhões. Ou seja, uma diferença para menos de R$ 16,1 bilhões. E, embora a própria regra constitucional, atualmente aprovada, indique em seu artigo 40 a necessidade desse equilíbrio, evidentemente pelo estoque existente não há como alcançá-lo, a menos que a contribuição passada passe a ser financiada por outras fontes e busque-se apenas o equilíbrio daqui para a frente, o que, evidentemente, acabará sendo o caminho.

Também argumentavam os favoráveis à contribuição dos inativos, que estes, além de não terem pago a própria conta, recebem mais do que os ativos. Neste caso, mesmo fazendo o cálculo, no exemplo federal, a nova arrecadação corresponderia a um adicional de 10%, o que é insignificante!

No Poder Judiciário, o valor médio da aposentadoria corresponde a 147% do salário, enquanto no INSS a aposentadoria é cerca de 70% do salário. Deve-se observar ainda que os salários médios na atividade são calculados em função da posição que o funcionário ocupa na carreira, enquanto na aposentadoria normalmente estão incorporadas vantagens acumuladas ao longo do tempo. No caso do Executivo, com exceção dos servidores militares, o fato de estar no fim da carreira tem pouco significado, pois a maioria permanece na mesma faixa até a aposentadoria.

AS PROPOSTAS

RELAÇÃO PERCENTUAL ENTRE APOSENTADORIA E SALÁRIO
(VALORES MÉDIOS – JAN. 98)

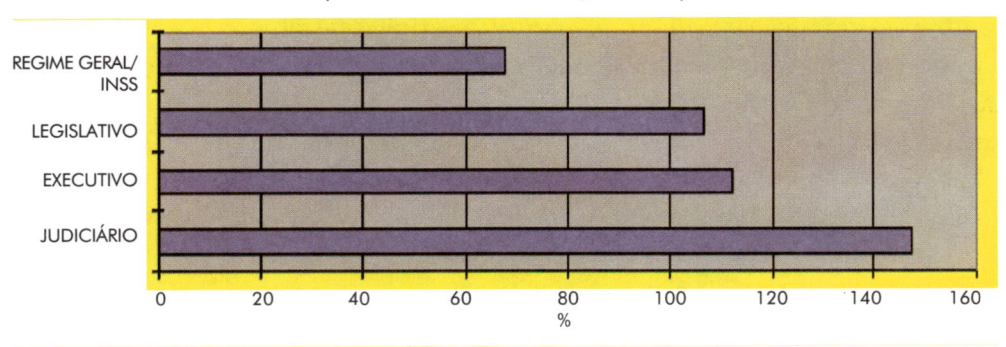

Fonte: Boletim do Mare; Mercado de Trabalho/IPEA; e MPAS.

Contudo, mesmo com a retirada do parágrafo 1º do artigo 40 do texto da Emenda Constitucional, ficou explícito no *caput* que o regime é contributivo. Assim como, ao manter-se o parágrafo único do artigo 149, reforça-se a interpretação de que a cobrança pode ser feita pela União, estados e municípios, como muitos vêm fazendo, para manter a isonomia. Por ora, entretanto, o Governo Federal não deverá fazê-lo, já que houve um compromisso político em torno da questão.

PREVIDÊNCIA COMPLEMENTAR PARA O SERVIDOR PÚBLICO

Com a reforma, a União, estados e municípios poderão instituir regimes de previdência complementar para o servidor público. Para isso, devem assegurar um regime básico com o mesmo limite do Regime Geral de Previdência Social (até R$ 1.200,00). Esses fundos vão estar subordinados a uma legislação genérica para toda a Previdência Complementar e que conterá algumas especificidades para o caso do serviço público. Trata-se da possibilidade de uma profunda mudança, em direção da unificação dos regimes, que cria melhores perspectivas para o equilíbrio futuro das contas da previdência dos servidores públicos e, finalmente, por meio do regime de capitalização, implanta a idéia de eqüidade contributiva.

As características básicas desse sistema obedecerão aos seguintes pontos: regime de capitalização, obrigatório, com critérios que preservem o equilíbrio financeiro e atuarial; natureza jurídica de uma entidade fechada de previdência privada: fundação sem fins lucrativos, de direito privado, administrando planos não solidários que permitam a constituição de reservas individualizadas; e adesão facultativa do servidor na data da instituição do regime. Quem for admitido após a instituição do regime, e não optar pela previdência complementar, terá seu benefício limitado ao regime básico, cujo teto será igual ao da Previdência Social, ou seja R$ 1.200,00.

A administração dos fundos deve ser feita com transparência, representatividade (inserção de participantes nos colegiados e instâncias de decisão), direção profissional e responsabilidade solidária entre administradores e realização de auditorias externas. Está prevista ainda a possibilidade da administração terceirizada de ativos e passivos.

O novo modelo deverá apresentar ainda:

- **reservas individuais**;
- **portabilidade** – possibilidade do participante transferir suas reservas para outro plano, uma vez cessado seu vínculo empregatício;
- *vesting* – direito a benefício proporcional diferido, ainda que o vínculo tenha cessado, mediante determinadas condições;
- **autopatrocínio** – prerrogativa do participante de manter sua filiação ao plano de benefícios, após cessado o vínculo, assumindo a responsabilidade pelas contribuições da patrocinadora, do participante, além de despesas administrativas.

As regras para tributação dos benefícios, nos regimes de previdência complementar do setor público, serão condicionadas ao recebimento pelos participantes, sendo que os rendimentos das aplicações não sofrerão incidência de Imposto de Renda (a isenção será concedida mediante lei).

Atualmente, dos 5.508 municípios do país, um pouco mais de 25% têm um regime próprio de previdência. Desses, a maioria absoluta paga suas aposentadorias como mais uma rubrica orçamentária e outra parte instituiu fundos de previdência, porém, sem a preocupação com a questão atuarial. São raros aqueles que conseguiram capitalizar o suficiente para arcar com o pagamento de benefícios. De fato, a questão atuarial tem sido pouco considerada.

AS PROPOSTAS

A situação dos fundos municipais agravou-se desde a introdução do Regime Jurídico Único (cuja obrigatoriedade foi abolida com a Reforma Administrativa). Ocorre que muitos municípios entenderam que o RJU significava uma mudança na condição dos servidores, passando-os automaticamente a estatutários, quando na verdade poderiam mantê-los como celetistas, apenas adotando um conjunto de normas unificadas. Simultaneamente, começaram a implantar os regimes de previdência, baseando-se quase sempre em modelos de outros municípios e, portanto, inadequados à realidade local. Muitos ainda usaram essa mudança como um subterfúgio para cessar a contribuição ao INSS, o que gerou uma melhora imediata da situação financeira dos tesouros, mas acabou adiando e aumentando o problema para o futuro.

Face a essa situação surgiram casos curiosos. Alguns deles levaram a Justiça a decidir que o celetista também era estatutário, passando a aposentá-lo como tal. Em vários municípios de Minas Gerais, por exemplo, essa situação foi denominada de "celetários", funcionários celetistas que conseguiram na Justiça os direitos dos estatutários (estabilidade, aposentadoria integral etc.) juntamente com os benefícios dos celetistas, como é o caso do FGTS. Por outro lado, em municípios do Nordeste, é comum encontrarem-se funcionários celetistas aposentados pelas prefeituras ganhando meio salário mínimo, enquanto a regra determina que ninguém pode receber menos do que um salário mínimo.

É válido registrar também que a idéia de criar melhores condições para o equacionamento das contas previdenciárias, por meio dos fundos de capitalização, já vem sendo discutida por alguns estados e grandes municípios há algum tempo. Como exemplos, estão os estados da Bahia e do Paraná. A Bahia tinha um sistema igual ao da maioria, no qual as aposentadorias eram pagas por rubricas orçamentárias e as pensões por meio de instituto próprio, que prestava serviços de assistência médica e social, entre outras formas de assistência. Embora possuísse um custo operacional elevado – com 1.600 funcionários e 48 escritórios no interior –, a Bahia tinha uma situação melhor em termos gerenciais. E, por isso, resolveu antecipar-se às idéias da reforma e mudar toda a estrutura de seguridade social. Mediante lei estadual, aprovada em dezembro de 1997, criou um fundo que deverá reunir ao longo dos anos R$ 2,5 bilhões, sendo que R$ 800 milhões provenientes do programa de privatização e de outros ativos financeiros, da contribuição dos ativos e dos inativos (definindo as que são para fins previdenciários e as relativas à saúde) e do próprio estado. O fundo previdenciário vai assumir gradativamente toda a responsabilidade pelo pagamento das pensões e aposentadorias de tal forma que, dentro de vinte anos, o estado estará totalmente desonerado dessa obrigação.

O Paraná, também mediante projeto de lei encaminhado à Assembléia Estadual, tenta aprovar a Organização de Previdência do Estado, na qual propõe financiamento do sistema baseado no regime de capitalização, e cuja base seria formada por transferências de patrimônio do estado, tais como imóveis, terrenos, ações de companhias estaduais entre outros, que, juntamente com as receitas de contribuições regulares e administração profissional das reservas, garantirão melhor rentabilidade para seu patrimônio.

Para o futuro, com o disciplinamento e adoção das possibilidades previstas pelo parágrafo 16, do artigo 40 e do artigo 248, abre-se uma grande possibilidade à medida que é criado um regime básico de até R$ 1.200 para os novos entrantes e para aqueles que optarem por ele; e um regime complementar, de capitalização, no qual cada um pagará a própria conta, de acordo com os valores que os planos prevêem, sua performance e a disposição de quem contribui e o administra.

SERVIDORES EM CARGO EM COMISSÃO

Outra situação que gerava controvérsias era a dos servidores em cargos em comissão. A dúvida recaía sobre a obrigatoriedade de eles serem segurados do Regime Geral de Previdência Social ou se havia possibilidade de seguirem as regras dos fundos estaduais ou municipais. Neste caso, muitos estados e municípios sobrepunham-se ao que determina as Leis n$^{\underline{os}}$ 8.212, no artigo 12, alínea *g* e 8.213, inciso II:

"São segurados obrigatórios da Previdência Social as seguintes pessoas físicas: (...) g) o servidor público ocupante de cargo em comissão, sem vínculo efetivo com a União, Autarquias, inclusive em regime especial e Fundações Públicas Federais."

No caso do servidor em cargo em comissão, sem vínculo, teria sido lógico que ele seguisse o caminho do Regime Geral de Previdência Social, pois sua situação é transitória. No entanto, em alguns regimes do setor público, a lei estadual ou municipal facultava que o servidor comissionado, após deixar o cargo, continuasse a contribuir para o fundo até obter a aposentadoria, o que, sob o ponto de vista legal, pudesse ser considerado correto. Finalmente, esta matéria foi definida no texto da reforma, pelo parágrafo 14 do artigo 40:

> *"Ao servidor ocupante, exclusivamente, de cargo em comissão declarado em lei de livre nomeação e exoneração, bem como de outro cargo temporário ou de emprego público, aplica-se o regime geral de previdência social."*

Condenações judiciais de pequeno valor

O artigo 100 da Constituição de 1988 exige que as condenações judiciais sejam pagas por meio de precatório. Isto significa que as ações de benefício favoráveis aos segurados, e inscritas até 1º de julho de cada ano, são incluídas no orçamento do ano seguinte e pagas em ordem cronológica. As inscrições feitas após essa data – quer dizer, a partir de 2 de julho – só constam do orçamento do ano subseqüente; isto é, o pagamento via precatório nunca é feito antes de um ano e meio da sentença.

Para evitar essa demora e a conseqüente tramitação burocrática, a Lei nº 8.213, de 1991, autorizava o INSS a pagar a condenação, até R$ 4.988,00, independentemente de precatório. Ou seja, o pagamento tornava-se imediato. O Supremo Tribunal Federal, entretanto, por provocação da Procuradoria Geral da República, e contra a defesa realizada pelo Governo e pelo Ministério da Previdência e Assistência Social, considerou essa regra inconstitucional. **Com a reforma, a questão foi restabelecida, acrescentando-se ao artigo 100 o parágrafo 3º, que permitirá o pagamento da obrigação, conforme vier a ser estabelecido em lei, imediatamente após a sentença definitiva. A medida facilita assim – no caso da previdência – os direitos dos seus segurados, notadamente de menor poder aquisitivo.**

Paridade entre servidores ativos e inativos

A Constituição de 1988 estabeleceu critérios diferenciados de reajustes entre os servidores públicos e os segurados do INSS. **Para estes últimos,** assegurou "o reajuste para preservar, em caráter permanente, o valor real, conforme critérios definidos em lei". Já para os servidores, estabeleceu a paridade total. Isto significa que quaisquer aumentos, benefícios ou vantagens concedidos aos ativos serão automaticamente incorporados pelos inativos. Esta regra, única nos sistemas previdenciários, traz como grande desvantagem a dificuldade em adotar uma política de recursos humanos para os servidores ativos.

Nas últimas décadas, várias carreiras incorporaram novas características, distanciando-se em muito do perfil que apresentavam no passado. É comum casos em que a qualificação para o desempenho de certas atividades era de nível médio, e hoje exigi-se curso superior, além de especialização em outras áreas do conhecimento. No entanto, ao estabelecer o nível de remuneração para esse novo profissional, atrelou-se automaticamente seus vencimentos aos daqueles que já estão aposentados e que não reúnem as mesmas características. Esta situação torna-se mais grave à medida que, no serviço público federal, se registra mais inativos do que ativos, sendo que, em certas carreiras, o número de aposentados é algumas vezes superior. Em um exemplo extremo, determinado posto possui para cada ativo 26 aposentados. Observa-se, então, a dificuldade na tentativa de melhorar a situação de apenas um deles.

Ao adotar a paridade, a defesa pela vinculação foi baseada no achatamento salarial permanente dos inativos, principalmente no período de inflação alta, o que hoje merece melhor consideração. Por outro lado, seguindo o raciocínio constituinte, deveria ter sido aplicada a mesma regra para os demais trabalhadores. Esta diferença, contudo, deu margem a um fato interessante: enquanto a regra fixada para os segurados do INSS possibilitou um reajuste acumulado nos últimos três anos de 77%, no setor público – como não há recursos – não houve qualquer aumento no mesmo período. Nem para os ativos e, em conseqüência, sequer para os inativos.

Durante as negociações em torno da Reforma da Previdência no Congresso Nacional, os parlamentares decidiram manter a paridade no setor público e, por uma diferença de apenas dois votos, rejeitaram a aplicação de um redutor gradativo para servidores com vencimentos entre R$ 1.200,00 e R$ 12.720,00 (o teto máximo), a ser estabelecido em lei. Vale ressaltar que 80% dos servidores ganham até R$ 1.200,00, portanto somente uma minoria seria atingida. A proposta era de que o redutor fosse menor para valores mais baixos, chegando até 30% para valores maiores. Sem ele,

AS PROPOSTAS

as alíquotas de contribuição deverão ser majoradas, a fim de que o sistema se torne equilibrado, em cumprimento ao *caput* do artigo 40 da Constituição. Assim, mais uma vez, defendeu-se os segmentos mais bem situados, já que o aumento atingirá todos os servidores que contribuem solidariamente para o sistema.

Embora não exista redutores em outros países, na forma como a que foi proposta na reforma, a média de valores das aposentadorias pagas no serviço público não ultrapassa 70% dos vencimentos recebidos na ativa. No entanto, no Brasil, categorias mais bem situadas, como a dos magistrados, procuradores e fiscais, entre outras, reagiram contra a perda da integralidade dos vencimentos, encontrando apoio principalmente no Poder Judiciário. Para esses, em minha opinião, a integralidade pode vir a ser proposta, desde que não seja uma posição diferenciada em relação aos demais trabalhadores. Tal questão poderia ser resolvida no futuro, condicionando-a aos que trabalharem por mais cinco anos. No caso da magistratura e outras categorias mais qualificadas intelectual e profissionalmente, essa condição seria mais bem aceita porque são pessoas que se mantêm produtivas durante muito mais tempo (em média, as mulheres até 60 anos de idade; e os homens, até 65 anos). Assim, o pagamento integral serviria de incentivo para mantê-los trabalhando. Esta possibilidade é justificável atuarialmente, pois irão gozar do benefício cinco anos a menos. Além disso, a integralidade pode ser obtida também com a implantação dos fundos de pensão.

Período para cálculo de benefício

Com a reforma, foi desconstitucionalizado o item que estabelece a forma de cálculo para definir o valor do benefício no regime INSS. Ele consiste ainda na média dos últimos 36 meses do salário de contribuição, corrigidos monetariamente mês a mês. A intenção é disciplinar este assunto por meio de lei, considerando um período maior para o cálculo, de pelo menos dez anos anteriores à solicitação do benefício. A mudança, entretanto, seria gradativa, começando com um período de cinco anos.

A principal razão da alteração é que o período de 36 meses não expressa a realidade da vida contributiva e laboral do trabalhador. De fato, este pequeno período favorece aqueles mais qualificados e mais bem estruturados no mercado de trabalho, e cujas possibilidades de ganhos são maiores à medida que vão acumulando conhecimento e experiência. Em contrapartida, prejudica aqueles cujo rendimento depende de esforço físico. Esses trabalhadores, quando vão ficando mais velhos, perdem a capacidade de trabalho e, em conseqüência, o seu rendimento. Além disso, um pequeno período de exigência dá margem à possibilidade de fraudes, pois facilita que sejam forjadas situações entre patrões e empregados apenas com a finalidade de conseguir um benefício melhor.

ALÍQUOTAS OU BASE DE CÁLCULO DIFERENCIADA

A reforma pouco mudou a estrutura contributiva da Constituição de 1988. O novo texto procurou apenas conceituar melhor e dar maior abrangência à contribuição sobre a folha e salários, incluindo qualquer remuneração decorrente de uma atividade laboral. No inciso I, do artigo 195, evitou-se a polêmica que houve em função da cobrança sobre os rendimentos de trabalhadores sem vínculo empregatício, segurados empresários, autônomos e demais pessoas físicas que prestam serviço a empresas. Esta cobrança havia sido considerada inconstitucional pelo Supremo Tribunal Federal, o que gerou a necessidade de editar a Lei Complementar nº 84, em 1996.

Sob o ponto de vista de que a previdência trata de um contrato entre gerações (quem trabalha paga para quem está aposentado), além da melhoria citada acima, o novo texto mantém basicamente as mesmas possibilidades de adaptação, por meio de legislação complementar, da cobrança de contribuição de outras formas de organização do trabalho que estão surgindo, alterando aquelas praticadas por autônomos. Da mesma forma, mantém-se o equilíbrio entre a cobrança da contribuição sobre o faturamento (Cofins) e a folha de salários, não obstante a rigidez criada na prática do uso dos recursos nas várias fontes (a CPMF está vinculada à Saúde e o faturamento tem destino específico) dificultar esse equilíbrio, sem que antes se reestruture o próprio orçamento.

Outro ponto que vale destacar é a inovação acrescentada ao artigo 195, que cria a possibilidade de diferenciar as alíquotas ou bases de cálculo, de acordo com o uso intensivo ou não de mão-de-obra. Isso, na prática, representa a adoção do princípio da eqüidade contributiva já definido na Constituição de 1988. A diferenciação deverá ser adotada, inclusive, na área rural, para a qual uma corrente de pensamento defende a redução da alíquota para o empregador, no sentido de estimular a formalização. Afinal, a informalidade na área rural passa de 70%. No entanto, sobre esta questão creio que mesmo adotando condições especiais, elas não propiciarão uma formalização em massa, porque a estrutura rural apresenta outras variáveis difíceis de ser contornadas com uma única medida.

CONTAGEM RECÍPROCA E COMPENSAÇÃO FINANCEIRA

O sistema previdenciário prevê a possibilidade dos segurados computarem seus tempos de contribuição dentro do próprio regime ou entre regimes. É a chamada contagem recíproca do tempo de serviço. Ou seja, os períodos de tempos contribuídos tanto na atividade privada, como nos setores públicos, podem ser utilizados objetivando a implementação dos benefícios.

Para a contagem recíproca, a Constituição Federal, em seu artigo 202, parágrafo 2º, estabelece que os diversos regimes de previdência social compensar-se-ão financeiramente. No entanto, no caso específico dos servidores públicos, a Constituição de 1988, em seu artigo 40, parágrafo 3º, prevê que o tempo de serviço público federal, estadual ou municipal será computado integralmente para os efeitos de aposentadoria e de disponibilidade, entre os entes de direito público interno. Isso significa que a Constituição não explicita a necessidade de compensação financeira entre os órgãos públicos[9].

Vale lembrar, porém, que o tempo de serviço nem sempre possui correlação com o tempo de contribuição, pois existem períodos não contribuídos que são utilizados para contagem de tempo de serviço em ambos os regimes.

Embora a Constituição Federal tenha determinado, desde 1988, a compensação financeira entre os regimes, sua regulamentação ainda não ocorreu. E isso se deve, principalmente, às dificuldades em definir os critérios de aplicação. Afinal, são milhões de pessoas que mudaram de regime ao longo do tempo. Dentre eles, servidores públicos que passaram para a iniciativa privada ou deixaram a condição de trabalhador rural, normalmente sem a contribuição correspondente. Além disso, em cada regime há critérios diferenciados. Assim é difícil imaginar que haveria um

---

[9] A alteração constitucional que trata desse assunto, parágrafo 9º de referido artigo, substitui a expressão por tempo de serviço para tempo de contribuição.

processo para cada pessoa que alcançasse a idade de aposentadoria, no qual constasse sua participação em regimes diferentes, a fim de que esses regimes fizessem a compensação financeira. Seriam milhões de processos gerando uma burocracia sem precedentes.

O projeto de lei nº 2.942-D, de autoria do deputado federal Luiz Carlos Hauly, já aprovado pela Câmara e pelo Senado, onde sofreu alterações tendo retornado à Câmara para definição, procura simplificar e tornar a compensação entre os regimes viável. Nele, duas linhas de raciocínio foram seguidas: a extinção da dívida de estados e municípios que assumiram o pagamento dos benefícios com a Previdência Social e vice-versa; e a apresentação do levantamento global do débito, a ser pago em dez anos. No último caso, o estado ou município que quiser reaver as contribuições recolhidas de ativos e inativos apresentaria os cálculos sobre o conjunto de segurados, feitos com auxílio de atuários. Em vez de milhões de processos, seria apenas um para cada instituição.

Até o momento em que este trabalho foi realizado, a Câmara dos Deputados não havia analisado as alterações feitas no Senado. De qualquer forma, seria importante que fossem rejeitadas, pois o Senado, ao tornar os critérios mais rigorosos, também burocratizou o processo, que trará possivelmente futuros problemas operacionais.

Sob o ponto de vista do interesse do segurado, ou seja, a pessoa que irá aposentar-se e que precisa contar o tempo de serviço, se o tempo trabalhado refere-se apenas ao setor público (União, estados e municípios), não há problemas. **A contagem será feita de acordo com artigo 40, parágrafo 3º, da Constituição de 1988, alterado para o parágrafo 9º do referido artigo, sem a necessidade de ter sido contributivo e de haver compensação financeira.** Da mesma forma, se o segurado foi proprietário rural, porque é fácil comprovar essa condição. A questão básica, contudo, reside na contagem do tempo rural não contribuído e, na maioria das vezes, não trabalhado. (Ver exemplos no capítulo 3.) Trata-se normalmente de filhos de proprietários, arrendatários ou comodatários rurais e que desejam contar esse tempo para efeito de aposentadoria no trabalho urbano ou no serviço público.

Essa questão tem gerado controvérsias e até indignação de representantes de algumas instituições. Exemplo disso é o Tribunal de Contas de Santa Catarina, que vem adotando a tese de que o tempo de atividade rural, para ser averbado junto ao poder público, deve corresponder ao efetivo tempo de contribuição previdenciária, em estrita concordância com a reciprocidade estabelecida no artigo 202, parágrafo 2º, da Constituição de 1988[10]. De acordo com seu presidente Moacir Bertolli, a transferência para o poder público, especialmente, aos municípios e aos estados, do "pesado encargo dos proventos de aposentadorias, cuja concessão se louve no simples cômputo de tempo de atividade rural ou urbana, desprezando a condicionante constitucional, seria insuportável para os cofres públicos".

O Ministério da Previdência também vem há algum tempo tentando restringir essa contagem, primeiro por intermédio de medida provisória e depois por lei. No entanto, o Supremo Tribunal, em julgamento da Ação Direta de Inconstitucionalidade, nº 1664/0, fixou duas interpretações. Na primeira delas, na contagem recíproca do tempo rural para a aposentadoria dentro do próprio Regime Geral, ou seja, a soma do tempo rural e urbano para os celetistas, é desnecessário comprovar a contribuição até a promulgação da Lei nº 8.213/92, já que, anteriormente, essa não era obrigatória. É preciso, porém, comprovar que era trabalhador rural, o que tem sido difícil, pois no passado a Previdência Social aceitava a simples condição de filho de proprietário rural, sem exigir a prova.

A segunda interpretação do Supremo refere-se à contagem recíproca utilizada no serviço público. Neste caso, o Tribunal entende como cabível a exigência da contribuição referente ao tempo rural para averbação do tempo de serviço urbano (observe então a premissa anterior do Tribunal de Contas de Santa Catarina). Assim sendo, o tempo rural para efeito de aposentadoria no setor público depende de contribuição até porque está prevista a compensação financeira e esta não pode ser feita se não houve contribuição.

Para finalizar, transcrevo o pronunciamento do relator da ADIN, no Supremo Tribunal Federal, ministro Octávio Gallotti:

> *"Dessas premissas, parece lícito extrair que, para a contagem recíproca corretamente dita, isto é, aquela que soma o tempo de serviço público ao de atividade privada, não pode ser dispensada a prova de contribuição, pouco importando – diante desse explícito requisito constitucional – que de, contribuir houvesse, sido, no passado, dispensada determinada categoria profissional, assim limitada, bem ou mal, quanto ao benefício de reciprocidade pela ressalva instituída na própria Constituição."*

---

[10] O parágrafo 2º do art. 202, anteriormente citado, na nova alteração transformou-se no parágrafo 9º do art. 201.

CAPÍTULO 5

Agenda Futura

- Contribuição de instituições filantrópicas;
- Contribuição de cooperativas de prestação de serviço;
- Contribuição rural;
- Cobrança de grandes débitos;
- Redefinição do Simples;
- Trabalho Informal;
- Implantação definitiva do CNIS;
- INSS - Reestruturação ou Agência Executiva;
- Acidente do Trabalho;
- Doenças ocupacionais do trabalho;
- Correção de defasagens de 1989 a 1994;
- Pensão por morte – seletividade na concessão;
- Fundos de pensão.

CAPÍTULO 5

Agenda Futura

As ações gerenciais e os ajustes feitos na legislação ordinária ainda vão produzir resultados durante algum tempo. Procurou-se até aqui arrecadar melhor, ser mais eficiente, diminuir erros e fraudes, reduzir custos operacionais e melhorar a qualidade de atendimento. Além das conseqüências da reforma, algumas questões, diretamente ligadas a ela ou não, também precisam ser implementadas e aperfeiçoadas; todas fundamentadas na boa técnica e na boa doutrina, em conformidade com o que se pratica nos países organizados, que possuem um sistema previdenciário bastante desenvolvido. Os pontos que devem integrar a Agenda Futura são os seguintes:

- Contribuição de instituições filantrópicas;
- Contribuição de cooperativas de prestação de serviço;
- Contribuição rural;
- Cobrança de grandes débitos;
- Redefinição do Simples;
- Trabalho Informal;
- Implantação definitiva do CNIS;
- INSS – Reestruturação ou Agência Executiva;
- Seguro do Acidente do Trabalho;
- Doenças Ocupacionais do Trabalho;
- Correção de defasagens de 1989 a 1994;

- Pensão por morte – seletividade na concessão;
- Fundos de pensão.

5.1 Contribuição de instituições filantrópicas

Durante muito tempo, as entidades filantrópicas permaneceram isentas de sua contribuição à Previdência Social, com relação à parte patronal. A isenção era regulamentada por legislação ordinária específica. Com a Constituição de 1988 (artigo 195, parágrafo 7º), **a imunidade limitou-se às entidades beneficentes de assistência social**. Porém, por meio da Lei ordinária nº 8.212/91, ela também foi concedida às entidades educacionais ou de saúde, desde que promovam a assistência social a menores, idosos, excepcionais ou pessoas carentes. Ou seja, a isenção às instituições de ensino e de saúde foi autorizada por lei, enquanto somente as entidades beneficentes de assistência social gozam da imunidade conferida pela Constituição.

Estudo elaborado pelo professor Celso Barroso Leite[1] mostra que o Brasil é o único país do mundo onde ocorre esse tipo de isenção. Além disso, centenas das 10.163 entidades filantrópicas registradas no Conselho Nacional de Assistência Social (CNAS) cobram pelos serviços, mantendo apenas um setor reduzido destinado à filantropia, mas necessário à obtenção da isenção do pagamento da contribuição. Outras praticam a filantropia patronal, oferecendo vantagens somente aos funcionários, como creches e assistência médica.

A isenção para entidades que não prestam serviços eminentemente assistenciais tem causado expressiva renúncia fiscal, em detrimento dos benefícios ou serviços assistenciais que poderiam ser custeados e oferecidos à sociedade. São aproximadamente R$ 2 bilhões que deixam de ser arrecadados por ano. Apesar disso, os favoráveis à manutenção desse incentivo justificam sua posição com críticas à atuação governamental no setor.

Longe de considerar desnecessário o papel desempenhado pelas entidades filantrópicas, questiona-se a lógica em utilizar a contribuição previdenciária como forma de estímulo; uma vez que os trabalhadores que prestam serviços para entidades isentas irão receber os mesmos benefícios dos demais segurados das empresas em geral. Acredito que a imunidade

---

[1] "Filantropia e Assistência Social".

constitucional deva ser mantida, por enquanto, desde que englobe apenas as entidades realmente beneficentes e de assistência social. Isso significa que as demais entidades abrangidas pela lei ordinária deverão ser excluídas. No futuro, também se deve discutir a imunidade das entidades beneficentes de assistência social e, também, eliminar o artigo constitucional correspondente.

5.2 Contribuição de cooperativas de prestação de serviço

Desde 1994 vem acentuando-se um fenômeno detectado há algum tempo: a proliferação de cooperativas de prestação de serviço. O crescimento deve-se em parte à alteração do artigo 442 da CLT, introduzida com a Lei nº 8.949/94, que recebeu um parágrafo único, acrescentando que "qualquer que seja o ramo da atividade da sociedade cooperativa, não existe vínculo empregatício entre ela e seus associados, nem entre estes e os tomadores de serviço daquela". Assim, com amparo da norma, as cooperativas furtam-se das obrigações trabalhistas e previdenciárias, com o fito de simplesmente obter o lucro: uma concorrência claramente desleal, considerando os encargos que as demais empresas assumem.

A opção pela forma cooperativa de organização do trabalho tem sido mais expressiva na indústria têxtil e de calçados, principalmente no Nordeste e no Sul do país, mas atingiu situações em que até mesmo municípios transformam seu quadros funcionais em cooperativas para fugir dos encargos sociais.

Embora a Lei Complementar nº 84/96 dê condições para a cobrança de contribuição sobre as cooperativas, é necessário que sejam legalmente organizadas e seus membros contribuintes individuais registrados na Previdência Social, além de as empresas que compram serviços realizarem as devidas contribuições.

No momento, estão sendo realizadas simulações para verificar que impactos teríamos na opção de descaracterizar esse tipo de trabalho, considerando-o mão-de-obra de empresa. De qualquer forma, é uma questão que está em aberto e precisa de uma definição urgentemente, porque são milhões de trabalhadores que, ou não participam do sistema, ou estão contribuindo de forma insuficiente.

5.3 Contribuição rural

O gasto com os benefícios rurais sofreu acentuado crescimento nos últimos anos, após a Constituição de 1988, principalmente em função do aumento do piso dos benefícios (de meio para um salário mínimo) e da redução da idade para concessão da aposentadoria, para 60 anos (homens) e 55 anos (mulheres). O desafio é gerar capacidade de financiamento desse grande estoque, pois uma simples comparação entre receitas e despesas permite observar que a arrecadação relativa ao meio rural está longe de financiar essas despesas. Até 1988, a contribuição rural significava 16% do custo dos respectivos benefícios, caindo depois para 10%.

É preciso definir adequadamente a responsabilidade do setor, no qual registra-se um elevado nível de evasão de contribuição na comercialização de produtos, que pode chegar a 70%. É, sem dúvida, uma evasão de difícil controle! Por sua vez, sendo uma área com características e peculiaridades tão próprias, também encontra-se alto grau de trabalho informal. **Neste aspecto, vale ressaltar que não se espera encontrar no setor rural o equilíbrio entre a receita e despesa, mas, dentro do princípio da eqüidade contributiva, elaborar um sistema de contribuição mais adequado.** Uma das questões a serem consideradas refere-se ao uso intensivo de mão-de-obra em determinadas atividades rurais, como a produção de café, algodão e leite, e em outras nas quais a mão-de-obra tem menos importância, mas cuja produção apresenta melhores condições de mercado (como a produção da soja, pecuária de corte etc.).

A contribuição à previdência na área rural tem sido analisada em documentos e encontros, envolvendo técnicos, os sindicatos rurais e a Confederação Nacional dos Trabalhadores em Agricultura. Um bom resultado é que há consenso sobre a necessidade de estruturação do sistema no setor, e muitas sugestões já foram apresentadas.

5.4 Cobrança de grandes débitos

A atual estrutura de execução fiscal vem favorecendo a sonegação de contribuições previdenciárias. Há exemplos de centenas de empreiteiras, incorporadoras e empresas prestadoras de serviço que preferem aguardar o processo de execução e assim protelar os prazos para o pagamento das dívidas, recorrendo em todas as instâncias possíveis. Ao final do processo, a dívida, muitas vezes, torna-se impagável por causa do tempo da tramitação, ou porque a empresa utilizou parte dos recursos destinados à Previdência Social para outros fins privados ou não racionalizou os custos no período. Ou mesmo alienou os bens e abriu outra empresa. Por isso, há débitos registrados há mais de quarenta anos, envolvendo empresas que não existem mais, faliram ou estão em concordata.

O emaranhado de possibilidades recursais é tão grande que acaba trabalhando a favor do réu. Em todas as áreas, há pelo menos mais de cinco instâncias a quem recorrer de uma decisão líquida e certa, utilizando artifícios legais. Há casos também em que a rapidez ou a demora de um julgamento dependem da boa vontade judicial e existe uma tendência a decidirem mais rapidamente nas causas de pagamento de benefícios contra a previdência, inclusive liminarmente. Deve-se considerar que esta situação resulta também de uma legislação mal elaborada, que provocou entendimentos diversos, e ainda de notificações malfeitas e da falta de agilidade de nossas procuradorias em impugnar os embargos.

As mudanças gerenciais para a cobrança fiscal, embora importantes, são insuficientes para aumentar a eficiência do setor, porque irá se defrontar com uma estrutura superada, alheia à previdência. Por isso, sua reformulação é mais um desafio a ser vencido. Um dos caminhos propostos seria discutir a diminuição da possibilidade de recursos, com a simplificação de ritos processuais e a ampliação da capacidade de julgamento, criando varas administrativas e previdenciárias, a exemplo das que já existem nas cidades do Rio de Janeiro e de São Paulo.

5.5 Redefinição do **Simples**

O Governo acertou quando decidiu adotar, em janeiro de 1997, um sistema simplificado para o recolhimento de encargos sociais e fiscais destinado às micro e pequenas empresas. De fato, o **Simples** é uma inovação na forma de incentivo e estímulo a esse segmento, sempre pressionado por uma estrutura tributária muito pesada e burocrática. No entanto, estudos realizados mostram que este novo modelo de arrecadação vem gerando uma perda contributiva em torno de R$ 500 milhões anuais para a Previdência Social. Além disso, restringiu o controle do INSS sobre a fiscalização das contribuições. Outro problema, mais grave, é que o **Simples** também se transformou em um instrumento de sonegação, pelo qual as empresas de médio porte adaptam a sua contabilidade, no sentido de se beneficiarem da legislação e fugirem das demais obrigações. Tudo indica, embora a questão mereça ser mais bem investigada, que a legislação do **Simples** favorece o custo-oportunidade para a realização de desvio, portanto a perda contributiva deve aumentar.

As distorções derivam, principalmente, das alterações sofridas pela medida provisória encaminhada pelo Governo ao Congresso Nacional. Se não, a proposta original apresentada pelo Ministério da Previdência era a de aplicar uma alíquota de 2,7% de forma linear para todas as micro e pequenas empresas. O projeto do Governo, por sua vez, estipulava uma alíquota 2,14 a 2,7%, subdivididas de acordo com o porte das empresas. No Legislativo, as microempresas tiveram tratamento diferenciado, e acabou vigorando a adoção de alíquotas que variam de 1,2 a 2%; para as demais, foi mantida a proposta do Governo.

Comprovada a diminuição da participação da previdência, com a aplicação da Lei nº 9.317/96, é óbvia a necessidade de ajustes para equilibrar a atual receita, em relação à obtida antes da vigência do **Simples**, até porque o sistema teve como objetivo a simplificação dos procedimentos e não diminuir nem aumentar a contribuição. Dessa forma, o único caminho é rever a legislação e assim evitar mais perdas para a instituição. **Além do que, cria-se mais um item de desequilíbrio atuarial entre o valor das contribuições do público-alvo e os custos de sua aposentadoria futura.**

5.6 Trabalho informal

A geração de mais postos de trabalho informal trouxe um impacto considerável sobre a arrecadação previdenciária nesta década. Se em 1991, os trabalhadores sem carteira assinada e que trabalhavam por conta própria na População Economicamente Ativa eram 41%, eles passaram para 47,4% em 1997. Esta realidade põe em risco a concepção do equilíbrio do sistema em regime de repartição, no qual ocorre o chamado "contrato entre gerações" (as pessoas que trabalham financiam as que estão aposentadas), porque à medida que menos pessoas trabalham – como mostra o quadro abaixo – e vivem mais tempo, a conta se torna mais cara e difícil de ser arcada por quem está trabalhando. E é claro que existe uma tendência a se agravar.

TRABALHADORES COM CARTEIRA ASSINADA NA POPULAÇÃO OCUPADA

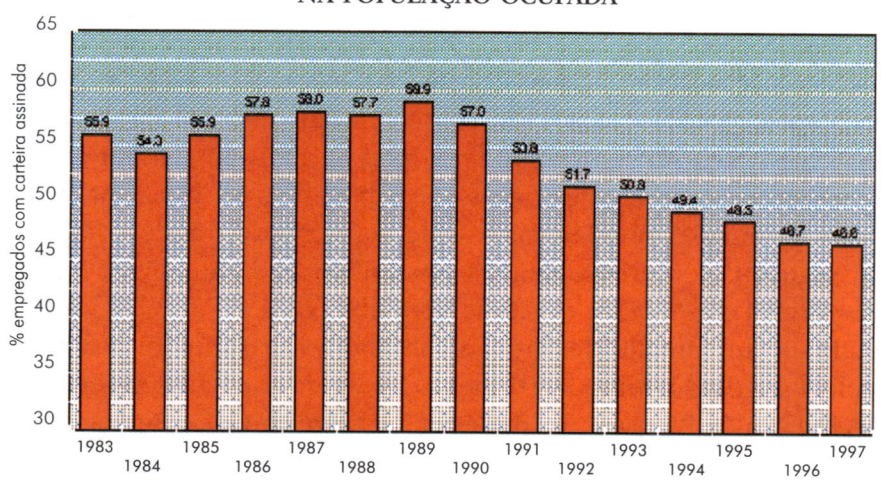

Ano	% empregados com carteira assinada
1983	55,9
1984	54,0
1985	55,9
1986	57,8
1987	58,0
1988	57,7
1989	58,9
1990	57,0
1991	53,8
1992	51,7
1993	50,3
1994	49,4
1995	48,5
1996	46,7
1997	45,6

Fonte: Pesquisa Mensal de Emprego, IBGE.

O crescimento do mercado informal, além de razões conjunturais, verifica-se também pela reestruturação do setor produtivo em curso, que implica mudança na tecnologia, na organização e nos métodos gerenciais. **Tudo isso nos leva à necessidade de rediscutir a questão da contribuição, até aqui restrita à folha, salários e aos autônomos, buscando ampliar a base de contribuintes.** Alguns pontos já estão em discussão nesta linha. Um deles, embora não vinculado ao mercado informal, é o da contribuição das instituições filantrópicas; o outro, abordado anteriormente, trata das cooperativas de prestação de serviços. Mas há também os trabalhadores domésticos, cujo grau de formalização ainda é insuficiente; trabalhadores do setor rural (também já citado), que têm o mercado informal predominante; e, finalmente, as atividades hoje autônomas, que poderão ser atingidas utilizando como instrumento de identificação a existência de uma conta bancária e rendimentos oriundos da remuneração do trabalho. É preciso definir essa questão com urgência, na regulamentação geral do artigo 195 da Constituição, ou mesmo tratar, antes dela, de certos pontos.

5.7 Implantação definitiva do CNIS

Em breve, a Previdência Social vai dispor para utilização efetiva de um cadastro único, de abrangência nacional, reunindo informações de trabalhadores empregados, contribuintes individuais, vínculos empregatícios e remunerações. Trata-se do Cadastro Nacional de Informações Sociais (CNIS), cuja aplicação vem sendo feita há dois anos, em caráter auxiliar e experimental, nos setores de concessão de benefício do INSS, na fiscalização de contribuições previdenciárias, na detecção de fraude e na concessão do seguro-desemprego. Com a possibilidade de atualização mensal, em função da Lei nº 9.528, de 10 de dezembro de 1997, o CNIS terá condições de ser implantado definitivamente, num horizonte de quatro anos, passando a ser usado como instrumento eficaz na concessão de benefícios.

O CNIS, além de ser um poderoso mecanismo de controle da previdência e um banco de dados extremamente importante para uso múltiplo por parte dos demais órgãos governamentais, é garantia para os trabalhadores, até então responsáveis pelo ônus da prova de sua vida laboral. Sem dúvida, um projeto arrojado que mereceu elogios até mesmo de um dos maiores adversários da Reforma da Previdência. O CNIS foi definido pelo presidente da Central Única dos Trabalhadores, Vicente Paulo da Silva[2], como um "oásis de cidadania" e "importante mecanismo inibidor de fraudes e distorções na concessão de benefícios previdenciários e trabalhistas."

O Cadastro Nacional de Informações Sociais reúne informações de vários bancos de dados de outros órgãos públicos, como o FGTS, PIS/PASEP, CGC, CAGED, CEI (Cadastro Especial do INSS), Cadastro de Contribuintes Individuais do INSS e a RAIS (Relação Anual de Informações Sociais). Esta diversidade foi também um dos motivos pela demora na conclusão de sua base de dados, tendo em vista a necessidade de conciliar diversas fontes de captação. Ao todo, estima-

---

[2] "Oásis de Cidadania", *O Globo*, 10/11/97.

se que estão reunidos 250 milhões de informações sobre vínculos (empresa/trabalhador).

No controle da evasão de contribuições previdenciárias, as informações do CNIS são confrontadas com dados constantes nas Guias de Recolhimento da Previdência Social (GRPS). O resultado pressupõe uma expectativa de sonegação, que passa a orientar o trabalho dos fiscais do INSS. É o chamado controle eletrônico. Já na concessão de benefícios, confirma ou não a veracidade das informações repassadas pelos segurados, quando esses não dispõem de documentação completa, devido à falta de vínculo formal (carteira assinada) ou por perda e extravios. No futuro, com a mudança de tempo de serviço para tempo de contribuição, os dados do CNIS vão substituir essa necessidade.

5.8 INSS – Reestruturação ou Agência Executiva

É inconcebível para o bom financiamento de uma instituição encarregada de administrar a Previdência Social que ela tenha a estrutura de uma simples repartição pública tradicional. O excesso de burocracia – pior do que há vinte anos – compromete a eficiência da organização, que foi criada sem carreiras e remunerações adequadas, e cujas atribuições são executadas, basicamente, por pessoal de formação média, em termos de recrutamento no mercado. Servidores que, sem perspectivas funcionais, buscam a aposentadoria o mais rápido possível, para, a partir de então, tentar uma vida profissional satisfatória, pessoal e financeiramente.

O INSS, sendo uma grande seguradora, deve ser administrado com métodos e procedimentos adequados a uma empresa desse porte e não como mais uma repartição. É inviável que uma instituição movimente anualmente R$ 50 bilhões, somente com pagamento de benefícios, sem contar em seu quadro com auditores nem avaliadores de risco (médico-perito[3]). Da mesma forma que, exercendo uma atividade ligada a seguros e baseada em cálculos atuariais, não possua atuários – nem possa recrutá-los no mercado de trabalho – e tampouco a carreira de concessor de benefício.

O trabalho do concessor de benefício vem sendo desempenhado pelos agentes administrativos. São eles que assumem a responsabilidade pela concessão, que gera gastos elevados contabilizados durante muitos anos, e

---

[3] Criada como carreira a partir da MP nº 1.588 de 12/9/97.

têm de conhecer uma legislação complexa como a previdenciária, definir casos específicos, realizar bom atendimento e operar todo um sistema informatizado. Vejam que são atribuições que extrapolam as exigências feitas a um agente administrativo. Situação idêntica ocorre na área de fiscalização e arrecadação, na qual se encontram apenas carreiras de nível superior, fazendo com que as funções técnicas de nível médio também sejam desempenhadas por agentes administrativos.

Na área de contratação e licitação de serviços e equipamentos, a administração pública vem se tornando refém do corporativismo de determinados segmentos. A legislação vigente, alterada há poucos anos para dar maior rigor aos processos, favorece a procrastinação de prazos, tornando morosas e desgastantes simples aquisições de material. Em certos setores – como o da informática – sabe-se que o tempo é o maior inimigo de quem tenta acompanhar as novidades tecnológicas.

De fato, essa situação atinge todas as instituições governamentais, porque são regidas pelo mesmo tipo de legislação, não importando o caráter da atividade que desenvolvem. Não há autonomia. **Por outro lado, a previdência tem um compromisso com os seus clientes – aposentados e segurados – que, assim como os da iniciativa privada, exigem, com toda razão, qualidade e rapidez no atendimento. E, neste aspecto, a previdência é uma das maiores vitrines da administração pública, porque envolve direta e indiretamente milhões de pessoas, que avaliam diariamente o desempenho da instituição como um todo.**

As propostas para reestruturar o modelo administrativo da Previdência Social não alteram suas características atuais. Uma delas define melhor algumas carreiras – como médico-perito, concessor de benefício e técnicos de arrecadação – e permite maior flexibilidade operacional, mediante a alteração de certas normas hoje comuns a todo o serviço público, tornando a administração eficiente e eficaz. Talvez, determinados trabalhos que a previdência realiza, como administração de imóveis, venda de patrimônio, administração de arquivos, abastecimento das necessidades mínimas de funcionamento, possam e devam ser terceirizados. É claro que também, antes disso, toda a estrutura organizacional deva ser revista, para torná-la menos departamental e empreender rapidez às ações, o que depende também de uma política de profissionalização de pessoal e alteração de normas burocráticas.

Outra alternativa para tornar a administração pública mais flexível, apresentada pelo Governo, é o Projeto das Agências Executivas. Com ele, as autarquias federais poderão ter maior independência na composição do quadro de pessoal, na execução do orçamento e na aquisição de bens e serviços. Em forma de agência, a instituição, que exerce poderes e funções exclusivas de Estado, adota um modelo voltado para resultados, com acompanhamento por meio de indicadores de desempenho. E, sem dúvida, neste ponto, o INSS tem hoje o melhor sistema de acompanhamento de produção e produtividade dentro do serviço público brasileiro.

Um protocolo de intenções, assinado em 1997, entre o Ministério da Previdência e o Ministério da Administração Federal e Reforma do Estado (Mare) prevê a implantação de unidade-piloto do projeto no INSS, a partir da assinatura de um contrato de gestão. Para ser posto em prática, porém, o instituto precisa redefinir sua estrutura organizacional, que está sendo estudada pela Fundação Instituto de Administração da Universidade de São Paulo. De qualquer forma, a aplicação ainda deve demorar porque depende de mudança na legislação.

Essas propostas sinalizam que há um consenso sobre a necessidade de reestruturação do modelo organizacional da previdência. Elas dependem, no entanto, de definições importantes, que devem ser adotadas o quanto antes, para garantir a viabilidade da instituição e atender os objetivos aos quais se propõe.

5.9 ACIDENTE DO TRABALHO

Há três anos, estudamos um novo modelo para o Seguro de Acidente do Trabalho. Os que conhecem o atual sistema concordam que uma de suas falhas é ser meramente indenizatório e compensatório. Por isso mesmo, vem causando graves prejuízos ao sistema produtivo e à sociedade brasileira. É preciso adotar uma nova concepção, que induza e estimule uma ampla participação tanto das empresas quanto dos trabalhadores e da própria sociedade, formando uma consciência de prevenção.

A cada ano, morrem quatro mil pessoas vítimas de acidente no trabalho, e de 16 a 20 mil trabalhadores tornam-se incapazes parcial ou totalmente. O lamentável destes dados é que a grande maioria poderia ser evitada. Além disso, trazem para a previdência um gasto anual de R$ 1,1 bilhão, somente com o pagamento de benefícios como auxílio-doença, auxílio-acidente, aposentadoria por invalidez e pensão por morte.

A experiência internacional revela que os sistemas montados por empresários e empregados diminuem conflitos e tensões sociais porque são descentralizados, cooperativos com a Previdência Social e competitivos entre si. Um modelo que, além de justo socialmente, tem um custo relativamente baixo e efetivo em termos de redução da sinistralidade. Prova disso é o fato de ser adotado com sucesso em vários países desenvolvidos como Alemanha, a Suíça, a Espanha e o Chile.

No Brasil, o sistema do Seguro de Acidente do Trabalho é basicamente estatal, sendo implementado pelo Ministério da Previdência, por intermédio do INSS, e apoiado pelos Ministérios do Trabalho e da Saúde. O sistema, contudo, não valoriza a empresa que investe na proteção ao trabalhador.

A legislação atual estabelece apenas uma taxação, variável de 1 a 3%, dependendo do grau de risco da atividade empresarial, que pode ser pequeno, médio e grande. Com o novo modelo, a empresa que investir em proteção ao trabalhador será bonificada pelo seu bom desempenho. Em contrapartida, aquela que não investir, e que tiver desempenho insatisfatório, passará a pagar mais. É, portanto, um critério mais justo! Deverão ser estabelecidos mecanismos de estímulo, recompensando e gratificando as empresas que adotarem planos de investimentos, e de penalização daquelas que não investem ou têm sinistralidade acima de determinados patamares.

Outra falha do sistema brasileiro é não incentivar a participação de empresários e trabalhadores. Por isso, propomos a adoção de um modelo misto de gestão com participação do Governo, no controle e supervisão, e a operacionalização por organizações sem fins lucrativos, reunindo empregados e patrões. Essas organizações, com autonomia administrativa, são conhecidas como mútuas.

O Seguro de Acidente do Trabalho, por meio de mútuas, alcançará o segurado na integralidade, com ações de prevenção, reabilitação, no sentido amplo (assistência médica, reabilitação profissional e social) e compensação financeira (auxílios, aposentadorias e pensões). Pelo projeto em estudo, existe a possibilidade de separar as aposentadorias e pensões, transferindo-as à responsabilidade do INSS. Todo o processo, do início ao fim, deverá ser operado por uma só entidade: isto significa globalidade de atenção ao segurado, diferente do que vem ocorrendo. Por exemplo, o Sistema Único de Saúde não executa um programa específico para o trabalhador que sofre um acidente no trabalho, o que, na maior parte das vezes, acaba inviabilizando sua recuperação e reintegração ao mercado de trabalho. Em conseqüência, o prejuízo atinge a saúde do trabalhador, a empresa e aumenta os gastos da previdência.

A mudança no sistema do Seguro de Acidente do Trabalho ainda está sendo discutida e tornada pública. O projeto elaborado pelo Ministério da Previdência não é tido como definitivo, sendo necessário debatê-lo mais profundamente, a fim de que alcance um consenso.

5.10 Doenças ocupacionais do trabalho

Dentro do que vem sendo feito por técnicos da previdência e do INSS sobre o Seguro de Acidentes do Trabalho, uma questão merece enfoque diferenciado: as doenças ocupacionais e as do trabalho. Nos últimos anos, o número de casos vem evoluindo, principalmente os de Distúrbios do Sistema Osteomuscular Relacionadas ao Trabalho (DORT), cujo diagnóstico depende do estabelecimento de um nexo entre a atividade exercida e a doença.

As doenças ocupacionais resultam de constante exposição a agentes físicos, químicos e biológicos, ou mesmo do uso inadequado dos novos recursos tecnológicos, como os da informática. Entretanto, os distúrbios do sistema osteomuscular podem ter origem em atividades não relacionadas ao trabalho, quando realizadas com habitualidade ou porque houve excesso por parte do trabalhador. Exemplo: o digitador que tem dois empregos e não cumpre o descanso necessário à atividade. Por outro lado, como a prevenção de doenças ocupacionais ainda é limitada por parte das empresas, essas vêm sendo atribuídas única e exclusivamente ao trabalho. Dessa forma, para a previdência os distúrbios do sistema osteomuscular são enquadrados como um tipo de acidente do trabalho, gerando direitos de estabilidade de doze meses e, no caso de estabelecimento de seqüelas definitivas, o beneficiário poderá receber 50% do salário de benefício (auxílio-acidente). O programa de Reabilitação Profissional do INSS também é oferecido ao segurado.

Dentre os distúrbios do sistema osteomuscular, a Lesão de Esforço Repetitivo (LER) tem despertado interesse tanto do Governo quanto das representações dos trabalhadores e dos patrões. Em recente pesquisa realizada pela Federação das Indústrias de Minas Gerais constatou-se uma incidência da LER muito acima dos números esperados com relação aos avanços da industrialização no estado. Somente em uma indústria de Betim, dos 963 trabalhadores afastados, 167 estavam relacionados a algum tipo de lesão por esforço repetitivo. A pesquisa aponta, ainda, que a média de afastamento do trabalho nesses casos tem sido de 550 dias, no Brasil, enquanto nos Estados Unidos fica em torno de 32 dias.

Na discussão sobre o novo modelo do Seguro de Acidente do Trabalho, espera-se que, ao dar prioridade ao aspecto da prevenção, o número de casos possa vir a diminuir no futuro. Há preocupação ainda de que os diagnósticos sejam feitos mais cedo e de forma precisa, a fim de que o trabalhador não perca a capacidade laborativa em plena fase produtiva. Sabe-se, porém, que isso não é suficiente, pois se trata de uma questão séria e da qual ainda não há conhecimento nem estrutura, e esta é a questão básica.

5.11 Correção de defasagens 1989/1994

Há quase dois milhões de aposentadorias concedidas, principalmente, de 1989 a 1994, que, em função da política salarial praticada na época e do alto nível de inflação, apresentam distorções no cálculo inicial. Isso não significa que os benefícios estejam incorretos, pois foram obtidos de acordo com a legislação vigente. Na realidade, o que ocorre é uma situação injusta, do ponto de vista ético, que precisa ser resolvida.

A distorção referida derivou do sistema atual de cálculo do benefício, que utiliza a média das 36 últimas contribuições do segurado, corrigidas mensalmente, para o mês de requisição da aposentadoria. Com a inflação, era freqüente ocorrer a situação na qual o segurado, que sempre contribuiu pelo teto, aposentava-se com um valor inferior. Como o salário de benefício não pode ser superior ao teto, se este se encontrava defasado, o segurado acabava tendo o benefício achatado pelo teto.

Além disso, o segurado tinha a ilusão de que contribuía pelo valor real de seu salário, mas na verdade atingia esse máximo apenas no dia em que a política salarial restabelecia a perda inflacionária. Ou seja, à medida que o tempo passava, esse valor ia perdendo o poder aquisitivo até a nova recomposição. Ao final, o valor médio aquisitivo ficava entre 60 e 70% do valor do que era esperado. Por isso, se o segurado contribuía sobre o equivalente a cinco salários mínimos, dependendo da época em que se aposentava, poderia ser com rendimentos equivalentes a três salários; o que hoje, sem a inflação, deixou de acontecer. Baseada nesta situação, foi feita uma avaliação das implicações financeiras para a correção dos benefícios, para o caso das pessoas que foram afetadas no período. Ela implicaria um gasto superior a R$ 2 bilhões, anualmente.

A maior preocupação é com a origem dos recursos para custear a revisão de benefícios. Afinal, a Previdência Social precisa estar com o caixa em ordem para assumir um compromisso dessa natureza. Somente a reforma, ao lado de outras medidas de gestão, vai criar as condições de saneamento financeiro necessárias. E, em conseqüência, a possibilidade de corrigir e realizar esses pagamentos, quando poderão ser honrados os compromissos com o passado.

5.12 Pensão por morte – Seletividade na concessão

É necessário constar de uma agenda futura, e até mesmo como possível alteração constitucional, que a concessão de pensões seja feita de forma seletiva como é praticado em todos os países. Assim, o benefício e sua duração passariam a ser orientados por critérios relativos à idade, à renda e capacidade laboral do cônjuge beneficiário, à existência de filhos menores e ao recebimento de outros benefícios. Além disso, o acúmulo de aposentadorias e pensões seria restrito a determinadas situações.

Os critérios adotados por grande parte dos sistemas previdenciários modernos visam preservar o objetivo básico da pensão por morte. Eles determinam a manutenção da renda familiar dos dependentes, no caso de morte do chefe da família. Ou seja, não se trata apenas de um mero complemento de renda, o que compromete gravemente o financiamento e equilíbrio atuarial do sistema. No Brasil, é comum encontrar, principalmente no serviço público, casos de acumulação de salários milionários com aposentadorias e/ou pensões do mesmo valor. Evidentemente, não há razão para uma pessoa que recebe uma pensão com um valor elevado vir a ter um segundo benefício, ou mesmo uma pessoa que exerce atividade com remuneração elevada receber uma pensão adicional.

Muitos são os critérios para caracterizar a relação de dependência para a concessão de pensões. No Canadá, ela é paga por um prazo máximo de dez anos e somente se o cônjuge sobrevivente for responsável pela criação de filhos menores de sete anos. Na Suécia, desde 1990, no regime universal, as pensões por morte estão gradualmente sendo substituídas por prestações de readaptação pagas aos sobreviventes de ambos os sexos por um período de um ano ou por um prazo maior, caso sejam responsáveis por filhos menores de doze anos. Na América Latina, o Uruguai prevê um limite de idade de quarenta anos para que o benefício seja vitalício. Na Argentina, o cônjuge sobrevivente tem direito a 90% da aposentadoria paga ou acumulada para o segurado, mas se voltar a casar receberá um pagamento único final equivalente a três anos de pensão.

Assim sendo, o ajuste sobre a pensão por morte é mais um item que deverá ser tratado no futuro, a fim de que o sistema previdenciário brasileiro reencontre sua racionalidade.

5.13 FUNDOS DE PENSÃO

A nova regulamentação a ser feita deverá preservar o conteúdo da atual legislação sobre Previdência Complementar e introduzir novos pontos em relação às **reservas individuais, portabilidade,** *vesting*, **autopatrocínio, transparência na administração, representatividade, direção profissional, terceirização, responsabilidade solidária** e **regras para tributação**. Todos eles abordados no capítulo anterior.

O sistema de previdência complementar vai ganhar maior abrangência, que deverá ser viabilizada por meio da introdução da figura do **estipulante**, ou seja a pessoa jurídica devidamente constituída com finalidade de ser estipulador de fundos de pensão, a exemplo de cooperativas, sindicatos, associações desportistas, culturais, ordens etc. Por meio do **estipulante**, grupos de participantes a ele ligados poderão constituir fundos de pensão ou aderir a fundos multipatrocinados.

Ainda em relação à segurança dos participantes, haverá a obrigatoriedade de concessão de benefício mínimo, e respectivas regras, a serem oferecidos pelos planos contributivos de benefício definido. Deverá ser criada ainda a figura do **fundo de solvência** para garantir, aos participantes, os compromissos assumidos pelos fundos de pensão que vierem a sofrer liquidação extrajudicial.

CAPÍTULO 6

As Dificuldades

CAPÍTULO 6

As Dificuldades

Uma indagação comum em palestras, seminários ou mesmo em discussões reservadas com especialistas e pessoas da sociedade interessadas no processo de reforma refere-se sempre à aprovação da emenda constitucional proposta pelo Governo. Afinal, se a questão é tão lógica, tão necessária, por que há dificuldade em aprová-la? Em geral, esta pergunta resulta da perplexidade diante da exposição do quadro em que se encontra o sistema previdenciário brasileiro. Ou seja, seus aspectos demográficos, atuariais, a diversidade de regimes e critérios, as situações especiais e até mesmo os privilégios. Uma realidade que choca as pessoas.

Ao fazer a retrospectiva da tramitação do projeto de reforma, que está rigorosamente dentro dos fundamentos e princípios universais, lembro que acreditava na racionalidade do processo, mas não tinha dúvida de que se tratava de assunto complexo e que atingiria direta e indiretamente toda a sociedade. Era evidente a dificuldade em fazer com que compreendesse as razões, já que envolvia matéria pouco discutida e eivada de vícios culturais. Nesse sentido, faço mesmo uma conexão com a própria história do Brasil, notadamente constituída de paternalismo e clientelismo.

A sociedade tem noção distorcida sobre direitos e deveres, em matéria de previdência. Com relação ao serviço público, difundiu-se a idéia de que o Estado é uma fonte inesgotável de recursos e no regime INSS, parte dos trabalhadores desconhece até mesmo que o benefício depende da contribuição, a qual deve ser equivalente. Ademais, há os que não contribuem ou contribuem muito pouco e acreditam que têm direito a benefícios com valores mais altos do que a própria contribuição. Cheguei a essa opinião porque sou abordado constantemente por pessoas com um pouco mais de cinqüenta anos de idade, e que nunca contribuíram por poucos anos para qualquer regime, perguntando se já podem aposentar-se. Devo ressalvar, no entanto, que este comportamento não está limitado a determinada classe social. Daí porque a própria elite política e gerencial da nação, em geral detentora dos melhores direitos, demorou assimilar os objetivos da mudança. Na verdade, o que sempre predominou em determinadas áreas foi o individualismo: cada um querendo defender a própria situação ou a de certas corporações.

Logo no início da tramitação, fui procurado por altos dirigentes dos poderes Executivo e Legislativo a fim de conversarem sobre a reforma. Qual não era minha surpresa ao saber que cada um deles queria, na verdade, saber sua situação pessoal. Parcelas significativas de outras categorias, como reitores, professores e magistrados, também se colocaram em defesa dos próprios interesses. Aliás, dentre os magistrados, muitos, embora conhecedores da doutrina, nunca aceitaram a discussão de alternativas, sob a alegação de que têm dedicação exclusiva e salários baixos. Até concordo que determinadas categorias têm vencimentos com valores pequenos, mas a solução não pode ser por meio da previdência. A previdência social é conseqüência, não causa. Dessa forma, salários baixos necessitam de solução diversa. Além disso, a questão do valor dos benefícios não era a mais importante da reforma, e sim a precocidade das aposentadorias.

Outra conclusão desse processo é que as elites pouco sabiam a respeito do texto da reforma. Pode-se afirmar até que boa parte dos parlamentares envolvidos na discussão também. O desconhecimento do projeto de reforma pôde ser constatado até mesmo quando renomados parlamentares de oposição ao Governo levantaram questões contrárias, que fazem parte do projeto apresentado pelo partido líder da oposição, o que é um contrasenso. Em várias situações, afirmaram que a reforma era contra o trabalhador brasileiro, mas ao serem questionados sobre o item específico do projeto não conseguiram identificá-lo. De fato, muitos discutem em tese sem conhecer o conteúdo da matéria, o que se constitui mera oposição política. Incluo nessa análise o comportamento do Partido dos Trabalhadores, cuja contraproposta pode ser vista ou como uma tentativa de fugir do rótulo de intransigentes, ou ofensiva estratégica para inviabilizar o projeto do executivo. Até porque o projeto do PT era inviável, pelo menos na atual conjuntura, e possivelmente nem mesmo a própria oposição votaria nele.

A proposta de reforma da previdência também foi utilizada para tirar do ostracismo "pseudo" defensores de aposentados e trabalhadores, que tentaram aproveitar ao máximo o momento e o impacto que o anúncio das medidas causou ao país. Enquanto as mudanças eram assimiladas, muitos se autoproclamaram advogados de determinadas categorias, procurando obter promoção pessoal ou partidária ao difundir a idéia de que a reforma lhes era prejudicial. Isso aconteceu, por exemplo, com os trabalhadores rurais e com os próprios aposentados, sendo que estes sequer foram atingidos pelo projeto. Políticos, sindicatos e entidades de classe, simplesmente, ignoraram a determinação do projeto de reforma de que seriam respeitados todos os direitos daqueles que se aposentaram ou atingiram o tempo necessário para fazê-lo até a data da promulgação da emenda, bem como a reforma não altera as aposentadorias rurais. Assim, representantes de setores bastante expressivos social e economicamente fortaleceram-se manipulando a informação e propagando a desconfiança.

Durante muito tempo fui um defensor solitário da reforma, com apoio basicamente do presidente da República e do ministro da Fazenda, enfrentando muitas críticas e até ataques pessoais. Pareceu, em certo momento, que o projeto era só meu, mas, antes de tudo, era da sociedade e para a sociedade. Afinal, estava cumprindo profissionalmente minha função de ministro. À medida que o tempo passou, e os argumentos foram difundidos, o comportamento da imprensa passou a ser favorável, e começaram os pronunciamentos de governadores a favor da reforma em função dos gastos com a folha de pagamento de pessoal ativo e inativo. Muitos diziam que, eleitos pela sociedade para governar o estado, se transformavam apenas em chefes de departamento pessoal, gerenciando a folha de pagamento.

As primeiras discussões sobre a reforma tiveram início com diversos partidos de apoio ao Governo, em março de 1995, com a presença do presidente da República, e, naquele momento, não houve contestação. Comportamento este que levou-me a acreditar que o projeto teria uma tramitação sem muita resistência. Na prática, aconteceu justamente o contrário: a proposta demorou a ganhar um número considerável de aliados. Com o tempo, o projeto passou a ter muitos defensores e votos favoráveis da maioria dos congressistas. Esta maioria, no entanto, não foi suficiente para evitar que a reforma passasse por outra dificuldade, ou seja a complexidade da tramitação regimental do Congresso, além da exigência de quórum qualificado (três quintos) para a aprovação. A demora na votação pode ser justificada pela complexidade da matéria, o número de projetos envolvendo reformas institucionais apresentadas simultaneamente ao Congresso e a necessidade de mudanças de leis básicas e fundamentais. Não há dúvida de que o Legislativo recebeu nesse período, no qual o Brasil passa por profundas transformações, uma das maiores carga de trabalho de sua história.

Ao longo do processo de votação, as reformas econômica, administrativa e previdenciária, além de outros projetos para ajustes financeiros, tiveram que vencer também a dificuldade do Governo em construir uma maioria qualificada. É importante ressaltar que para constituir esta maioria na Câmara dos Deputados, de seus 513 parlamentares, excluem-se 107 que são da oposição e votam contra. Deve-se considerar ainda que, dentro da "base" do Governo, há cinqüenta parlamentares dissidentes, por convicções pessoais ou por razões corporativas, ou porque discordam de determinados itens. Ou seja, a maioria qualificada de 308 votos tem de ser construída num universo de 356 deputados. Também há aqueles que colocam questões regionais acima do interesse nacional ou mesmo utilizam o voto para pressionar o Governo a resolver seus problemas (muitas vezes até reivindicações legítimas, mas que não deveriam ser utilizadas como instrumento de pressão). Outros parlamentares, por exemplo, consideram direito adquirido o momento em que a pessoa começou a trabalhar e não aceitam alteração das regras do jogo. Para eles, a reforma só entraria em vigor após 35 anos, o que não é viável.

O regimento interno do Congresso também contribuiu para estender o processo de tramitação. Possivelmente, quando o regimento foi elaborado imaginava-se a eventual alteração de um ou outro item da Constituição e não reformas de conteúdo mais amplo, pois permite, a cada momento, a apresentação de centenas de emendas e um grande número de destaques. Essas possibilidades geram um processo de obstrução que pode durar meses ou anos. Acrescente-se ainda, algumas vezes, a dificuldade dos líderes que apóiam o Governo em mobilizar suas bancadas.

O interessante é verificar que houve momentos de grande mobilização e em conseqüência vitórias expressivas, com uma larga margem de votos, mas o processo era interrompido e a votação seguinte reiniciava após quase dois meses. Aparentemente, o objetivo era manter o Governo como uma espécie de refém. Dificilmente, encontraria outra explicação. A cada nova reunião de líderes com o Governo pela rearticulação ou para tratar da votação, o primeiro item a ser colocado à mesa não envolvia questões técnicas, e sim pleitos especiais de determinadas classes, sempre melhor situadas, ou uma lista de reivindicações de parlamentares, algumas vezes legítimas, outras, fora do propósito da matéria. Vale considerar ainda que boa parte dos parlamentares está preocupada com a sobrevivência política, o que é natural. Afinal, trata-se de uma casa política.

Durante a tramitação ocorreram muitas situações curiosas, nas quais os interesses regionais prevaleceram sobre a questão nacional. São dezenas de histórias que poderiam ser narradas, mas por questões éticas é melhor não fazê-lo. Entretanto, uma delas merece registro, embora prefira resguardar o nome dos envolvidos: sete dos oito integrantes de uma bancada representante de um estado votaram contra a reforma. Quando se procurou saber as razões do parlamentar que votou favoravelmente, para a surpresa geral, ele informou que o fez porque era inimigo do presidente de seu partido, e este havia pregado o voto contrário ao iniciar o processo de votação.

O processo de negociação também enfrentou a tendência generalizada em conceder benefícios sem a preocupação com a contrapartida de recursos. Era comum em reuniões a defesa de determinadas situações, desconsiderando a ausência daqueles que realmente pagam a conta do que seria acordado e dos que vão arcar com ela no futuro, até porque as medidas têm influência para dez ou vinte anos. Dessa forma, era difícil aceitar determinados entendimentos, daí porque fui acusado de falta de flexibilidade. É claro que não poderia negociar o inegociável.

As imperfeições da sociedade também estão refletidas no Congresso Nacional quando nele detectamos um comportamento de entendimentos, negociações e atendimento a reivindicações, algumas vezes, sem a transparência necessária e ignorando o interesse coletivo. Entretanto, é ilógico esperar que uma instituição integrada por representantes de segmentos distintos seja mais perfeita do que a sociedade que representa. Ao administrador público, contudo, cabe compreender esse contexto e até conviver com ele. Porém, no caso da previdência, a relação é mais difícil por tratar-se de matéria essencialmente técnica. É claro que alguns aspectos podem ser considerados políticos, mas não quanto às questões externas ou particulares. Ou seja, um administrador da Previdência Social tem que ser menos flexível, a fim de que a norma e os princípios doutrinários sejam cumpridos.

CAPÍTULO 7

Aplicação da Reforma (principais itens)

CAPÍTULO 7

Aplicação da Reforma (principais itens)

Após a aprovação da Reforma da Previdência, ficarão assegurados os direitos daqueles que implementaram, até a promulgação, as condições necessárias para a aposentadoria integral e proporcional. Sua aplicação pode ser dividida em três blocos: os itens auto-aplicáveis; os que dependem de lei complementar, e os que vão ser regulamentados por meio de leis ordinárias. São eles:

APLICAÇÃO IMEDIATA

- para os trabalhadores e servidores públicos que já contribuem para a previdência, a idade mínima para requerer a aposentadoria proporcional ou integral será de 53 anos para homens, e 48 anos para mulheres. Em relação ao tempo de serviço que ainda faltaria para se aposentar pelas regras anteriores, haverá um acréscimo de 20%, no caso da aposentadoria integral, e de 40%, no caso de proporcional. Por exemplo, uma mulher com 24 anos de serviço e que pretende obter a aposentadoria proporcional, pela regra anterior, teria de trabalhar mais um ano, mas de acordo com a reforma, esse tempo passa a ser de um ano e cinco meses;

- o professor que tenha exercido atividade de magistério no ensino fundamental e médio terá o tempo efetivo calculado com acréscimo de 17% (homem) ou 20% (mulher). **Por exemplo, a professora que já completou vinte anos de serviço, recebe um bônus de quatro anos.** Esse cálculo, no entanto, vale apenas para quem cumpriu o tempo integralmente na condição de professor. Os professores em atividade são conduzidos para as novas regras, porém para que não sofressem prejuízos quanto ao tempo de serviço, estão recebendo o acréscimo a título de bônus. O bônus é o reconhecimento do período trabalhado, mediante a conversão do tempo especial para o comum. No caso, com o bônus, eles atingem o tempo de serviço de 30 e 35 anos, tendo ainda a idade mínima de 48 e 53 anos (se homem ou mulher, respectivamente), podendo se aposentar;

- as regras para os professores entrantes, com aplicação automática, são iguais às dos demais segurados, apenas com cinco anos a menos no requisito tempo de contribuição. Isto significa que o tempo de contribuição será de 25 e de 30 anos;

- o tempo de serviço completado até a data da promulgação passa a ser contado como tempo de contribuição;

- a idade mínima para filiação ao Regime Geral de Previdência Social é de dezesseis anos, exceto para o menor aprendiz. Os menores filiados antes da promulgação têm assegurado os direitos adquiridos;

- os servidores ocupantes de cargo em comissão, sem vínculo efetivo com a União, estados, municípios e Distrito Federal, serão segurados obrigatórios do RGPS, na qualidade de empregados;

- o novo teto de cobertura do RGPS passa a ser de R$ 1.200,00[1];

- pagamento seletivo do salário-família e do auxílio-reclusão somente aos segurados com renda até R$ 360,00.

---

[1] O teto de referência teve como base o salário mínimo vigente à época, correspondendo a dez vezes o seu valor. A atualização dependerá de lei ainda a ser aprovada.

Dependem de Lei Complementar

- sistema de Previdência Complementar Privada, hoje disciplinado pela Lei nº 6.435/77. É estabelecido um prazo de noventa dias, para a apresentação do projeto ao Congresso Nacional;
- regulamentação específica para os fundos de pensão patrocinados por entes estatais, também com um prazo de noventa dias, para a apresentação do projeto ao Congresso Nacional;
- sistema de Previdência Complementar do servidor público[2];
- concessão de aposentadoria especial no regime do serviço público;
- concessão de aposentadoria especial no RGPS.

Dependem de Lei Ordinária

- aumento das faixas de contribuição de segurados, empregados e autônomos filiados ao RGPS;
- regulamentação das novas regras do RGPS, mediante alteração das Leis nºs 8.212/91 e 8.213/91;
- regulamentação das novas regras previdenciárias no âmbito do serviço público;
- Fundo de Previdência dos Servidores Públicos;
- Fundo de Previdência do RGPS;
- sistema de seguro de acidente do trabalho;
- regulamentação do pagamento de obrigações de pequeno valor da Fazenda Federal, Estadual ou Municipal independentemente de precatórios;
- sistemática de transferência de recursos para o Sistema Único de Saúde e ações de assistência social da União para os estados, o Distrito Federal e os municípios, e dos estados para os municípios, observada a respectiva contrapartida de recursos[3];
- sistema de gestão quadripartite do RGPS;
- regulamentação da sistemática de compensação financeira entre os diversos regimes de previdência social.

---

[2] Não há prazo para os demais.
[3] Já existe um projeto de lei aprovado na Câmara dos Deputados e em tramitação no Senado.

AGRADECIMENTOS

Em mais de três anos de tramitação no Congresso Nacional, o projeto de reforma da Previdência contou com o esforço de deputados e senadores, aqui representados por seus líderes. A todos, meu agradecimento. Quero destacar, ainda, o papel desempenhado pelo deputado federal Luís Eduardo Magalhães, que presidiu a Câmara dos Deputados na primeira fase da votação e faleceu durante a tramitação do projeto, quando exercia a liderança do Governo. Luís Eduardo foi um grande defensor das reformas e teve uma participação valiosa, especificamente, na reforma da Previdência Social.

Câmara dos Deputados - 1998
Michel Temer – presidente

Líderes

Luís Eduardo Magalhães[1], líder do Governo
Inocêncio Oliveira, líder do PFL
Geddel Vieira Lima, líder do PMDB/Prona
Odelmo Leão, líder do PPB
Aécio Neves, líder do PSDB
Paulo Heslander, líder do PTB

---

[1] *In memoriam*

Comissão Especial

> José Lourenço, presidente – PFL
> José Carlos Aleluia, 1º vice-presidente
> Arnaldo Madeira, relator

Comissão de Constituição, Justiça e de Redação

> Henrique Eduardo Alves, presidente – PMDB
> Aloysio Nunes Ferreira, PSDB

Senado Federal – 1997

> Antônio Carlos Magalhães – presidente

Líderes

> Élcio Alvares, líder do Governo
> Jader Barbalho, líder do PMDB
> Hugo Napoleão, líder do PFL
> Sérgio Machado, líder do PSDB
> Odacir Soares, líder do PTB

Comissão de Constituição e Justiça (Comissão Especial)

> Bernardo Cabral, presidente
> Beni Veras, relator

A reforma da previdência resultou de centenas de estudos técnicos, simulações, ensaios, debates e discussões realizados com a intensa participação dos servidores do Ministério da Previdência e Assistência Social e do Instituto Nacional do Seguro Social, durante minha gestão à frente do Ministério, entre 1995 e 1998. Faço questão de cumprimentá-los por essa valorosa contribuição. Quero destacar, contudo, a colaboração direta dos seguintes profissionais:

> **José Bonifácio Borges de Andrada** – Consultor Jurídico do MPAS
> **Celecino de Carvalho Filho** – Assessor Especial do Ministro

AGRADECIMENTOS

Marcelo Viana Estevão de Moraes – Secretário de Previdência Social
Jocerli Pereira de Souza – Secretário Adjunto de Previdência Social
Francisco José Pompeu Campos – Subsecretário de Planejamento e Orçamento
Vinicius Carvalho Pinheiro – Coordenador Geral de Estudos Previdenciário e Sócioeconômicos do MPAS
Adélia Paiva Gonçalves – Jornalista

ADENDO FINAL

Aprovação adiada

O projeto de reforma da Previdência permanece na Câmara dos Deputados, na dependência da apreciação de apenas três destaques para votação em separado (DVS). A bancada governista não conseguiu vencer a estratégia da oposição, que utilizou verdadeira "guerrilha regimental" para adiar ao máximo a tramitação até a chegada do período eleitoral. A previsão, contudo, é que a matéria volte a ser analisada no final deste ano, mas dificilmente será aprovada antes de 1999. Isto porque, após a conclusão do segundo turno, na Câmara dos Deputados, é preciso que o texto modificado retorne à comissão especial para redação final. Essa redação final tem de ser aprovada na comissão e no plenário. Uma vez aprovada, a parte que não foi rejeitada poderá ser promulgada e entrar em vigor.

Os destaques rejeitados ainda serão apreciados em separado pelo Senado. Dessa forma, competirá aos senadores, em caráter final, decidir se mantêm ou discordam das atuais alterações.

Os destaques rejeitados e que retornam ao Senado são:

– adoção de idade mínima para a aposentadoria de 55 anos para mulheres e de 60 anos para homens;
– aplicação de um redutor sobre a remuneração percebida pelo servidor entre R$ 1.200,00 e R$ 12.270,00.

Ainda dependem de votação na Câmara dos Deputados os seguintes itens:

- que veda a criação de fundos de previdência complementar para o setor público. A União, estados, Distrito Federal e municípios poderiam instituir fundos, desde que criassem regime de previdência complementar para os seus servidores titulares de cargo efetivo. Os fundos atenderiam aqueles que ganhassem acima de R$ 1.200,00;
- que impede a adoção de requisitos e critérios diferenciados para a concessão de aposentadoria aos beneficiários do regime geral de previdência social, ressalvados os casos de atividades exercidas **exclusivamente** sob condições especiais. O destaque retira o termo exclusivamente;
- que rejeita as regras de transição para os segurados do regime geral de previdência social. Se for aprovado, as aposentadorias poderão continuar a ser obtidas abaixo dos 48 anos de idade, se mulher, e dos 53 anos, se homem;
- que veda a contagem de tempo de contribuição fictício no serviço público para qualquer fim.

Ao longo do processo de votação, houve grandes momentos de mobilização, com vitórias expressivas, mas na votação final dos destaques o Governo chegou a perder algumas votações apenas por um ou dois votos, como no caso da idade mínima e do redutor, respectivamente. Nas duas ocasiões, estavam ausentes do plenário mais de cinqüenta deputados de sua base. É evidente que faltou competência dos partidos que apóiam o Governo.

É importante considerar que se a reforma tivesse ocorrido há dez ou quinze anos, o custo de transição teria sido bem menor. À medida que a reforma demorou a entrar em pauta e o projeto está em tramitação há quase quatro anos, o custo do ajuste tende a crescer, tanto que o déficit no setor público e no INSS aumenta a cada dia. Esse déficit está sendo financiado também, de uma forma indireta, pelos recursos oriundos da privatização. Isto é prejudicial ao ajuste geral da economia, pois tais recursos deveriam ser direcionados, a princípio, de acordo com a estratégia do Governo, para reduzir a dívida pública e, em conseqüência, os gastos com juros. Como o programa de privatização vai diminuindo as possibilidades de gerar novos recursos, já que as principais empresas foram vendidas ou estão à venda, ficam reduzidas as margens de ajustes. Assim, é possível que ocorram prejuízos no futuro para aqueles que estão se aposentando e aqueles que vão se aposentar.

Impresso na **Prol** editora gráfica ltda
03043 Rua Martim Burchard, 246
Brás - São Paulo - SP
Fone: (011) 270-4388 (PABX)
com filmes fornecidos pelo Editor.